인류 최초의 문명과 이스라엘

고대근동 3천 년

인류 최초의 문명과 이스라엘
고대근동 3천 년

초판 1쇄 발행 2022년 7월 15일
초판 7쇄 발행 2026년 2월 23일

지은이 주원준

펴낸곳 서울대학교출판문화원
주소 08826 서울 관악구 관악로 1
도서주문 02-889-4424, 02-880-7995
홈페이지 www.snupress.com
페이스북 @snupress1947
인스타그램 @snupress
이메일 snubook@snu.ac.kr
출판등록 제15-3호

ISBN 978-89-521-3003-7 03900

한국대학출판협회 2022 올해의 우수도서 교양 부문 최우수 도서

인류 최초의 문명과 이스라엘

고대근동 3천 년

주원준 지음

서울대학교출판문화원

머리말

고대근동 3천 년을 한눈에 보여 주기

이 책은 지난 10여 년간 '고대근동의 종교'를 강의한 경험에서 비롯되었다. 저자는 대학에서 구약학, 고대근동의 종교, 유다교 등을 강의하며, 고대근동 세계의 역사적 흐름을 한눈에 드러내고 심화할 길도 열어 주는 책의 필요성을 절실하게 느꼈다. 인류 최초의 문명인 고대근동 문명은 서아시아, 북아프리카, 유럽 일부를 아우르는 넓은 지역에서 3천여 년이나 지속되었고, 유다교, 그리스도교, 이슬람교의 직접적 배경이자 고대 인도 종교에 끼친 영향도 적다고 할 수 없다. 하지만 한국의 지성계는 이토록 중요한 고대근동 세계에 대해 놀랍도록 무지했고 지적 갈증을 달랠 수 있는 자료도 마땅한 것이 없었다. 그래서 '그리스 이전의 세계'를 총체적으로 파악할 수 있도록 기초적인 역사적 정보를 충실히 제공하면서도 그 해석과 의미를 쉽고도 차분하게 설명할 책을 구상하게 되었다.

이 책은 저자의 소박한 연구 여정을 지속하는 의미도 있다. 유학을 마치고 저자는 한국의 고대근동 문명 연구 토대 마련을 위해 무엇보다 가장 기초적인 작업부터 시작해야 한다고 느꼈다. 그래서 2010년에 『우가릿어 사전』과 『우가릿어 문법』을 통해 우가릿 문학을 체계적으로 번역하고 소개할 준비를 시작했고, 이제 그 결실인 '바알 신화' 완역을 눈앞에 두고 있다. 우가릿은 기원전 2천 년대에 시리아-팔레스티나 지역에서 독자적 문자를 사용하며 찬란한 문명을 꽃피웠고, 훗날 기원전 1천 년대에 같은 지역에서 건국하고 발전한 고대 이스라엘이 깊이 참조한 나라다. 풍부하게 출토된 우가릿 문학은 구약성경 본문과 밀접히 연관되기에, 우가릿 문학의 이해는 구약성경 본문을 역사적으로 이해하기 위한 필수적 전제다. 하지만 우가릿어 사전과 문법책을 출간할 당시 저자는 오히려 한국 교회와 지성계의 거대한 낯섦과 무지를 체험해야 했다.

저자는 '고대근동 세계를 알아야 구약성경을 깊이 이해할 수 있다'는 기본적 사실부터 차근히 설명해 주어야 한다고 느꼈다. 구약성경을 믿음의 시선뿐 아니라 인문학적 연구의 대상으로 이해하는 것은 한국의 인문학뿐 아니라 그리스도교의 건강한 발전을 위해서 꼭 필요한 일이었다. 그래서 2012년에 『구약성경과 신들』을 저술했고 감사한 반응을 얻었다. 그 이후 일부 종교인들의 민감한 반응은 줄어들었고 주위에서 고대근동 세계에 대한 호기심이 늘었다고 느꼈다. 2015년 구약성경을 공부하기 위해 필수적인 고대근동 문헌을 선별한 『고대근동 문학 선집』 번역에 참여한 것은 기쁘고 보람 있는 일이었다. 2016년에는 『신명기』를 통해 고대근동학과 구약학적 기초에 충실한 연구가 주석학적 발전에도 긴요함을 드러내고 싶었다. 이후 저자는 고대근동학과 구약학 연구를 지속하며 논문과 몇 가지 단행본을 냈고, 2020년에 『신학의 식탁』에서 고대근동의 배경을 통해 고대 이스라엘을 이해해야 하는 이유와 근거를 더욱 기초적으로 설명했다. 이제는 고대근동 3천 년의 역사를 한눈에 그려 볼 수 있도록 도와줄 차례다.

시대의 구분과 서술 방식

이 책은 고대근동 세계의 문학, 종교, 사회, 역사 등을 정리한 교양서이자 교재다. 시대의 흐름에 따라 필수적인 인명, 지명, 민족명, 국명, 사건의 선후관계와 배경 등 기초적인 정보를 전달하되 쉽게 읽을 수 있는 책을 의도했다. 그래서 통사의 형식을 취했지만 고대근동 역사의 전공자가 아닌 저자의 한계와 의도를 미리 일러두는 것이 좋을 것 같다.

저자는 한국적 현실에 토착화된 입문서를 원했지만 다른 한편으로 고대근동학의 최신 수준과 세계적 경향을 반영해야 한다고 생각했다. 그래서 책을 쓰기 전에 몇 가지 중요한 결정을 내려야 했다. 우선 고대근동 세계에 대해 거의 알지 못하는 독자들에게 고대근동 3천 년의 시대를 어떻게 구분해 설명할 것인가 하는 기초적 문제가 있었다. 사실 고대근동의 시대 구분은 간단하지 않다. 고대 이집트학자들은 지금도 이 책의 [표 5]와 같이 구분하는 체계를 보편적으로 사용한다. 고대 메소포타미아를 연구하는 학자들은 대국의 변화나 왕조의 교체를 중심으로 구분하는 복잡하지만 전통적인 체계를 사용하고 있다. 고대근동 세계의 양대 지역, 곧 메소포타미아와 이집트의 연구는 왕조 중심의 전통적 체계에 기초하고 있다는 공통점이 있다. 한편 시리아-팔레스티나 지역 고고학에서는 [표 1]과 같은 구분이 널리 사용되고 있다. 고대근동 고고학자나 성경고고학을 배운 신학자라면 이 표에 익숙할

[표 1] 고대근동의 시대구분

<table>
<tr><th>이름</th><th>연도</th><th>주요 국가명 및 사건</th><th>이 책 구성</th></tr>
<tr><td>신석기(Neolithikum)</td><td>기원전
8000년-4000년</td><td>—</td><td></td></tr>
<tr><td>금석병용기
(Chalkolitikum)</td><td>기원전
4000년-3150년</td><td>우루크 초기</td><td rowspan="5">I부,
II부</td></tr>
<tr><td>초기 청동기 I
(Frühbronzezeit I)</td><td>기원전
3150년-2950년</td><td rowspan="3">수메르,
이집트 초기왕조</td></tr>
<tr><td>초기 청동기 II
(Frühbronzezeit II)</td><td>기원전
2950년-2650년</td></tr>
<tr><td>초기 청동기 III
(Frühbronzezeit III)</td><td>기원전
2650년-2350년</td></tr>
<tr><td>초기 청동기 IV
(Frühbronzezeit IV)</td><td>기원전
2350년-2150년</td><td>아카드,
이집트 고왕국</td></tr>
<tr><td>중기 청동기 I
(Mittelbronzezeit I)</td><td>기원전
2150년-1950년</td><td>신수메르,
이집트 제1중간기/중왕국</td><td>I부,
III부</td></tr>
<tr><td>중기 청동기 II A
(Mittelbronzezeit II A)</td><td>기원전
1950년-1750년</td><td>고바빌로니아,
이집트 중왕국</td><td>III부</td></tr>
<tr><td>중기 청동기 II B
(Mittelbronzezeit II B)</td><td>기원전
1750년-1550년</td><td>히타이트 신왕국,
이집트 제2중간기</td><td>III부,
IV부</td></tr>
<tr><td>후기 청동기 I
(Spätbronzezeit I)</td><td>기원전
1550년-1400년</td><td rowspan="2">카쉬 왕조, 중기 아시리아,
이집트 신왕국</td><td rowspan="2">IV부</td></tr>
<tr><td>후기 청동기 II
(Spätbronzezeit II)</td><td>기원전
1400년-1200년</td></tr>
<tr><td>철기 I
(Eisenzeit I)</td><td>기원전
1200년-1000년</td><td>카데쉬 대전, 바다민족,
이집트 신왕국</td><td>IV부,
V부</td></tr>
<tr><td>철기 II A
(Eisenzeit II A)</td><td>기원전
1000년-900년</td><td rowspan="2">신아시리아,
이집트 제2중간기</td><td rowspan="4">V부</td></tr>
<tr><td>철기 II B
(Eisenzeit II B)</td><td>기원전
900년-700년</td></tr>
<tr><td>철기 II C
(Eisenzeit II C)</td><td>기원전
700년-587년</td><td>신바빌로니아,
이집트 사이스 시대</td></tr>
<tr><td>철기 III
(Eisenzeit III)</td><td>기원전
587년-332년</td><td>페르시아,
이집트 식민지 시대</td></tr>
</table>

주: 이 표는 콜함머(Kohlhammer) 출판사에서 발행하는 BE(Biblische Enzyklopädie) 시리즈에서 공통적으로 사용되는 시대 구분을 바탕으로 저자가 이 책에 언급된 '주요 국가명 및 사건'과 이 책의 해당하는 부분을 첨가한 것이다(Fritz 1996, p. 9 참조). 전통적인 시대 구분은 빈호프 2015, pp. 390-400을 보라.

것이다. 이렇게 여러 가지 시대 구분이 혼용되어 사용되는 현상은 고대근동을 처음 접하는 이들에게 장벽과도 같다.

그런데 저자는 최근에 나오는 고대근동 역사서들에서 '기원전 3천 년대, 2천 년대, 1천 년대' 식으로, 곧 '천년기'(millennium)를 중심으로 삼등분하는 경향을 발견했다(이 책 서론의 "연구사와 주요 참고문헌"을 참조하라). 이렇게 하면 메소포타미아, 이집트, 아나톨리아, 시리아-팔레스티나 등 고대근동 전 지역을 한눈에 조망할 수 있다는 이점이 크다. 이 작은 책에 고대근동 전 지역의 역사를 압축해서 설명하려는 저자는 이렇게 천년기를 중심으로 설명하는 최신의 체계를 채택하기로 했다. 이를테면 '철기 II A-B 시대', '이집트 15왕조 시대', '메소포타미아 초기왕조 시대' 등보다는 천년기에 따라 삼등분해 설명하는 체계가 분명히 한국의 독자들에게 더 쉽고 직관적이며 종합적으로 이해하기도 쉬울 것이다.

각각의 천년기를 어떻게 서술해야 하는지는 그다음으로 해결해야 할 숙제였는데, 저자는 아직 다른 연구서에서는 시도하지 않은 방식을 시도했다. 우선 기원전 3천 년대는 고대 메소포타미아(I부)와 고대 이집트(II부)를 나누어 설명했다. 인류의 문명이 처음 시작될 때 고대근동의 양대 지역에서 관찰되는 독특함을 드러내야 한다고 생각했고, 양 지역의 교류가 아직 활발하지 않은 시대라서 고립된 서술이 더 용이하다고 느꼈기 때문이다.

하지만 기원전 2천 년대부터는 시대에 지역을 종속시키는 방법을 취했는데, 이 시기부터 고대근동 세계가 직간접적으로 서로 교류하는 것이 비교적 뚜렷이 관찰되기 때문이었다. 기원전 2천 년대 전반기(III부)는 간접적 교류의 시대지만 기원전 2천 년대 후반기(IV부)는 대국들이 직접 충돌하는 시대였고 기원전 1천 년대(V부)는 대제국이 고대근동 세계를 점차 하나로 통합하며 확장하던 시대였다. 저자의 이런 서술 방식은 메소포타미아와 이집트에서 비교적 독자적으로 시작된 문명들이 3천 년의 시대에 따라 다른 주변 지역을 흡수하며 점차 하나의 세계를 형성하는 장구한 과정을 드러내는 데 용이할 것이다.

또한 저자는 대국과 소국이 교차하는 시각에서 역사를 이야기하고 싶었다. 그것은 저자가 이스라엘과 우가릿이 속한 시리아-팔레스티나 지역의 종교에 관심을 두고 연구하기 때문이기도 하고, 약소국 출신의 관심도 반영되었기 때문이다. 독자들은 대국 중심의 역사를 읽겠지만, 동시에 성 밖에서 유랑하다가 작은 나라를 세운 힘없는 백성들의 역사가 대국의 역사에 어떤 영향을 주었는지도 알 수 있을 것이다.

해외에서도 찾아보기 힘든 이런 서술 방식 역시 지난 10여 년간 한국에서 '고대근동의 종교'를 강의한 경험에서 비롯된 것이다. 서양의 기존 연구서들은 대개 대국 중심으로 서술되었지만, 성 밖과 성안, 대국과 소국, 제국과 식민지가 교차하는 역사를 들려주었을 때 학생들은 방대한 역사를 퍽 수월하게 이해했다. 또한 이런 균형잡힌 서술 방식은 한국 그리스도교 신학에도 도움을 줄 것이다. 독자들은 고대 이스라엘의 두 가지 특징, 곧 '고대근동 세계의 후발주자'와 '지정학적 요충지의 약소국'이 지니는 의미는 물론, 고대 이스라엘의 종교와 신학이 형성되는 배경을 더욱 또렷이 머릿속에 그릴 수 있을 것이다. 약소국의 눈으로 고대근동 3천 년의 역사를 새롭게 기술하는 것은 한국의 학자가 기여할 수 있는 지점이라는 생각도 들었다.

저자는 강의 경험을 통해 고대근동을 쉽게 설명하는 몇 가지 방법과 요령을 터득했고 이 책에 반영했다. 그 결과 역사적 서술 과정에서 고대근동 각 지역의 특징이나 인상 등도 과감하게 표현하는 길을 택했다. 이를테면 고대 이집트에 대한 객관적 정보를 모으기 전에 고대 이집트적 사고방식이나 역사를 관통하는 인상 등을 쉽게 설명해 두는 것이 중요하고 효율적이라고 생각했다. 이집트를 '서방의 중국'으로, 메소포타미아를 '동방의 유럽'으로, 아시리아를 '상인들의 나라'로, 바빌로니아를 '문화대국'으로, 위에서 언급한 것처럼 고대 이스라엘을 '고대근동 세계의 후발주자'와 '지정학적 요충지의 약소국'으로 칭한다. 엄격한 역사학의 시각으로 보면 이런 시도들은 지나치게 미숙하거나 차라리 문학적이겠지만, 아직 걸음마단계인 한국 고대근동학의 발전을 위한 노력으로 부디 너그러이 이해해 주시고 질책과 조언을 아끼지 말아 주시기를 겸손하게 부탁드린다.

"더 읽어보기"의 의미와 사용법

저자는 이 책이 고대근동학의 전문적 연구서와 참고서를 소개하는 길잡이의 역할도 수행하길 희망했다. 사실 고대근동 3천 년의 역사를 이 책 한 권에 모두 기술한다는 것은 근본적으로 불가능하다. 고대 이집트는 물론이고 기원전 1천 년대의 제국인 신아시리아, 신바빌로니아, 페르시아 등은 그 자체로 방대한 역사서를 채우고도 남을 사료가 있다. 이들을 자세히 다루기는커녕 이 책에서는 짧은 단락 하나가 수백 년을 다루는 일이 흔해서 주마간산

(走馬看山)격으로 내달릴 수밖에 없는 점이 안타까웠다. 솔직히 말하면 역사, 사회, 문헌, 신화, 종교적 변화 가운데 하나도 제대로 다루지 못한 것 같다. 그래서 이 책을 읽고 부족함과 갈증을 느끼는 독자가 존재한다면 퍽 자연스럽고 반가운 일이며, 저자는 그런 고마운 독자를 위해 총 8개의 "더 읽어보기"를 적절히 배치했다.

전체적으로 "더 읽어보기"를 충실히 수행한다면 고대근동학의 개론서 10여 권을 읽는 효과가 있을 것이다. 만일 이 책을 대학 강의 등에서 교재로 사용한다면 "더 읽어보기"를 발표주제나 과제로 사용해도 적절할 것이며, 일반 교양서로 읽는 독자라도 흥미를 느끼는 부분이 있다면 따로 찾아서 정리한다면 유익할 것이다. "더 읽어보기"는 모두 지역과 시기별로 나누었고, 제공된 문헌은 한국어로 번역된 것을 먼저 배치했다. "더 읽어보기"에서 제시한 연구서들의 참고문헌, 연대기, 지도 등도 비교해 보기 바란다.

한 가지 당부할 말이 있다. 모든 "더 읽어보기"를 수행하기 전에 해당 지역이나 시대의 '사료'의 종류, 특징, 상태를 확인하고, 인명, 지명 등의 고유명사를 충실하게 정리하는 '연대기'를 손수 작성해 보기를 권유한다. 그런 과정을 통해 개론서들 각각에서 연도나 역사를 다르게 기술하거나 해석이 상이한 것을 확인할 수 있을 것이다. 또한 사료와 연대기를 충실히 정리하는 것은 전체적으로 고대근동학의 기초를 튼튼하게 만드는 첩경이기도 하다.

이 책은 서울대학교출판문화원의 기획과 동행이 없었다면 불가능했다. 2019년 서울대학교에서 열린 인문강좌 '인류 최초의 이야기를 만나다'의 연사로 초대된 것은 그동안의 경험과 생각을 일목요연하게 정리하는 기회이자 이 저술의 출발점이 되었다. 이어 네이버 카페 '서울대학교출판문화원 아카데미'에서 총 44회의 연재를 이어 가면서(2019년 11월 27일 - 2020년 9월 23일) 원고의 형태가 자리를 잡을 수 있었다. 이 모든 과정을 가능하게 해 주신 전 서울대학교출판문화원장 정병설 교수님과 현 원장이신 이준웅 교수님께 가장 큰 감사를 드려야 마땅하다. 특히 정 교수님의 혜안과 따뜻한 동행은 척박한 한국의 고대근동학이 발전하는 데 결정적 계기가 될 것이 분명하다. 또한 함께해 주신 동료 학자들과 소중한 사진을 허락해 주신 분들, 그리고 네이버 카페에서 질문과 다양한 평가를 남겨 주신 귀한 독자들에게도 깊은 감사의 말씀을 드린다. 인문강좌와 네이버 카페 연재, 그리고 출판 과정에서 도움을 주신 서울대학교출판문화원의 여러 분께도 고마운 마음을 전한다.

큰 열망은 힘에 부쳤고 부끄럽고 아쉬운 곳이 한두 군데가 아니지만 일단 여기서 한걸음을 이어 딛는다.

2022년 6월 의정부에서

저자

| 차례 |

서론: 고대근동학

| 고대근동학의 범위 |

고대근동학이 다루는 공간과 시간을 정의하면서 시작하자. 우선 공간을 질문하며 시작하면 효율적일 것이다. 우리는 왜 '고대중동학'이라고 하지 않고 '고대근동학'이라고 하는가?(주원준 외 2020, pp. 20-35 참조)

성지, 근동, 중동

고대근동 세계를 통칭하는 가장 오래된 이름은 '성지'(聖地, Holy Land)일 것이다. 하지만 '성지'는 경계도 모호하고(도대체 어디까지 '거룩한 땅'인가?), '누구의 성지인가'라는 문제도 간단치 않다. 그래서 일반적으로 학문적인 엄밀한 의미에서는 더 이상 통용되지 않고, 신학자들도 퍽 조심스럽게 사용하고 있다.

이 지역을 가리키는 말로서 성지 다음으로 오래 사용된 용어는 '가까운 동쪽'(Near East, 독: Naher Osten)이라는 뜻의 근동(近東)일 것이다. 이 말은 '오리엔트'(Orient)와 의미가 밀접하다. 그런데 가깝다니? 어디에서 가깝다는 뜻일까? 유럽을 기준으로 가깝다는

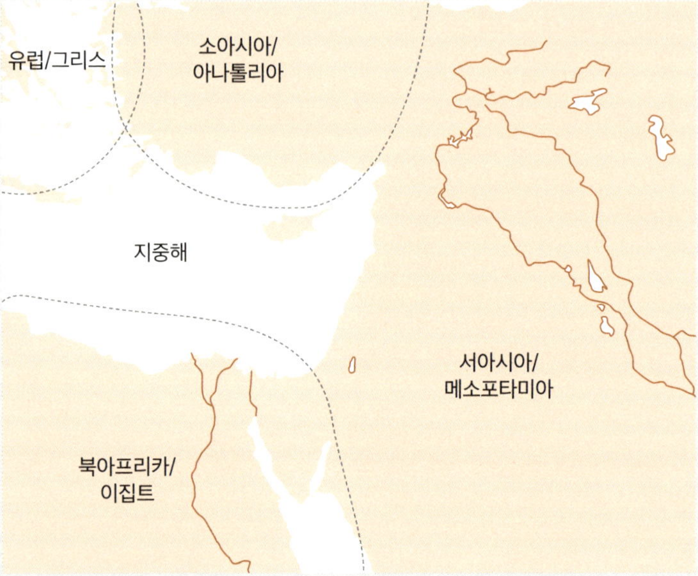

[그림 1] 고대근동의 세계
고대근동학은 아시아, 아프리카, 유럽 등 다양한 대륙을 포괄하는 지역을 다룬다.

뜻이다. '중동인'들은 이 이름에 민감하다. 왜 자신들이 사는 지역을 유럽을 기준으로 일컫는가? '근동'이나 '오리엔트'라는 말은 유럽 중심주의(Eurocentrism)를 드러낸다고 비판받는다.

그래서 현대에 가장 선호되는 중립적 용어는 '중동'(中東, Middle East)이다. '중동 특파원', '중동진출', '중동건설 붐' 등의 말이 우리 눈과 귀에 익숙하다. 이 말은 본디 동인도회사에서 사용했지만, 20세기 초엽에 미국인 머핸(A. T. Mahan)이 써서 널리 퍼졌다고 한다.

하지만 이도 역시 문제가 있다. 과연 어디까지 중동인지, 그

엄밀한 경계가 늘 모호하다. 중동지역의 큰 나라들은 이란, 이라크, 시리아(이상 서아시아), 이집트(북아프리카), 튀르키예(소아시아), 사우디아라비아 등이다. 그런데 이집트와 북아프리카와 튀르키예가 과연 중동의 일부일까? 이집트는 중동의 일부라는 데 큰 이의가 없지만, 북아프리카의 다른 나라들과 튀르키예는 애매한 면이 있다. 에리트레아와 수단을 생각하면 더욱 고개가 갸우뚱해진다. 참고로, 대한민국 외교부는 이 지역과 관련된 국제관계를 다룰 때 '중동과 북아프리카'(MENA: Middle East and North Africa)라는 용어를 쓴다.

사실 고대근동학이 다루는 지역은 일반적으로 인식되는 중동보다 훨씬 크다. 위에서 언급한 지역에 그리스, 에게해, 남부 이탈리아 등 유럽의 일부도 포함된다. 최근에는 아프가니스탄 등 일부 중앙아시아 지역도 포함하는 추세다. 그러므로 '고대 중동학'이나 '고대 서아시아학' 등의 개념으로는 이렇게 넓고 방대한 지역의 고대 문명을 모두 포괄할 수 없을 것이다(그림 1 참조).

헬레니즘 이전 시대

고대근동학이 다루는 시대는 기원전 4세기 알렉산드로스 대제의 정복 이전, 곧 '헬레니즘화 이전의 시대'라고 할 수 있다. 사실 중동, 북아프리카, 튀르키예 등의 언어, 문화, 관습, 종교 등은 고대근동 시대 이후에 큰 격변을 여러 차례 겪어야 했다. 기원전 4세기 이후의 헬레니즘화, 기원후 2-3세기경의 그리스도교화, 기원후 7-8세기경의 이슬람화 등 큰 파도를 거치며 현재의 특성을 갖추게 된 것이다. '고대근동학'은 이런 큰 파도들이 덮치기 이전에 꽃피었던 이 지역의 가장 고유한 문명을, 인류 최초의 문명이자 중세나 고대와도 전혀 다른 성격을 띠는 다양한 문명을 연구하는 학문이다. 그래서 비록 '근동'이라는 용어는 아쉬움이 남지만, 이 모든 지역을 포괄할 수 있는 개념으로서 오랜 기간 사용한 '고대근동'이라는 이름은 유효하고 널리 사용된다. 아직 '고대근동학'을 대체할 만한 개념어는 없는 것 같다.

고대근동학

세계적으로는 '고대근동학'이라는 전문용어가 통용된다. 고대근동학의 영어 약자 ANES(Ancient Near Eastern Studies)나 독일어 약자 AO(Altorientalistik)에는 각각 '근동'(Near East, Orient)이라는 말이 들어 있다. 프랑스어 이름도 마찬가지다(Proche-Orient ancien). 이렇게 '근동'이라는 말은 오직 '고대'라는 형용사로 한정된 학술용어로만 보편적으로 사용된다.(주원준 외 2020, p. 30)

개념과 용어를 아는 것은 중요하다. 그리고 정확한 이해는 정확한 표기를 강제한다. 이제 독자들은 저자가 '고대 근동'이라고 띄어쓰지 않고 '고대근동'이라고 붙여쓰는 이유를 이해할 수 있을 것이다. '고대근동'은 '시공간이 특정된 문명의 집합'을 가리키는 하나의 학문적 개념어다. 그래서 영어로는 ANES가, 독일어로는 AO라는 약자가 학문적으로 통용되는 것이다. 고대근동학을 발전시킨 유럽과 북미의 학과나 과목 이름에서 '고대근동학'을 쉽게 찾아볼 수 있을 뿐 아니라, 현대에도 이를 제목으로 해 출판되는 저서와 논문이 가장 많다.

| 고대근동의 하위지역 |

고대근동학의 무대는 [표 2]처럼 크게 세 하위지역으로 다시 나눌 수 있다(그림 2 참조). 저마다 특징과 인상을 간단히 살펴보자.

[표 2] 고대근동의 하위지역들

구분	지역
이집트	누비아(또는 쿠쉬), 상이집트, 하이집트, 시나이 반도
메소포타미아	엘람(후대의 페르시아), 남부(수메르, 바빌론, 칼데아), 북부(아시리아, 밋탄 등)
기타	아나톨리아 반도(히타이트), 시리아-팔레스티나(또는 레반트), 지중해, 그리스 등

이집트

이집트는 '나일강의 선물'이다. 이집트의 모든 것은 나일강을 중심으로 이해하면 쉽다. 이집트는 나일강을 따라 길게 뻗은 남쪽의 상이집트와 나일강 하류 삼각주를 가리키는 역삼각형 모양의(델타) 하이집트로 나눈다. 흔히 남쪽이 아래(下)요 북쪽이 위(上)라고 생각하기 쉽지만 사실은 그 반대다. 나일강이 남에서 북으로 흐르기 때문이다.

상·하 이집트는 자연과 문화가 퍽 다르다. 이것도 나일강을 따라 형성된 지리적 형상을 생각하면 이해하기 쉽다. 상이집트 지역은 강을 따라 형성된 도시들에서만 사람들이 살 수 있다. 나일강 지역을 벗어나면 바로 사막이 시작되기 때문에 경작지도 주거

[그림 2] 고대근동의 하위지역

이 책의 지도에 제시된 지명을 숙지해야 고대근동 세계를 이해할 수 있다.

지도 협소하고 거의 강 주변에 집중되어 있다. 이곳은 소박하고 전통적인 문화가 꽃피었다. 한편 하이집트의 델타 지역은 넓고 풍요롭고 외부 문물을 받아들이기도 쉬웠다. 스스로 더 세련되고 발전되었다고 생각하는 하이집트와 소박하고 전통적인 문화가 강했던 상이집트의 갈등과 협력은 7천 년 이집트 역사를 관통한다. 고대 이집트는 하드웨어적인 면이나 소프트웨어적인 면에서 고대근동 세계의 전통적 강국이었다.

상이집트보다 더 남쪽의 지역을 누비아라고 하는데, 아카드어로는 **/쿠-슈/**•(*Kūšu* 또는 *Kūsu*)라고 했고, 히브리인들도 이를 따라 **/쿠-쉬/**(כּוּשׁ)라고 불렀는데, 우리말 성경에는 '에티오피아'로 옮겼다(창세 10,7). 현대의 에티오피아, 에리트레아, 수단 등의 지역이다. 쿠쉬는 고대근동 세계의 남쪽 끝이라고 할 수 있다. 누비아인들은 변방의 민족이었지만 이집트 왕조를 차지한 적도 있다.

메소포타미아

메소포타미아의 역사도 남북의 갈등과 경쟁으로 요약할 수 있다. 그런데 메소포타미아에서는 문화적으로 강한 남부에서 문명이 발흥해 북부로 확산되었고, 시대가 지남에 따라 '남북의 강역'이 훨씬 확장되었다는 점을 주의하자.

태초의 시작은 남부였다. 기원전 3500년경 인류 최초의 수메르 문명이 메소포타미아 남부 우루크(*Uruk*)를 중심으로 발생했고, 이들은 당시 북쪽의 아카드나 바빌론과 맞서 전쟁을 치렀다. '남북대결'의 인식적 구도는 이렇게 처음부터 탄생한 듯하다. 남부의 수메르인들과 북쪽의 아카드인들의 경쟁은 훗날 더 북쪽의 바빌론에서 발흥한 함무라피 임금의 승리로 끝났다. 이때의 바빌론을 '고바빌론'이라고 한다. 하지만 고바빌론이 남부 지역을 장악하자, 바빌론은 이제 '메소포타미아 남부'를 대표하는 이름으로 등극했다. 기원전 2000년대 이후에는 훨씬 더 북쪽인 앗슈르에서 기원

• 고대근동어가 처음 나올 때는 발음기호(/ /) 안에 최대한 원어에 가깝게 표기하고 이어 괄호 안에 원어를 병기한다. 그다음부터는 장단음 표기 등을 삭제하고 원어를 병기하지 않는다. 즉 본문처럼 처음 나올 때 "/쿠-슈/(*Kūšu*)"로 하지만 이후에는 그저 "쿠슈"로 적는다.

한 아시리아인들이 북부를 대표해 남부의 바빌론과 맞섰다. 남북 갈등의 지리적 규모가 훨씬 확장된 것이다. 앗슈르가 대표하는 메소포타미아 북부는 사실 밋탄, 우라르투 등의 다양한 민족이 피고진 곳이기도 했다.

메소포타미아의 남부와 북부는 자연환경이 퍽 다르다. 남부는 고립된 지형이다. 동쪽은 자그로스 산맥으로, 서쪽은 사막으로, 남으로는 바다로 막혀 있다. 메소포타미아 남부는 '두 강'이 흘러드는 곳으로 물이 풍부하고 진흙도 많다. 비옥하고 풍요롭다. 일찍이 도시를 이뤄 관개수로를 관리하는 방법이 발달했다. 하지만 메소포타미아 북부는 아나톨리아 반도와 흑해에 이르기까지 사방팔방 트여 있고, 초원, 사막, 산 등 다양한 환경을 지녔다. 자연스레 다양한 민족과 교류를 맺었기에 북부의 문화는 비교적 개방적이고 세속적이고 진취적인 반면, 남부는 전통적이고 더 종교적이다. 북부의 아시리아 제국은 무력과 혁신을 앞세워 세계 최초의 제국주의를 이루었고, 기원전 1천 년기에 300년이나 강성했지만, 남부의 바빌로니아는 아시리아의 통치술을 이어받았음에도 88년밖에 지속되지 못했다. 하지만 종교적·문화적 정통성은 언제나 남부가 더 강했다.

한편 남부의 동쪽, 곧 자그로스 산맥 너머 현대의 이란 고원지대에 엘람인들이 살았는데, 이 지역은 본디 여러모로 메소포타미아 남부에 비해 열세였다. 그러나 기원전 1천 년기 후반기에는 페르시아 제국이 이곳에서 발흥해 고대근동 세계를 모두 장악한다. 엘람은 고대근동 세계의 동쪽 끝이라고 할 수 있다. 앞서 언급했듯, 최근에는 이보다 더 동북쪽인 아프가니스탄까지 고대근동학의 대상으로 삼는 시도가 있다.

메소포타미아는 남부와 북부를 막론하고 주변과 처음부터 치열하게 경쟁하고 투쟁했다. 그 결과 이들은 기원전 1천 년의 고대근동 세계를 완전히 장악했고, 결국 페르시아는 이집트를 식민지화하는 데 성공했다.

기타

아나톨리아 반도는 문자의 시작이 늦었다. 가장 오래된 문자기록이 기원전 2500년경부터 나온다. 처음에는 '아시리아 상업식민지'로 시작되었는데, 앗슈르인들의 언어, 곧 아카드어를 차용해 자신들의 언어를 적었다. 아나톨리아 반도에는 본디 **/핫_트/**(*Ḫatt*)인들이 살고 있었는데, 이들에 대해서는 간접증거만 남아 있어 잘 알 수 없다. 핫트의 뒤를 이어 **/히.트/**(*Ḥitt* 또는 *Ḥeth*)인들, 곧 히타이트인들이 들어왔다. 그런데 히타이트인들은 핫트를 자랑스러워해 스스로를 '핫트의 후손'이라고 자처했다. 히타이트의 수도 **/핫_투샤/**(*Ḫattuša*)는 '핫트인의 것'이라는 뜻이다. 그러므로 문헌 등에서 실제로 핫트와 힛트를 구별하는 일은 쉽지 않다.

이들 사이에 낀 지역, 곧 지정학적 요충지가 바로 시리아-팔레스티나 지역이다. 이 지역은 고대근동 지형에서 실질적으로 중앙을 차지한다. 하지만 땅이 협소해 작은 도시국가들이 발전했을 뿐, 큰 제국을 세운 적도 강대국이 발흥한 적도 없다. 이 지역은 '길'의 역할을 맡았다. 강대국들이 힘의 균형을 이루거나 모든 강대국들이 지리멸렬했을 때 번영기를 구사하기도 했지만, 강대국들이 충돌할 때는 전장(戰場)을 제공해야 했다. 힘든 운명의 땅에 고대 이스라엘이 존재했다.

시리아-팔레스티나 지역을 레반트(Levant)라고 하기도 하는데, 라틴어로 '동쪽'이라는 뜻이니 지중해 동편 해안가를 이렇게 일컬었다. 두 개념은 미묘하게 차이가 있다. '레반트'는 이집트 북부에서(이집트어) 시리아-팔레스티나(셈어) 해안가를 거쳐 아나톨리아(인도유럽어) 남부 해안까지 포함하니, 세 어족(語族)의 땅을 통칭한다. 한편 '시리아-팔레스티나'는 주로 서부셈어를 쓰는 지역만을 지칭하고 북부(시리아)와 남부(팔레스티나)를 직관적으로 구별하여 표현할 수 있는 장점이 있다.

그리고 아나톨리아 반도의 서쪽, 곧 에게해를 중심으로 그리스 문명이 발달했다. 고대근동 세계의 비교적 후발 문명으로서 본디 히타이트의 영향권에 놓였던 곳이다.

| 비옥한 반달지대 |

중심과 주변

고대근동학이 다루는 세계는 여러 대륙에 걸친 광범위한 곳이지만, 크게 중심부와 주변부로 가를 수 있다. 비옥한 반달지대가 눈에 들어왔다면, 이제 이 지역을 훨씬 입체적으로 볼 준비가 된 것이다.

유프라테스강과 티그리스강에서 시작하자. 두 강은 교역로의 조건을 완벽하게 갖추었다. 사실 두 강은 수백 개의 줄기로 갈라진다. 그리고 그 줄기마다 크고 작은 성읍이 발달했다. 그 성읍들은 강을 따라 이루어진 교류의 거점 역할을 했다.

강을 따라 교류한다는 것은 무슨 의미일까? 만일 여러분이 고대 메소포타미아 남부 지역에 살았다고 생각해 보자. 우루크든 닙푸르든 어디라도 좋다. 그런데 어느날 이집트로부터 어떤 문물이 도래했다. 임금은 이집트의 파라오에게 선물과 답장을 직접 들고 가라는 명을 여러분에게 내렸다. 이제 여러분은 무엇부터 해야 할까? 과연 그런 일이 가능하기나 할까? 운송수단은 퍽 원시적이었다. 아직 말을 길들이기 전이었고 바큇살은 발명되지도 않았다. 당나귀나 노새를 부렸지만, 아직 고삐도 안장도 몰랐다.

가장 좋은 방법은 강을 따라 늘어선 수많은 성읍을 차례대로 방문하는 것이다. 한 성읍에서 출발한 사람은 강물을 따라 평평한 땅을 따라 다음 성읍까지 간다. 그곳에서 아는 사람을 만나든 여관에 묵든 아니면 모르는 이에게 호의를 청하든 물과 식량을 얻고 밤을 지샌 다음에는 그 성읍을 떠나 다음 성읍으로 가는 식이다. 친절한 사람을 만났다면 긴요한 정보나 다양한 지원을 받을 수 있었을 것이다. 오랜만에 친구를 만나 회포를 풀었을 것이고, 사람을 소개받아 새로운 거래를 트거나 새로운 책과 지혜를 얻기도 했을 것이다. 이런 식으로 수많은 강의 지류를 따라 사람과 짐승이 움직였고, 물건과 신용이 흘렀으며, 철학과 종교를 나누었다. 메소포타미아 남부에서 탄생한 수메르 문명이 훗날 북부로 확산되는 과정이 바로 이러했을 것이다. 이렇게 두 강이 부챗살처럼 넓게 퍼진 지역에서 문명은 탄생했고 성장했던 것이다.

유프라테스강의 북서쪽 끝은 거의 지중해에 접한다. 그러므로 지중해 동편도 이런 문명의 혜택을 비교적 일찍이 접한 지역에 속했다. 그런데 여기서부터는 강이 끊어지고 지중해가 시작된다. 지중해 동편 해변에는 평평한 땅이 있었고 도시도 존재했다. 이 지역에서는 강줄기는 약했지만, 지중해에서 불어오는 습기 때문에 농사가 가능했다. 이슬이 맺혀서 생명을 키우는 지역이다. 이스라엘도 이 부근에 있다. 창세기 11장 31절에 아브라함은 우르(메소포타미아 남부)에서 하란(메소포타미아 북부)을 거쳐 가나안 땅(시리아-팔레스티나)으로 갔다고 한다. 수메르문명의 확산과 동일한 경로를 거친 것이다. 아브라함도 지중해 동편을 따라 더욱 남하하여 가장 풍요로운 지역 이집트에 닿았다. 드디어 나일강 삼각주의 드넓은 초록색 땅이 눈앞에 펼쳐진다. 이렇게 수메르에서 이집트까지 교역이 가능한 세상이 열리는 것이다. 이 지역이 문명의 중심 무대였다.

반달 모양의 땅

이렇게 교역이 가능한 땅을 이으면 대략 반달 같은 모양이 된다. 이 반달지역이 사람이 물을 얻어 농사를 짓는 지역이자 고대근동 세계의 모든 것이 이루어지는 지역이다. 전통적으로 이 지역을 '비옥한 초승달 지대'(The Fertile Crescent)라고 한다(그림 3). 이 말은 1916년 브레스티드(James H. Breasted)가 처음 썼다고 알려져 있다. 그런데 그저 '반달'(半月)이라는 뜻의 'crescent'(독: Halbmond)를 일본에서 '초사흘 달'(三日月), 곧 '초승달'로 번역했고, 우리에게도 이 말이 퍼졌다.

달이 차고 기우는 것을 표현하는 우리말 어휘는 무척 세밀하게 발달했다. 밤하늘에 손톱만큼 '초승달'이 보이기 시작하면 며

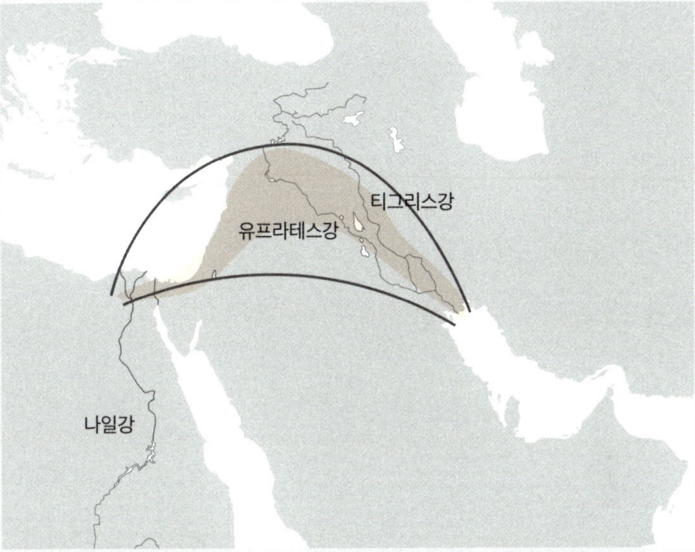

[그림 3] 비옥한 반달지대

칠 후 '상현달'이 되고 꽉 찬 '보름달'이 되었다가 이내 '하현달'로 변하고 '그믐달'로 진다. 이렇게 달에 대한 발달한 감각으로 다시 이 지역을 보면, 이 지역의 모습이 절대 '초승달'이 아니라 '상현달'에 가까운 모습임을 알 수 있다. 이를 '비옥한 상현달 지대'라고 부르는 것이 '지리적 특성'을 더 잘 반영하는 번역어일 수도 있다. 하지만 이 용어가 지닌 본래 의미를 살린다면 우리말로 '비옥한 반달지대'로 옮기는 것이 나아 보인다.

이 반달지대가 중심무대다. 만일 독자들이 고대근동학을 공부하다 낯선 지명을 마주치면, 세 대륙을 아우르는 방대한 지도에서 도대체 어디에 있는지 알아내기 힘들 때가 있다. 그럴 때 우선 이 반달지대부터 찾아보실 것을 권한다. 대개의 중요한 지명이 이 반달지대 안에 있기 때문이다. 전쟁을 하든 무역을 하든 거의 이 반달지대와 무관하게 이루어지기 힘들다. 고대에 사람과 물건과 가축과 글과 생각이 이 반달지대 안에서 흘렀고, 현대의 중요한 도시들도 대개 이 반달지대 안에 있다.

이 반달지대가 중심무대라면 그 밖의 넓은 지역의 의미는 무엇일까? 그곳은 앞에서 말한 '경계지역'일 것이다. 그런데 사실 경계지역에도 사람이 살고 있었다. '사막'에는 두 종류가 있다. 사하라 사막처럼 고운 모래로 이루어진 '사막'(sand, 또는 '모래사막')이 있는가 하면, 건조해 풀이 없는 '광야'(영: desert, 독: Wüste, 또는 '돌사막')도 있다. 광야에는 베두인 등 사람이 살았고 산에도 사람이 살았다. 반달지대의 성읍에 사는 사람들은 이들을 인식하고 있었다. 하지만 이 경계지역의 사람들은 큰 문명을 이룰 수 없었다. 그래서 광야나 산에 사는 사람들은 거의 '미개인'이요 '야만인' 취급을 당했다. 결국 경계지역은 '비문명의 지역'이라는 성격을 지녔다. 길가메쉬가 깊은 산으로 들어가 괴물 훔바바를 꺾는 이야기 등에서 이런 '문명 대 야만'의 구도를 쉽게 볼 수 있다. 이런 경계지역도 비문명이었지만, 비옥한 반달지대 안에서도 '성벽 밖'은 대개 비문명의 세상으로 표현되었다.

자 이제 다시 한번 고대근동의 지도를 펴고 눈을 게슴츠레 떠 보자. 그리고 반달지대를 상상해 보자. 저자는 학생들에게 '반달이 보여야 한다'고 강조하고 싶다.

| 연구사와 주요 참고문헌 |

고대근동학은 아직 한국에 낯선 학문이므로, 이 책과 함께 읽을 참고문헌을 소개하며 고대근동학의 간략한 역사를 소개하도록 하겠다. 다행히 신뢰할 만한 고대근동 역사서가 일부 한국어로 소개되어 있다. 그런데 그 책을 보기 위해서는 조금 주의가 필요하다. 책마다 용어나 관점 등이 조금씩 다르기 때문이다. 그래서 책을 소개하면서 동시에 고대근동학의 고전적 개념과 현재의 새로운 흐름을 미흡하지만 저자가 파악한 대로 간단히 설명하는 것이 낫겠다고 생각했다. 아래에 언급되는 자료는 대개 '통사'(通史)로서 고대근동 세계의 역사적 흐름을 서술한 책이다. 번역자를 따로 명시한 것은 우리말로 나온 것이다. 이 책 각 장의 말미에 수록한 "더 읽어보기"는 대개 아래 책들을 염두에 둔 것들이다.

'아시리아학 대 이집트학'의 고전시대

고대근동학이 시작될 때 '고대근동학'은 메소포타미아 문명을 다루는 '아시리아학'(Assyriology)과 거의 같은 말이었다. 독일어권 고대근동학의 교과서로 칭송받는 폰 조덴(W. von Soden)의 『고대근동학 입문』(*Einführung in die Altorientalistk*)을 보자. 1985년에 나온 이 책은 이집트를 전혀 다루지 않는다. 이 책은 현대의 서아시아 지역, 곧 메소포타미아 문명만 다루었고, 필요에 따라 아나톨리아 반도나 시리아-팔레스티나 지역을 삽입하는 수준이었다. 프랑스어권 루(G. Roux)의 저작인 『메소포타미아의 역사 1-2』(*La Mésopotamie*, 김유기 옮김)도 역시 이집트를 제외했다. 이 책은 1985년에 나왔으니

위의 『고대근동학 입문』과 같은 해이다. 두 책이면 독일어권과 프랑스어권의 고전적 시각을 파악할 수 있을 것이다.

당시 학계에서는 '이집트학'을 '고대근동학'(=아시리아학)과 구별되는 별도의 학문으로 이해했다. 최근 번역된 브레스테드(J. H. Breasted)의 『고대 이집트의 역사 1-2: 태고부터 페르시아의 정복까지』(*A History of Egypt: From the Earliest Times to the Persian Conquest*, 김태경 옮김)가 이런 고전적 시각을 대변한다.

그런데 왜 고대근동학을 아시리아학으로 불렀을까? 그 이유는 구약성경 때문이다. 구약성경 내 열왕기나 역대기는 이스라엘의 역사를 전하는 책인데, 아시리아의 위협을 크게 다룬다. 사실상 그 시기는 기원전 1천 년대 신아시리아 제국의 팽창기요 전성기로서 이스라엘과 주변 아람 국가들이 차례차례 아시리아의 식민지로 전락하는 시기이기도 했다. 초창기 고대근동학은 종교적 열정과 신학적 시각이 강하게 투영된 학문이었다. 구약성경에 영향을 받은 초창기 학자들의 머릿속에는 '메소포타미아의 큰 나라 아시리아'라는 생각이 강하게 자리잡고 있었기에, 그 지역의 고대 문명을 다루는 학문을 아예 아시리아학이라고 불렀던 것이다. 하지만 현대의 경향은 상당히 변하고 있다. 그러므로 고대근동학을 고대 서아시아 지역으로 국한하는 것은 다소 고전적 정의에 부합하는 것으로, 현대적 시각으로 보면 협의의 이해라고 할 수 있다. 하지만 아직도 유럽과 북미의 학과나 과목의 이름에 아시리아학이나 이집트학을 이렇게 협의로 쓰는 경우를 찾아볼 수 있다.

포괄적 개념과 새롭게 분화되는 경향

현대에는 메소포타미아와 이집트는 물론 아나톨리아 반도와 시리아-팔레스티나를 모두 포괄하는 상위개념으로 점차 고대근동학이라는 말을 쓰고 있다. 하지만 일부 연구는 고전적 견해와 현대적 용법 사이에 걸쳐 있다. 미에룹(M. van de Mieroop)은 『고대근동의 역사』(*A History of the Ancient Near East, ca. 3000-323 BC*, 김구원 옮김)와 『고대 이집트의 역사』(*A History of Ancient Egypt*)를 따로 다루었는데, 다소 고전적 구분에 가까워 보인다. 하지만 이렇게 고대근동 세계의 동방(메소포타미아)과 서방(이집트)을 하나의 체계로 통합해 다루려는 노력은 현대적 추세를 반영한 것이라고 볼 수 있다.

미에룹은 지역에 따라 역사를 기술했지만, 그보다 먼저(1996년) 두 권으로 출판된 커트(A. Kuhrt)의 『고대근동: 기원전 약 3천 년-330년』(*The Ancient Near East: c. 3000-330 BC*)은 시대를 먼저 구분하고 그 아래에 메소포타미아와 이집트는 물론 히타이트와 밋탄 등 지역을 포함시켰다. 빈호프(K. R. Veenhof)는 2001년 출간한 『고대 오리엔트 역사-알렉산더 대왕 시대까지』(*Geschichte des Alten Orients bis zur Zeit Alexanders des Grossen*, 배희숙 옮김)를 통해 새로운 흐름을 제대로 보여 준다. 빈호프는 '고대근동'(Alter Orient)이라는 개념하에 역시 이집트, 메소포타미아, 히타이트, 엘람, 시리아-팔레스티나 등의 지역을 모두 포함시켰다. 그는 시대를 먼저 나누고 그다음에 지역을 구분하며 서술했다. 저자도 그렇게 시대를 먼저 구분하고 지역을 그 아래에 둘 것이다.

고대근동 세계의 역사뿐 아니라 경제, 종교, 문화 등을 심화하고 싶은 독자는 새슨(J. Sasson)이 책임편집을 맡은 『고대근동 문명들』(*Civilizations of the Ancient Near East*)을 보시길 권한다. 대작이라는 평가가 아깝지 않은 이 책은 역사뿐 아니라 언어와 종교와 상업 등 '고대근동의 모든 것'을 다루는데, 역시 서아시아(메소포타미아) 지역을 넘어, 북아프리카(이집트)와 아나톨리아 반도(튀르키예), 심지어 일부 중앙아시아까지 다룬다. 이 책의 서문을 읽어 보면, 고대근동학의 지리적 범위를 점점 더 넓게 잡는 추세가 서술되어 있고, '고대근동학'을 점점 더 광의로 사용하는 흐름이 있음을 알 수 있다. 학생을 위한 가장 신뢰할 만한 참고서라고 할 수 있고, 이 책의 "더 읽어보기"에서도 주로 사용했다.

고대근동학은 부단하게 발전하는 분야다. 그리고 '고대근동'은 이 넓은 지역의 다양한 연구를 총칭할 수 있는 언어로 폭을 넓혀 가고 있다. 그런데 이렇게 폭이 넓어지는 추세와 함께 정교화되고 분화되는 추세도 동시에 볼 수 있다. 고대근동학이 가장 광의의 개념을 다룬다면, 이제 아시리아학과 이집트학은 고대근동학의 하위범주로서 일종의 고대의 지역학적 개념에 가깝게 이해된다. 그리고 최근에는 '수메르학'(Sumerology), '히타이트학'(Hittitology), '우가릿학'(Ugaritology)등이 역시 고대근동학의 하위범주처럼 쓰이고 있다.

이밖에 현대의 지역이나 나라의 이름을 쓰는 경향도 보인다. 이를테면 '이스라엘 이전의(pre-israelite) 시리아-팔레스티나 역사'라든지 (특정 지역이나 국가의) '이슬람 이전(pre-islamic) 역사' 등을 사용하기도 한다. 그래서 약간 애매한 경우도 벌어지는데, 일부 학자는 아시리아학(Assyriology)을 여전히 고전적 용법으로 (곧, 메소포타미아 전체를 아우르는 용법으로) 쓰지만, 일부 젊은 학자는 협의로 쓰고 있다. 저자의 개인적 경험을 잠시 첨언하면, 국제 학회 등의 토론에서는 이런 광의의 사용법과 분화되는 경향이 더 확고해지는 느낌을 받았다.

이스라엘과 고대근동학

한편 고대근동학은 처음부터 구약성경 연구와 관련이 깊었고 지금도 그렇다. 사실 이집트나 메소포타미아에 대한 연구결과보다 이스라엘에 대한 연구결과가 훨씬 많고 다양하다. 그 이유는 물론 그리스도교 때문이다. 지금으로부터 대략 300년 전 유럽에서 고대근동학이 시작될 때 그 배경에는 종교적 열의가 존재했다. 현재도 저자처럼 신학적 관심으로 시작해서 고대 이스라엘을 공부하다가 고대근동 세계에 발을 들여놓는 사람들이 상당히 많다. 그리고 고대근동학의 연구결과를 '구약성경과 관련지어' 발표하는 학자도 아직 많다. 이런 현상은 변할 조짐이 없어 보인다.

그래서 그리스도교와 관련된 연구를 '그리스도교적 고대근동학'(Christian Ancient Near Eastern Studies)이라고 일컫기도 한다(일부 그리스도교 신학과에서 '그리스도교적 고대근동학'이라는 이름으로 고대 그리스도교 교부학이나 초기 그리스도교 등을 연구하는 것과는 구별해야 한다). 최근 독일어권에서는 '구약성경의 환경'(Umwelt des Alten Testaments)이라는 용어가 자주 보이는데, 역시 유사한 추세를 반영하는 것이라고 하겠다. 이런 흐름을 따라가는 논문이나 저서는 여전히 종교적이고 교파적인 경향성을 강하게 보이는 것도 있지만 상당히 깊은 수준의 연구결과를 드러내는 것도 많다. 대체적으로 이런 흐름은 (신학의 일종인) '구약신학'이 아니라 (인문학의 일종인) '구약학'과 비슷하다고 할 수 있다.

끝으로 구약학적 관심을 지니고 구약성경과 관련된 고대근동의 신화, 역사문헌, 편지, 지혜 등을 직접 읽고 싶다면, 『고대근동 문학 선집』(강승일 외 옮김)을 추천한다. 방대한 고대근동 문헌 가운데 고대 이스라엘과 관련된 문헌을 추려서 1958년에 첫 판이 나온 이 책은 그 이후 계속해서 문헌과 도판이 보강되어 수십 년 넘게 '구약성경 연구를 위한 고대근동 문헌 입문서'의 역할을 맡았다. 이 책은 영미권에서는 흔히 *ANET*(*The Ancient Near Eastern Texts*)로 불렸기에 한국어 번역서는 *ANET-K*라는 약자로 통용된다.

독일어권에서는 구약성경과 관련된 거의 모든 고대근동 문헌을 번역하고 주석하는 야심찬 프로젝트가 이루어졌다. *TUAT*(*Texte aus der Umwelt des Alten Testaments*) 시리즈의 첫째 시리즈(*Alte Folge*)는 3천 쪽이 조금 넘는 분량이고 둘째 시리즈(*Neue Folge*)는 5천 쪽에 조금 모자란다. 이를 저마다 *TUAT.AF*와 *TUAT.NF*라는 약자로 일컫는다. *TUAT*은 백 명이 넘는 학자들이 40년에 걸쳐 번역뿐 아니라 상세한 해제와 주석까지 이루어 낸 역작이다.

| 사료의 특징과 한계 |

고대근동 3천 년의 역사를 보는 데 어려움은 무엇일까? 사실 고대근동의 역사는 일반 역사학과 비슷한 어려움도 있고 고대근동학만의 독특한 어려움도 존재한다. 사실 고대근동의 어떤 것을 연구하든, 결국 고대근동학은 문헌과의 싸움이라고 할 수 있다. 고대근동학자들이 씨름하는 사료의 특징을 알아보고, '고대근동학 하기'(doing ANES)란 무엇인지 느껴 보자.

사료의 외적 한계

우선 사료의 외적 한계가 크다. 한마디로 긴 역사에 비해 사료가 드문 편이고 그나마 편중되어 있다. 대체로 기원전 4천 년대(3500년-3001년)와 3천 년대(3천 년-2001년)의 사료가 드문 편이고, 기원전 1천 년대(1천 년-1년)의 자료는 상대적으로 나은 편이다. 2천 년대 사료의 사정은 그 중간쯤 된다고 할 수 있다. 아예 사료가 전하지 않는 시대, 곧 '암흑기'도 존재한다. 이 암흑기는 3천 년대에 가장 많지만, 기원전 2천 년대와 1천 년대의 '지역별 암흑기'도 놓치지 말아야 한다.

사실 우리는 특정 도시국가의 특정 시대의 자료만 알고 있는 경우가 많다. 그래서 한 도시국가의 통사를 기술하기도 쉽지 않다. 암흑기는 특정 도시국가의 쇠퇴기나 멸망을 의미할 수도 있지만, 그저 단순히 사료가 전하지 않는 경우일 수도 있다. 사료가 전하는 시대는 그래도 비교적 잘 알 수 있다고 해도, 그 사료를 객관적으로 이해할 수 있게 도와주는, 곧 참조사항을 제공할 수 있는 사료는 적은 편이다. 이렇게 전반적으로 사료가 부족하기 때문에 때때로 고대근동 학자들은 어떤 견해를 밝힐 때 무척 조심스러운 표현을 쓴다.

그래서 연대를 정확히 재구성하기 어렵다. 대제국의 임금 경우도 생몰연도가 정확히 알려져 있지 않은 경우가 많고, 재위기간이 정확히 파악되는 인물도 그리 많지 않다. 그러므로 이 책도 고대근동학 연구서들의 일반적인 경향을 따라 임금들의 생몰연대가 아닌 재위기간을 괄호 안에 쓴다. 그런데 이렇게 재위기간이 밝혀진 경우에도 문제가 남아 있다. 사실 신뢰할 만한 연구서들 사이에서도 연대가 크게 차이나는 경우가 많다. 기원전 3천 년대의 역사서들을 보라. 한 인물이나 현상을 설명할 때 서로 100년이 넘게 차이나는 경우도 흔하다. 이는 학자들마다 사료에 대해 신뢰하는 정도가 서로 다르기 때문이다. 그래서 3천 년대나 2천 년대는 정확한 연도를 쓰기보다는 '기원전 23세기 전후하여', '기원전 22세기경' 등의 표현을 즐겨 사용하는 것을 볼 수 있다. 그 이상 정확히 말하기 힘들기 때문이다. 이렇기 때문에 우리가 아는 고대 근동 세계의 실상은 "빙산의 일각"일 뿐이라는 고백은 정당하다 (Kuhrt 1995 I, p. 8).

고고학의 중요성

이런 사정이기에 어떤 발굴 하나가 연구의 큰 흐름을 뒤집기도 한다. 학계의 판도를 뒤흔든 중요한 발굴의 역사는 잘 알아야 한다. 그리고 계속되는 고고학적 뉴스에도 관심을 기울여야 한다.

여기서 잠깐 엉뚱한 질문을 해 보자. 만약에 내가 고고학자라면 지금 당장 꼭 찾아야 할 발굴지는 어디일까? 학자들에 따라 여러 곳을 말할 수 있겠지만, 아마 아카드를 들 수 있을 것이다. 아카드는 기원전 3천 년기에 가장 중요한 도시 국가 가운데 하나이자, 후대에 막강한 영향을 끼친 나라다. 실상 아시리아와 바빌로니아의 언어가 아카드어였기 때문이다. 그런데 우리는 아직도 아카드를 찾지 못했다. 이밖에도 찾아야 할 곳은 많다. 히타이트가 카데쉬 대전을 치를 때 옮긴 수도, 곧 타르훈자도 정확히 어딘지 모르고, 밋탄의 수도 왓슈카니도 모른다(이 둘은 추정지만 있을 뿐이다). 이런 중요한 제국들의 수도라면 어딘가에 엄청난 문헌과 유물이 보존되어 있지 않을까? 굳이 고고학자가 아니라도 큰 호기심을 느낄 것이다. 이런 고고학의 '대박 예정지'가 발굴된다면 고대근동학의 판도를 바꾸어 놓을 문헌자료도 기대할 수 있을 것이다. 언젠가는 우리가 그런 곳을 찾기를 희망한다. 현장에서 묵묵히 땀을 흘리는 학자들의 노력이 결실을 맺어 우리 눈을 밝혀 주기를.

사료의 내적 한계

사료의 내적 한계는 더 심하다. 가장 중요한 자료랄 수 있는 문헌자료는 그 자체가 해독하기 어렵다. 고대근동의 문헌을 이해하는 작업은 사실 고대언어와의 싸움이다. 그래서 고대근동학에 관심을 보이는 학생들에게 저자는 우선 언어에 소질이 있는지, 까다로운 구문이나 표현을 다루고 이해하는 일에 싫증을 느끼지 않는지 등을 먼저 물어보고는 한다. 난해한 고대어를 익히는 과정은 독일어, 영어, 프랑스어 등으로 작성된 문법서나 사전 등에 익숙해지는 일이기도 하고, 자연스레 그리스어나 라틴어도 어느 정도는 익히게 된다. 그리스도교 신학에서 출발한 학자들은 히브리어도 잘한다. 고대근동학계에서 10여 개 언어를 공부했다는 것은 평범한 일이다. 여러 고대근동의 언어를 두루 알아야 하면서도 자신이 가장 잘 다룰 수 있는 언어 하나 정도는 능통하도록 익혀 놓아야 한다. 고대근동학도 다른 학문처럼 '머리'가 아니라 '엉덩이와 척추'로 하는 고된 일이다.

설사 단어와 문장을 파악했다고 해도 그 '의미'를 이해하는 것은 쉽지 않다. 현대인과 퍽 다른 표현과 관습이 넘쳐나기 때문이다. 이 지구상에 존재했던 어떤 고대 문명의 글을 읽는다는 느낌보다는 아예 다른 행성에서 온 글을 읽는다는 느낌이 날 때도 있다. 결국 그 의미를 찾는 일은 '현재의 나'를 허물고 넘는 일이다. 이해를 막고 있는 것은 나 자신일 때가 많다.

신학적 장애도 따지고 보면 내 안에 있다. 그리스도인이라면 야훼의 적대자 바알의 신화를 읽을 때 조금 불경스런 느낌을 떨칠 수 없을 것이다. 구약성경보다 훨씬 고대의 기록을 읽거나 구약성경이 전하는 내용과 다른 문헌을 읽을 때면 '묘한' 기분이 들기도 한다. 하지만 역사를 있는 그대로 대면해야 한다는 용기는 인문학이든 신학이든 꼭 필요한 자질일 것이다.

원문 자체의 편향도 적지 않다. 원문을 실제로 읽어 보면 고대근동의 사료 자체가 이미 저마다의 독특한 시각을 드러냄을 느낄 수 있다. 모든 문헌자료는 '객관적 보도'가 아니다. 고대근동의 텍스트는 고도로 정치적이거나 종교적이며, 늘 '자신의 진실'을 전한다. 큰 임금에 대한 기록은 후대에 영웅시된 것이 퍽 많기에 적어도 '후손들의 의지와 이해관계'를 주의해야 한다. 신화는 역사적 체험의 편린을 담고 있기는 하지만 그를 특정하기는 쉽지 않다. 외교문서는 더욱 복잡하며 그런 종류의 편향은 고대인의 철학과 종교 때문에 생긴 일종의 한계 때문이기도 하지만, 때로는 노골적인 왜곡도 있다. 예를 들어 전쟁이 끝나면 양측 모두에서 '승전'을 주장하는 기록을 남길 때가 많다. 임금이 스스로 남긴 업적은 거의 모두 과장되어 있다. 자랑스러운 내용은 크게 드러내고 수치스러운 내용은 침묵해 버리는 방법이 흔하다. 우리는 '사료의 너머'를 늘 상상해야 한다. 종교문서를 통해 고대 종교의 내면에 접근하려는 시도는 지난하기만 하다.

| 민족명과 니스바 어미 |

고대근동 세계에 등장하는 수많은 민족의 이름에 대해 생각해 보자. 아직 한국에 고대근동학은 낯설기에 고대근동의 민족명(Gentilicium)을 어떻게 옮길지 학문적으로 주의를 기울이지 않았고, 그저 영어나 독일어로 된 민족명을 무비판적으로 음차하기만 했다. 그러나 고대근동의 민족명을 옮길 때는 두 종류의 어미, 곧 니스바(Nisba) 어미와 '-ite' 어미를 각별히 주의해야 한다. 고대근동학의 기초를 위해서 꼭 필요한 일이다.

니스바 어미

'니스바'는 아랍어로 '관계'를 의미한다. 니스바 어미의 단수 남성형은 *-ī*인데, 영어나 독일어의 *-er* 어미와 용례가 비슷하다. 지명이나 민족명 등 고유명사 뒤에서 '어디 사는 사람', '어느 지역 사람'이라는 뜻을 만든다. 니스바 어미는 셈어에서 일반적으로 사용되는데, 고대에는 물론 현대에도 쓰인다. 현대 영어에서 이라크인(Iraqi)이나 바그다드인(Baghdadi)을 의미하는 낱말은 셈어의 니스바 어미가 영어로 흘러든 흔적이다. 이스라엘 사람(Israeli)이라는 단어도 마찬가지다. 그런데 이 '*-ī*'라는 어미는 '서울 사는 이'에서 보듯 한국어 어미와도 우연히 비슷하니 이해하기에 어려움이 없다. [표 3]을 보자.

[표 3] 고대근동의 민족명 표기 예 1

한국어 표기	원어 표기
아무르인	*Amurr-ī* = *Amurr*(아무르) + *ī*(사람)
암몬인	*Ammon-ī* = *Ammōn*(암몬) + *ī*(사람)
이라크인	Iraqi = Iraq(이라크) + *ī*(사람)
이스라엘인	Israeli = Israel(이스라엘) + *ī*(사람)
바그다드인	Baghdadi = Baghdad(바그다드) + *ī*(사람)
*베를린인	Berliner = Berlin(베를린) + *er*(사람)
*뉴욕인	New Yorker = New York(뉴욕) + *er*(사람)

출처: 트롬퍼 2010b, p. 15를 변형한 것이다.

'뉴요커 사람'이냐 '뉴욕 사람'이냐

이제 독자들은 니스바 어미를 고유명사에 포함해 번역하는 것은 동일한 요소의 불필요한 중복임을 알 수 있을 것이다. 우리가 '베를린 사람'이나 '뉴욕 사람'이라고 해야 옳지, '베를리너 사람'이나 '뉴요커 사람'이라고 하면 틀린 이치와 같다. '아모리인'이 바로 그런 '역전(前) 앞' 같은 말이다. 정확히 옮기려면 '아모르'보다 더 옛 형태인 '아무르'를 취하고, 니스바 어미를 빼서 '아무르 사람' 또는 '아무르인'으로 옮기는 것이 적절하다. 같은 이유로 '호리인'이 아니라 '후르인'이, '암모니'가 아니라 '암몬 사람'이, '하티인'이 아니라 '하트인'이 정확할 것이다.

니스바 어미에 하나 더 있다. 그리스어와 라틴어를 거쳐 서양의 여러 말에 공통으로 사용되는 '-ite' 어미는 '…에 속한 것', '…

[표 4] 고대근동의 민족명 표기 예 2

한국어 표기	원어 표기
카쉬인	Kassite = Kašš + i + (i)te
히트인(또는 헤트인)	Hittite = Hitt + i + (i)te

과 관련된 것'이란 뜻으로 역시 민족명 등에 자주 쓰인다(표 4). 이 어미 역시 고유명사에 포함시키면 안 된다. 이제 독자들은 저자가 '카시트인' 대신에 '카쉬인'을 쓰는 이유를 알 수 있을 것이다. '카시트인'이라고 옮기면 '역전전(前前) 앞'이 되는 셈이니 더욱 좋지 않다.

논의의 시작

하지만 니스바 어미만 주의한다고 해서 모든 문제가 저절로 해결되는 것은 아니다. 이를테면 사르곤 시대 아카드를 서술할 때면 꼭 등장하는 구트인을 알아보자. 할로(W. W. Hallo)는 구트인들이 사르곤 후기부터 문헌에 등장하며 그 이름의 다양한 변형이 있지만, 고아카드어(Old Akkadic)의 표기법인 *gu-ti-um* 또는 *gu-ti-im* 이 고대근동의 모든 문헌에 등장하는 표준 표기법이라고 보고했다. 저자는 이에 따라 '*-i*'를 니스바 어미로 보고 '구트인'으로 표기한다. 하지만 할로는 그 어근을 근본적으로 파고들면 이 민족의 본래 이름은 /구-/(*guw*)또는 /쿠-/(*kuw*)임이 거의 확실할 것이라고 주장했다. 하지만 그도 원어에 적합한 민족명을 새로 쓰기보다 학계에 널리 쓰이는 표기법(Gutium, Gutian)을 사용한다고 고백한다(Hallo 1971, pp. 708-709). 이미 자리잡아 보편적으로 쓰이는 용어를 바로잡기란 이렇게 어려운 일이다.

한국어권 고대근동학은 아직 초창기라고 할 수 있으니 올바른 표기법에 대한 고민은 꼭 필요할 것이다. 민족명의 음차에 대해서는 더 많은 토론이 필요하다. 저자는 우선 니스바 어미에 대한 주의를 환기하고 싶다. 이 책에서 생소한 민족명을 만난다면, 니스바 어미 등에 주의를 기울여 음역한 것임을 이해해 주시길 바란다. 모든 고유명사의 표기법을 한번에 개선하기는 불가능하다. 고대근동 고유명사의 원어와 어근을 치밀하게 파악해 더 개선된 표기법을 추구하는 학문적 노력은 언제나 필요할 것이다. 이 책이 그런 노력의 작은 계기가 되길 바라는 마음이 크다. 더 나은 제안이 있다면 언제라도 환영한다.

이제 고대근동학에 대한 최소한의 전제가 마련된 것 같다. 더 깊은 내용은 "더 읽어보기"에 맡겨 두고 고대근동 3천 년 역사의 여정을 떠나 보자.

더 읽어보기 1

고대근동학의 기초

1. 다음을 읽고 고대근동 세계의 지리, 사료의 종류와 특성, 선사 시대 이전의 상황 등을 정리해 고대근동학의 기초를 잡아 보자.

- 마르크 반 드 미에룹, 『고대근동의 역사』, 김구원 옮김, CLC, 2010, pp. 25-46.
- 클라이스 R. 빈호프, 『고대 오리엔트 역사-알렉산더 대왕 시대까지』, 배희숙 옮김, 한국문화사, 2015, pp. 1-40.
- A. Kuhrt, *The Ancient Near East - c. 3000-330 BC, vol. I*, Routledge, 1995, pp. 1-15.
- Jack M. Sasson, “Introduction”, *Civilizations of the Ancient Near East, vol. I & II*, Hendrickson, 1995, pp. xxv-xxxii.
- D. O. Edzard, *Geschichte Mesopotamiens - Von den Sumerern bis zu Alexander dem Großen*, C.H.Beck, 2009, pp. 13-36.

2. 다음은 위 자료보다 더 오래되고 다양한 이야기들이 실려 있다.

- 제임스 헨리 브레스테드, 『고대 이집트의 역사 1-태고부터 페르시아의 정복까지』, 김태경 옮김, 한국문화사, 2020, pp. 1-67.
- 조르주 루, 『메소포타미아의 역사 1』, 김유기 옮김, 한국문화사, 2013, pp. 1-62.

3. 고대근동의 다양한 언어와 그 해독의 역사에 대해서 다음을 보라.

- Peter T. Daniels, "The Decipherment of Ancient Near Eastern Scripts", *CANES I & II*, pp. 81-93.
- 졸저, 「고대근동어」, 『우가릿어 사전』, 요제프 트롭퍼, 주원준 개역, 한님성서연구소, 2010, pp. 17-29.

4. 고대근동학에 대해 심화하고 싶은 독자들은 다음을 참조하라. 또한 그리스도교 신학과의 관련성도 확인하라.

- Helen Whitehouse, "Egypt in European Thought", *CANES I & II*, pp. 15-31.
- John M. Lundquist, "Babylon in European Thought", *CANES I & II*, pp. 67-80.
- John Maier, "The Ancient Near East in Modern Thought", *CANES I & II*, pp. 107-120.
- Morgans Trolle Larsen, "The 'Babal/Bibel' Controversy and Its Aftermath", *CANES I & II*, pp. 95-106.
- 졸저, 「하느님 백성의 역사에 쇄국은 없다-구약성경의 탄생과 전승에 대한 구약학적 이해」, 주원준, 박태식, 박현도, 『신학의 식탁』, 들녘, 2020, pp. 20-62.

I

기원전 3천 년대의 메소포타미아

'동방의 유럽'의 시작

역사는 메소포타미아 남부에서 기원전 4천 년대에 시작되었다. 그곳에서 마치 '유럽'처럼 민족들과 도시들이 서로 무한경쟁하며 발전했다. 이집트는 이보다 조금 늦지만 퍽 다른 특징을 지닌 문명이 시작되었다. 아나톨리아 반도와 시리아-팔레스티나 지역에서는 아직 문자시대가 시작되지 않았다. 이 시기 사료의 특성과 한계를 잘 이해할 필요가 있다.

우루크 혁명

시작은 우루크였다. 가장 확실한 증거라면 토기일 것이다. 기원전 4천 년대 중반 즈음 신석기가 저물 때, 상당히 '실용적인 토기'가 생산되었다. 그 이전 시기의 토기는 상당히 귀족적이고 장식적이었던 데 반해, 새 토기는 실용적 목적에 충실한 대량생산품 같은 느낌을 준다(미에룹 2010, pp. 49-50). 이는 인구가 늘어서 토기의 수요가 늘었고, 더 많은 그릇을 빨리 생산해야 했기 때문이라고 추측한다. 이런 과정에서 사람들의 토기에 대한 태도가 바뀌었다. '귀물'(貴物)이 '실용물'로 바뀐 것이다.

비슷한 시기에 메소포타미아 남부 우루크에서 인류 최초의 도시가 출현했다. 성벽으로 둘러싸인 지역은 그 이전에 볼 수 없는 것이었다. 이를 '우루크 현상'이라고 한다. 현대인의 눈으로 보면 상당히 느리게 진행되었지만 사실 인류 역사의 혁명적 사건으로 손색이 없기 때문에, 이를 '우루크 혁명'으로 부를 수도 있다. 우리는 이 혁명에 대해서 대단히 제한적인 내용밖에 알지 못한다. 이 시대의 자료가 희박하기 때문이다.

희박하고 난해한 사료

현재 우리가 지닌 사료의 객관적 상황을 보고 넘어가자. '과연 기원전 4천 년대나 3천 년대 사람들이 어떻게 살았는가?'라는 질문을 던지는 분들이 많다. 그러나 더 중요한 질문은 '무엇을 보고 우리는 인류 최초의 문명을 확인할 수 있는가?'일 것이다. "더 읽어보기"의 자료들을 충실히 검토한 독자라면 기원전 4천 년대와 3천 년대를 다루는 대목에서 줄잡아 50여 개 정도의 지명을 만날 수 있을 것이다. 우리는 이렇게 많은 당시 지명을 안다. 지명이 확인된 곳에서 사람들이 어느 정도 큰 규모로 정착해 도시를 세우고 살았음을 확인할 수 있다. 그러므로 우루크 이후에 또는 우루크와 함께 다른 도시들도 출현했음을 짐작할 수 있다.

그런데 그 가운데 1차 문헌자료가 '어느 정도'(!) 출토된 도시들은 많이 잡아야 십여 곳 정도밖에 되지 않는다. 우루크(*Uruk*), 우르(*Ur*), 슈룹팍(*Šuruppak*, 현대의 Tell Fara), 라가쉬(*Lagaš*), 마리(*Mari*), 에블라(*Ebla*) 등의 자료가 우리에게 소중하다. 기원전 2500년 이전에는 건축비문도 묘비문도 없다. 대개가 토판이다. 이렇게 이 시기의 자료는 전반적으로 부족하다는 것이 큰 특징이다.

설사 문헌자료가 충분히 출토되었다 해도 해석하는 것은 쉽지 않다. 그 자료들은 다양하고 파편적이고 난해하다. 이것이 두 번째 특징이다. 문헌자료들은 조각난 것들이 많고 영수증이나 각종 목록, 신화 등 장르가 퍽 다양하다. 자료들은 저마다 수백 년의 간격을 보이고 지역적 차이도 크다. 『수메르 왕명록』의 경우에서 보듯, 임금의 일대를 다루는 문헌에서도 역사와 신화가 혼재되어 기술된다. 오히려 그들에게는 역사와 신화를 구분하는 우리의 시각이 퍽 낯설 것이다. 우리의 사고와 그들의 문헌 사이 거리는 너무 멀다.

어스름한 역사기술

그래서 우리는 어느 한 도시의 통사(通史)도 제대로 쓸 수 없는 형편이다. 각 도시의 정치와 사회의 구조는 어땠는지(이를테면, 왕이 다스렸는지, 의회는 어떻게 구성되었는지, 군대의 규모는 어떠한지 등), 각 도시국가들이 어떤 영향을 주고받았는지(서로 어떻게 교역하고 어떻게 연맹을 맺었고 왜 전쟁을 치렀는지 등), 저마다 경제적·정치적·문화적 상황은 어땠는지 등을 정확히 알기 힘들다. 심지어 최고지도자가 누구였고 어떤 존재였는지도 모르는 경우도 많다.

사료에 충실한 역사서들은 이 시대를 대체로 어스름하게 그린다는 인상을 준다. 기원전 35세기나 33세기에 '역사'가 시작한다고 보는 연구서도 있지만 기원전 30세기부터 기술하는 책도 있다. 이 시대의 역사를 큰 캔버스에 그림을 그리는 것에 비유하면, 우리는 몇몇 점들만을 어느 정도 확실하게 찍을 수 있을 뿐이다. 공백이 훨씬 많은 것이다. 이런 형편이니 이 시기를 다루는 역사

책은 여러모로 차이가 있다. 대략 4천 년대에 메소포타미아에서 인류의 역사가 시작했고, 3천 년대에 문자기록이 생산되며 확장하고 발전했다는 점을 확인하고 넘어가자.

도시라는 혁명

도시의 의미는 컸다. 성벽 안팎은 크게 달라졌다. 주변의 위성마을은 물론, 먼 곳과도 교역하는 중재자요 중심지 역할을 했다. 다른 곳에서는 볼 수 없는 재화와 서비스가 도시 안에는 있었다. 도시의 중앙을 차지한 신전은 도시의 중심이자 주변 지역의 중심이었고 먼 곳까지 위세를 떨쳤다. 메소포타미아에서 최초의 도시들은 쉽없이 경쟁했다.

인간사회의 재창조

도시는 자급자족하던 신석기 문화와 단절하는 곳이었다. 분업화와 전문화가 일어났다. 낟알을 키우지 않고도 먹고사는 직업이 출현했다. 나무와 쇠와 돌을 다루는 각종 장인들은 물론이고 천을 짓고 술을 빚는 여인들도 있었다. 도시 안으로 넉넉히 물을 대야 했기 때문에 운하를 파야 했다. 운하를 파기 위해서는 퍽 많은 노동자를 체계적으로 조직하고 운영해야 하고, 운하를 관리할 권력자와 행정가들도 필요했다. 이런 모든 새로운 체계를 통제할 권력도 필요했다. 체제가 정비되고 표준 단위가 생겼으며 결국 문자생활이 화려하게 시작되었다. 그리고 이런 새로운 직업군을 키워 내는 교육도 시작되었다.

혹시 이런 의문을 품는 독자가 있을지 모르겠다. 흔히 '문명의 구성 요소'로 드는 문자, 건축, 교육체계, 권력, 행정, 종교, 군대 등은 인류 역사를 따라 하나씩 차례대로 출현한 것이 아닐까? 대답은 그렇지 않다는 것이다. 최초의 도시 우루크에 이미 인류의 문명을 이루는 기본 요소들이 한번에 모두 출현했다. 그래서 도시의 출현은 "사회의 근본적인 재창조"(미에룹 2010, p. 58)라고 할 수 있다.

'홍수설화'의 모티프도 이 도시와 관련지어 이해해 볼 수 있다. 도시는 모든 것의 새로운 시작이었다. 하지만 그 당시 도시는 자연재해 등에 취약했다. 특히 가뭄과 홍수는 결정적이었다. 큰 홍수가 닥치면 모든 것을 한번에 무너뜨려서 완전히 새롭게 시작해야 했다. 홍수는 모든 것을 재창조하는 것에 비유할 수 있다. 나일강 유역과 달리 메소포타미아 지역의 홍수는 불규칙적이고 때로 위협적이다. '홍수에서 모든 것이 완전히 새롭게 시작된 것'이라는 서사는 이런 배경에서 나온 것이 아닐까 추측할 수 있다. 기원전 4천 년대와 3천 년대에 여러 도시들이 공통적으로 겪었을 끔찍한 '홍수 체험'을 생각해 본다.

성읍이냐 도시냐

이 당시 출현한 우루크나 우르 등을 영어(city)나 독일어(Stadt)로 대개 최초의 '도시'라고 하고, 그래서 대개 그렇게 옮긴다. 그런데 웬지 저자는 현대 한국인의 어감으로는 '성읍'으로 보는 것이 적절하다는 느낌이 든다. 이런 질문을 해 보자. 최초로 등장한 '도시' 우루크는 얼마나 컸을까?

[그림 4] 수메르의 대표적 도시들

미에롭에 따르면 우루크가 대략 70헥타르 면적이고, 주변의 위성마을까지 포함할 때 최대 210헥타르 정도라고 한다(미에롭 2010, p. 52). 이런 숫자만 보고는 크기를 가늠하기 힘드니, 알기 쉽게 우리의 예를 들어 보자. 위키피디아를 보니 경복궁이 대략 43헥타르이고, 여의도가 290헥타르라고 한다. 이제 크기가 가늠된다. 내친 김에 서울시의 25개 자치구 가운데 가장 작은 중구의 면적을 보니 약 1천 헥타르로 나온다. 그러므로 전성기의 우루크는 현재 경복궁 면적의 두 배보다 작고, 성벽 밖의 마을까지 합해도 여의도보다 작다. 대략 중구의 1/5 정도 면적이라고 할 수 있다. 대략 수천의 인구가 살았을 것이라 추측한다. 기원전 4천 년대에 이 정도 규모라면 분명 세계적 대도시라고 아니할 수 없다. 하지만 현대인의 느낌으로는 '최초의 성읍' 정도가 알맞을 것 같다(그림 4 참조).

성읍이냐 도시냐, 저자는 어느 한 번역어를 배타적으로 고집할 생각은 없다. 다만 현대인의 어감인 '성읍'으로 4천 년대와 3천 년대의 상황을 더 객관적으로 이해할 수 있도록 만들려는 것이고, 또한 그 정도 규모의 성읍이 기원전 4천 년대의 세계적 거대도시였다는 점을 알아 두자. 지구 최초로 메소포타미아 남부에 이 정도 규모의 성읍이 등장했다.

신전에서 나온 왕궁

도시 한가운데에 신전과 왕궁이 지어졌다. 처음엔 신전이었다. 신전은 수메르어로 '큰'(GAL) '집'(É)이라 하여 /**에갈**/(É.GAL)이라 했다. 맨 처음 신전은 왕궁을 겸했다. 하지만 이미 4천 년대와 3천 년대를 거치며 왕궁이 점차 신전에서 분리되어 지어졌다. 분리되기 이전에 신전에서 '주님'을 대리해 도시를 다스리던 사람을 '사제-임금'(priest-king)이라 한다. 제정일치가 당연시되던 시대였다. 신전과 왕궁이 분리된 이후에도 양자 사이에 경쟁과 갈등이 있었다는 어떤 증거도 없다(빈호프 2015, p. 63). 신전에서 신을 대리해 다스리던 '사제-임금'이 왕궁이 분리된 이후 왕궁에서 다스렸던 것이다. 신전은 경제적 의미도 컸다. 신전은 가장 많은 재화와 서비스가 집중되고 가장 많은 일자리를 제공하는 곳이었다.

신전에 모신 존재는 '주님'(EN)이라 불렸다. 신전은 명실공히 중심이었고, 신전의 주인은 도시의 주인이었다. 도시마다 모시는 신들이 있었다. 우르는 달신 난나(*Nanna*)의 도시였고 닙푸르(*Nippur*)는 엔릴(*Enlil*)이 다스리는 곳이었다. 도시의 주신(主神)은 사람들의 몸과 마음을 지배했다.

도시들과 신들의 경쟁

우루크 이후에 또는 우루크와 함께 수메르에는 다른 도시들이 출현했다. 앞서 말했듯 우리는 어느 도시도 그 정확한 기원을 모른다. 대개 강가에 농사가 잘되는, 신석기부터 사람이 살던 지역에 도시들이 생겨났음을 알 수 있을 뿐이다. 도시들 사이에는 농경지가 있었다. 그런데 도시들이 확장되며 서로 경계에 대한 의식이 생겼다. 그리고 도시들은 저마다 경계를 놓고 경쟁하기 시작했다. 분쟁은 때로 전쟁으로 이어졌다.

전쟁은 새로운 국면을 낳았다. 전쟁이 들이닥치면 도시인들은 총회(*unkin*)에서 임금이 아닌 '큰'(GAL) '사람'(LU), 곧 루갈(LU.GAL = 大人)을 뽑아 '전쟁 지도자'로 앉혀 전쟁을 치렀다. 수메르어로 쓰인 『길가메쉬와 아카』 이야기에 이 정황이 잘 드러나 있다. 외적이 쳐들어오자 길가메쉬는 도시의 총회를 소집해 전쟁을 할 것인지 사람들에게 묻고 서로 토론해 결정한다. 그러므로 원시 민주주의도 이미 이때 시작된 것으로 볼 수 있다. 전쟁의 결과에 따라 이웃 도시를 지배해 위세가 확장된 도시들은 점차 세력을 불려 나갔다. 도시들은 자유롭게 합종연횡했다. 교역을 위해 무역 네트워크를 만들었고, 때로는 군사적 연합체를 만든 것 같다. 현재 '키쉬의 임금'이 이끈 연합체나 '슈룹팍의 연합체'들이 전한다.

이런 경쟁은 당연히 그들이 모시던 주신들의 경쟁이기도 했다. 정복한 주신은 다른 신들보다 우월한 존재였다. 수메르인들은 모든 도시들이 연관을 맺는 거대한 하나의 세계를 상상했다. 그것은 모든 신들이 관계를 맺는 천상의 세계이기도 했다. 만신전이었다. 그 세계에서 모든 신들은 서로 인연을 맺고 살아간다. 그렇게 사람들은 신들의 세계에 저마다 경외심과 소속감을 지니고 살았다. 하지만 신들의 세계는 고정되어 있지 않았다. 도시들의 상황이 언제나 유동적이었기 때문이다. 메소포타미아에 전하는 인간들의 이야기나 신들의 이야기는 그런 변화된 상황과 깊게 관련되었을 것이다. 신들은 서로 배신하거나 폭력을 휘두르고 타협하거나 죽이거나 때로 부활하기도 한다. 큰 새(봉황?)가 어느날 신들의 세계를 위협에 빠뜨리자 신들이 영웅을 뽑아 퇴치하는 이야기도 있다. 이렇게 메소포타미아 신화의 서사는 극적이고 흥미로운데, 그 배경에는 위에 언급한 끊임없는 도시의 경쟁이 자리잡고 있을 것이다.

새로운 엘리트의 등장

이렇게 도시가 확장되고 경쟁이 가속화되면서 인간과 신들의 삶은 바뀌어 나갔다. 한편 도시가 점차 영토국가처럼 확장되면서 도시의 엘리트들도 바뀌었다. 그들은 일반인과 구분되는 새로운 표식을 원했다. 대개 일반인들이 갖기 힘든 재화나 보석 또는 먼 나라에서만 나는 진귀한 것들로 치장하는 일을 시작했다. 수메르 시대부터 새파란 돌, 곧 청금석(Lapis-lazuli)은 귀한 재료로 보석과 같이 취급했다. 청금석이 쓰인 물건에는 금과 은이 아낌없이 쓰였다. 그런데 청금석은 메소포타미아 지역에서는 나지 않고 현대의 아프가니스탄 지역에서 수입된 것이라고 한다. 다시 말해 이 시기에 이미 먼 중앙아시아에서 나는 재료를 가져다 썼다는 말인데, 그 수입과정에 대해서는 알려진 것이 거의 없다(그래서 고대근동 세계의 범위를 중앙아시아까지 넓히자는 것이다).

동방의 유럽

저자는 이런 수메르의 상황, 곧 인류의 초기 상황이 우리가 흔히 머릿속에 떠올리는 유럽과 같다고 느낀다. 수메르의 모든 도시들은 자유롭게 경쟁했고 그 결과 생존하거나 소멸했다. 경쟁을 뚫고 생존한 도시들은 저마다 개성을 지녔다. 이렇게 탄생된 도시들의 개성을 알아야 기원전 4천-3천 년대 메소포타미아의 문명을 이해할 수 있다.

> 중앙의 통제가 전혀 없이 무한경쟁을 하는 상황에서 도시국가들은 저마다 독특한 명성을 얻었다. 이를테면 에리두는 '세상에서 가장 오래된 수도'였으며, 우르는 '문화적 선진국'이고, 아카드는 '무력이 강한 도시'였으며, 최고신 엔릴을 주신으로 모신 닙푸르는 종교적 명성이 높았기 때문에 "수메르의 로마 혹은 메카"로 인식되었다. 이런 도시마다 독특한 개성을 이해하는 것은 고대근동의 역사를 이해하는 데도 중요하다. 이를테면 키쉬(*Kiš*)는 수메르 시대에 메소포타미아 남부의 요충지요 북부와 "그 너머를 이어주는 모든 교역로로 통하는 도시"로서 큰 명성을 누렸다. 그래서 기원전 24세기에 아카드의 사르곤이 수메르를 무너뜨리고 나서 '수메르와 아카드의 임금'이란 칭호와 함께 '키쉬의 임금(=루갈)'이란 칭호를 채택한 것이다. 그 칭호는 '(모든 교역로로 뻗은) 세상의 지배자'란 뜻이었다. 물론 정복지의 명단에서만 확인되는 도시국가도 많다. 그리고 아예 이름이 전하지 않는 곳도 상당히 많았을 것이다.(졸저 2016, p. 18. 루 2013, p. 181 참조)

[그림 5] 우르의 깃발(standard of Ur)

가로 약 22센티미터, 세로 약 50센티미터의 속이 빈 나무 상자로, 우르에서 발굴되었다. 전쟁에서 적군을 물리치고(아래칸) 전리품을 획득해 포로를 잡아 온 다음(중간칸) 가운데 가장 큰 인물인 임금 앞으로 데려온다(위칸). 전형적인 수메르 양식을 보여 주는 작품으로 평가된다. 배경은 파란색인데 청금석을 조각내 박아 넣은 것이다. 런던 대영박물관.

독자들은 이제 각 도시마다 크기나 주민구성이나 체제가 조금씩 다르다는 점을 잘 이해할 것이다. 사료에 따르면 도시마다 지도자를 '루갈'(LU.GAL), '엔시'(*ensi*), '엔시크'(*ensik*) 등으로 부르는데 이런 호칭이 정확히 어떤 차이를 지니는지를(선출되었는지 세습되었는지, 그렇다면 선출 또는 세습의 방식은 무엇인지, 권력의 한계는 어떠한지 등) 잘 알지 못한다. 이런 칭호는 정치와 종교의 지도자, 때로 전쟁을 이끄는 주역을 뜻했다. 정확히 이해하는 일이 어렵기에 정확한 번역어도 찾기 힘들다. 수메르 문명의 특징, 지금까지 확인된 각 성읍의 역사와 특징 등은 "더 읽어보기"에서 다룬다.

정복자 사르곤

최초의 제국

사르곤이 등장했다(그림 6 참조). 기원전 24세기였다. 그는 아카드 제국을 세워 뛰어난 무력으로 메소포타미아 전체를 통일했다. 동서남북의 다양한 민족들이 모두 무릎을 꿇었다. 사르곤이 등장하며 역사의 풍경이 바뀌었다. 수메르 시대에는 도시국가들이 자유롭게 경쟁하며 살았다. 그들은 때로 연맹체를 만들어 겨루었다. 이렇게 합종연횡하던 시대는 이제 '중앙의 정복자와 변방의 반란자'가 대립하는 시대로 변했다. 남부 수메르인들의 시대가 가고 북부 셈족의 시대가 열렸다.

최초의 정복자 사르곤

사르곤은 기원전 2350년경 키쉬(*Kiš*)에서 빠르게 권력을 잡았는데(정변?), 곧이어 키쉬 근처에 아카드라는 도시국가를 세워 권력을 탄탄하게 유지했다. 그래서 그는 "키쉬의 임금"이란 칭호를 내내 유지했다. 그가 새로 세운 도시는 '악가데'(*Aggade*) 또는 '아카드'(*Akkad*)라는 이름으로 불리는데, 그 도시를 아직 발견하지 못하였다. 만일 아카드가 고고학적으로 발굴되어 궁정 문서들이 발견

[그림 6] 아카드 임금의 청동 마스크

니네베에서 발견된 청동 마스크로서, 재질이나 기법 등이 아카드의 것이 거의 확실하다고 한다. 흔히 '사르곤의 청동 마스크'로 알려져 있지만 딱히 사르곤이라는 명문이 없기 때문에, 이 청동 마스크는 나람-신의 것일 수도 있다. 엄밀하게 말한다면 '(어떤) 아카드 임금의 청동 마스크'라고 불러야 할 것이다. 수염을 기른 강건한 무인(武人) 같은 모습에서 아카드적 양식을 느낄 수 있다.

된다면, 우리는 기원전 3천 년대의 역사를 훨씬 자세히 알 수 있을 것이다.

사르곤은 정복왕이었다. 남부의 수메르 도시국가들을 정복했다. 그는 여기에 그치지 않고 동쪽으로는 현재의 이란의 일부인 엘람, 북으로는 메소포타미아 북부를 넘었다. 멀리 서쪽으로는 시리아(에블라, 마리, 레바논 등)까지 원정을 성공시켜 천하를 통일했다. 엄청난 속도요 눈부신 성공이었다. 기원전 24세기에 이런 원정을 했다는 사실 자체가 놀랍지만, 그의 기록은 여러 곳에서 확인된다. 그는 확실히 "도시국가들의 경쟁체제에 일시적인 마침표를 찍었다"(미에룹 2010, p. 108).

사방의 임금

사르곤은 여러모로 정복자의 전형이었고 후대의 임금들에게 큰 영향을 끼쳤다. 그는 온 세상의 정복자로 자처했고 두 가지 칭호를 새롭게 썼다. 첫째는 "사방(四方)의 임금"이다. 이 표현의 아카드어를(*šar kibrat arbaʾim*) 직역하면 '네 끝의 임금' 또는 '네 지역의 임금'이다.

이 칭호는 당시 세계관의 반영으로 새길 수 있다. 세상을 네모난 땅으로 생각했기 때문에 동서남북 네 끝까지 통치권이 미치는 임금이라고 표현했다. 당시 세상의 네 끝은 '높은 곳'(북부, 앗슈르 등), '낮은 곳'(남부, 수메르 등), '해 뜨는 곳'(동부, 엘람 등), '해 지는 곳'(서부, 시리아 등)을 의미했다(루 2013, p. 190). 그들이 상상할 수 있는 세상은 물론이요 그들이 경험할 수 있던 모든 지역을 다스리는 임금이라는 자부심이 이 새로운 칭호에 들어 있는 것이다. 그러므로 '사방의 임금'은 '온 세상의 임금'과 동의어다. 이 칭호는 동서남북을 한 손에 넣고 싶은 후대의 정복자들과 야심가들이 대를 이어 사용했다.

수메르와 아카드의 임금

둘째 칭호는 "수메르와 아카드의 임금"이다(수메르어: *lugal ki-en-gi ki-uri*, 아카드어: *šar māt Šumeri u Akkadi*). 이미 수메르 시대에 메소포타미아에는 수메르인들과 아카드인들(=셈족)이 섞여 살았다. 대체로 수메르인들이 문화적으로나 경제·정치적으로 우위였지만, 사르곤 시대부터 아카드인들이 우위를 점했다. 그들에게 이 세계의 중심은 메소포타미아의 북부를 대표하는 셈족(=아카드인들)과 남부를 대표하는 수메르인들의 대결이었다. 사르곤은 세계의 두 중심, 곧 '수메르와 아카드'를 통치하는 유일한 임금이 된 것이다. 이 칭호도 후대의 정복자들이 대를 이어 사용했는데, 수메르와 아카드가 사라져 버린 후에도 이 호칭만은 계속해서 살아남았다. 2천 년 정도 지난 기원전 6세기에 페르시아의 키루스도 이 호칭을 사용했다.

갈대 바구니에 아기를 뉘어 강에 띄우다

사르곤은 후대 역사에 여러모로 큰 영향을 남겼다. 니네베에서 발견된 토판 가운데 『사르곤의 전설』이라 불리는 작품이 있다(*ANET-K*, pp. 177-179). 사르곤의 특이한 탄생과 성장을 다룬 내용이다. 그는 아버지를 모르지만 어머니가 여사제라고 한다. 그런데 어머니는 아버지와 '금지된 사랑'에 빠졌고 사르곤을 '몰래 낳았다'. 아이를 키우기 힘들자 어머니인 여사제는 '갈대 바구니에 역청을 발라 아이를 넣고 덮개를 덮어 강에 띄웠다'. 그러자 어떤 여인이 그를 발견하고 잘 키워 정원사가 되었다. 그리고 사랑과 전쟁의 여신 이쉬타르께서 그를 몹시 사랑하시어, 그는 온 세상의 높은 자들을 모두 꺾고 세상의 정복자가 되어 54년이나 다스렸다. 이 이야기에서 사르곤을 모세로, 이쉬타르를 야훼로 바꾸면 구약성경의 모세 이야기(탈출 2)와 병행하는 점이 퍽 많다. 사실 고대근동 이야기들 중에는 이와 비슷한 신비한 탄생 이야기가 몇 개 더 있다. 이런 모티프의 시조도 사르곤이다. 물론 우리는 우리에게 전해진 본문이 퍽 후대에 기록된 것이라는 사실도 잊지 않아야 한다.

사실 사르곤의 이름(*šarru-kīnu*)을 아카드어로 풀면 '참된'(*kīnu*) '임금'(*šarru*)이란 뜻이다(the true king). 이런 이름은 어색하고 수상하다. 대개 임금의 이름은 그가 섬기는 신의 이름을 딴다. 그 신은 대개 그 도시국가의 주신(主神)이다. 사르곤은 인안나, 곧 이쉬타르의 큰 사랑을 얻었는데, 그의 이름에는 이쉬타르가 없다. 그저 '참된 임금'이라니? 왜 굳이 이런 이름이 필요했을까? 이런 이름이 탄생명은 아닐 것이고 즉위명일 텐데, 어딘지 '왕권 정당화'의 뉘앙스를 짙게 풍긴다. 그의 신비한 탄생과 성장의 전설도(굳이 그런 이야기를 후대에 남겨야 했다니!), 그리고 그가 빠르게 키쉬에서 정권을 잡고 아카드를 세워 천도한 사실도, 평생동안 원정을 다닌 사실도, 모두 그가 '입지전적 인물'이라는 추측에 힘을 더한다. 최초의 정복왕은 천한 출신이지만 무력과 혁신으로 온 세계를 제패한 인물일 것이다.

신이 된 나람-신

사르곤이 이룩한 '키쉬의 임금'이자 '사방의 임금'이며 '수메르와 아카드의 임금'의 자리는 그의 아들 리무쉬(*Rimuš*)와 마니쉬투슈(*Maništušu*)로 이어지고, 마니쉬투슈의 아들 나람-신(*Naram-Sīn*)과 손자 샤르-칼리-샤리(*Šar-kali-šarri*)가 대를 잇는다. 이 가운데 사르곤의 손자 나람-신이 인상적이다. 사르곤이 정복한 땅의 사람들은 사르곤이 죽자 반란을 일으켰다. 동서남북의 반란을 잠재우고 아카드 제국을 건사한 임금이 나람-신이다. 나람-신은 할아버지 사르곤처럼 정복왕의 면모가 뚜렷하다.

그런데 나람-신은 살아생전에 신격화되었다. 그의 이름 곁에는 신을 뜻하는 한정사가 있고 그를 묘사한 작품에서 그는 신처럼 그려지기 때문이다. 그렇다면 그는 왜 스스로를 신격화했을까? 나람-신은 임금이었지만 수메르 전통의 사제 역할을 강조해서 넣었다는 견해가 있고, 속국의 임금들을 복속시키려고 권위를 내세웠다고 해석할 수도 있다. 또는 최초의 세계제국을 세우고 유지한 사르곤과 나람-신이 자연스럽게 신격화의 방향으로 발전한 것이라고 생각할 수도 있을 것이다. 이에 대해서는 해석이 분분하다(루 2013, p. 203 참조).

나람-신의 사례는 여러모로 예외적이다. 왜냐하면 이 시대는 물론이고 후대에도 메소포타미아 지역의 임금들은 '신의 지상 대리자'(Stellvertreter)를 자처하지, 스스로 신이 되지는 않기 때문이다. 이 점에서 이집트와는 매우 다르다. 이집트의 임금 파라오는 '신'이었다. 하지만 메소포타미아의 임금은 자신이 맡은 지역에서 신의 뜻을 실현하도록 특별한 은총을 입은 '사람'이었다. 그는 신의 대리자로서 신의 위탁을 받아 지상에 신의 공정을 실현하는 사람으로서, 흔히 과부와 고아를 보살피는 자로 스스로를 내세운다. 메소포타미아 지역에서는 이 시대는 물론이고 후대에도 스스로 신이 된 임금들을 찾아보기 힘들다.

아카드의 혁신

강력한 군주의 모델

사르곤과 나람-신은 강력한 군주의 모델로서 후대의 여러 이야기에 등장한다. 이 둘은 영웅의 원형이다. 때로는 위대한 영웅으로 때로는 교만한 자의 모습을 오간다. 그런데 이들은 구체적으로 어떤 정책을 취했을까? 아카드인들이 처음 시작한 것들 가운데 대표적인 것만 간략하게 살펴보자. 사르곤 대제는 인류 최초의 여성 시인을 등단(?)시킨 인물이기도 하다.

중앙집중화와 표준화의 시작

아카드는 정복지를 다스리기 위해서 새로운 통치제도를 썼다. 그것은 최초의 중앙집중화였다. 넓은 정복지를 다스리기 위해서 아카드는 각 도시국가의 '엔시'(*ensi*)를 임명했다. 그 이전 수메르 시대의 엔시는 도시국가의 '임금'이었다. 우리는 자료가 부족해 루갈(LU.GAL)과 엔시가 어떻게 다른지 세밀하게 구별할 수 없음을 앞에서 보았다. 그런데 아카드 시대부터 엔시는 중앙에서 파견한 '총독'의 성격을 지닌다. 때때로 엔시들은 서로 연합하여 아카드에 반란을 일으키기도 했다.

[그림 7] 기원전 24-23세기의 메소포타미아

아카드는 '중앙과 변방'을 새롭게 인식했다. 아카드라는 중앙을 지키고 번영시키는 것은 최우선 과제였다. 동서남북 변방의 성격은 모두 달랐다. 남부 수메르는 반란을 일으켰지만, 그래도 그 뛰어난 문화와 전통을 이으려 애썼다. 서쪽 시리아 지역에는 거점 본부 또는 '무역대표부'를 설치했다. 동부와 북부의 외적들에 단호히 무력으로 맞섰다. 이런 아카드인들의 정책을 세밀하게 알기도 어렵지만 현대의 적절한 용어로 표현하는 것은 더욱 어렵다.

중앙집중화는 도량형의 통일로 이어지기 마련이다. 메소포타미아 서기관들은 아카드에서 정한 새로운 도량형에 익숙해져야 했다. 이 도량형 체계도 후대로 이어졌다.

최초의 여성 시인 엔헤두안나

앞서 밝혔듯이 사르곤은 인안나(=이쉬타르)를 섬겼다. 그는 자신의 성공이 이쉬타르 여신의 특별한 은총에 힘입은 것으로 여겼다. 그 감사의 표현으로 사르곤은 자신의 친딸 엔헤두안나(*Enḫeduanna*)를 우르로 보내 인안나와 난나(*Nanna = Sīn*)를 섬기는 여사제로 임명하였다. 그녀는 아름다운 40개의 신전 찬미가를 지은 여성으로 알려져 있다. 엔헤두안나는 인류 최초의 여성 시인이자, 아마도 글이 남은 최초의 여성일 것이다.

엔헤두안나는 '순수파 시인'은 아니었다. 사르곤은 친딸을 우르의 여사제로 임명하며, 일종의 "종교적 제의의 전국 표준화"(미에룹 2010, p. 111)를 꾀한 것 같다. 그녀는 정치적이고 종교적 인물이었던 것이다. 사르곤이 이렇게 자신의 딸을 우르의 여사제로 바친 것도 후대의 임금들이 따라 했다. 역시 2천 년 정도 후에 신바빌로니아의 마지막 임금인 나보니두스도 자신의 딸을 우르의 여사제로 파견했다. 엔헤두안나는 사르곤처럼 새로운 '원형'이요 '시작'이었던 것이다(루 2013, p. 198). 우르는 아브라함의 고향이기도 했다.

연호의 시작

사르곤은 최초로 연호(年號: year name)를 사용했다. 그는 놀라운 원정으로 제국의 공간을 창조했고, 자신의 정복사업으로 제국의 시간을 정의했다. 멀리 시리아까지 원정해 마리(*Mari*)를 정복한 것은 기원전 24세기의 놀라운 사건임이 분명했다. 그는 이후 '마리 정복 다음 해' 같은 연호를 썼다. 이런 식의 '사건 연호'는 그 자체가 제국의 시공간을 정의하는 것으로서 이후 1천 년 정도 메소포타미아 임금들이 따라 했다. '어디 정복 몇 년', '무슨 신전(또는 운하) 건설(또는 개축) 몇 년', '아무개 대사제 취임 몇 년' 등의 사건 연호는 역사적 사건들의 선후를 파악하는 매우 중요한 정보를 제공해 준다. 또한 이 사건 연호는 임금 스스로 어떤 업적을 중시해 내세웠는지를 알 수 있기에, '당대의 의미'를 파악할 수 있는 소중한 자료기도 하다.

그런데 이 사건 연호는 문제가 있다. 각 사건의 간격을 모르거나 사건들이 너무 많으면 절대연도를 가늠하기 어렵다. 그래서 후대의 우르 제3왕조에는 다양한 사건 연호를 비교하는 공식 문서가 존재했다. '어디 정복 몇 년'에 '어떤 신전 개축'이 일어났는지를 총정리하는 목록이 필요했던 것이다. 그러다가 후대 바빌론의 카쉬 왕조에서 왕의 즉위년을 중심으로 연호를 썼다. 이런 '즉위 연호'는 이후 인류의 수많은 왕조에서 표준이 되었다(미에룹 2010, p. 110).

이중언어생활의 시작

사르곤 이후 아카드어가 고대근동에 퍼졌다. 아카드어는 처음부터 수메르어와 한 배를 타야 할 운명이었다. 아카드어는 셈어의 일종으로 수메르어와는 아예 어족이 다르다. 아카드인들은 오랫동안 고급의 언어, 일종의 문화어의 지위를 누린 수메르어를 무시할 수 없었다. 그래서 아카드인들은 광범위하게 수메르어를 포용하는 정책을 썼다.

예를 들어 보자. 앞서 기원전 4천 년대에 도시 가운데 신전, 곧 '큰 집'이란 뜻의 에갈(É.GAL)이 세워졌음을 언급했다. 아카드어로 '큰 집'은 /**비-투 라부-**/(*bītu rabû*)다. 그런데 아카드인들은 자신들의 도시 한가운데에 세워진 신전을 비투 라부라고 하지 않고 /**에칼루**/(*ekallu*)라고 했다. 에칼루는 수메르어 에갈을 음차한 말이다. '빵'이나 '샌드위치' 같은 외래어다. 수메르 계승 정책은 문자에서도 볼 수 있다. 아카드어 쐐기문자는 수메르어 문자에서 유래한 것이 많다. 그래서 어떤 문자를 수메르식으로 읽느냐 아카드식으로 읽느냐에 따라 음과 뜻이 달라지기도 한다(졸저 2019, pp. 96-108).

그래서 사실 아카드 시대는 아카드어만 사용하던 시대가 아니라 아카드어와 수메르어가 서로 병립하던 시대였다. 일상의 구어로 아카드어를 사용했지만, 식자층은 수메르어에 익숙했다. 아카드어는 처음부터 수메르어와 혼용되어 기록되었던 것이다. 그래서 '순수히 아카드적인 것'을 확인하기는 어렵다. 수메르 계승 정책은 성공적이었다. 아카드는 문화적 황금기를 이루었다.

국제공용어의 시작

아카드인들의 언어는 곧 고대근동의 국제공용어(lingua franca)가 되어 현대의 영어 같은 지위를 누렸다. 아카드어는 외교의 언어가 된 것이다. 문화와 예술 등의 강대국 이집트도 외국과 소통하기 위해 아카드어를 배워야 했다. 아카드어는 고대근동 행정문서나 종교문서 등의 표준이 되었다.

아카드 제국이 멸망한 이후에도 아카드어의 영향력은 변치 않았다. 아카드어는 크게 남부의 바빌로니아어 계통과 북부의 아시리아어 계통으로 나뉘었고, 둘은 대략 기원전 20세기에서 16세기까지 경쟁했다. 기원전 16세기에서 10세기까지 표준 바빌로니아어 시대가 열렸고, 기원전 10세기부터 남부의 신바빌로니아어와 북부의 신아시리아어가 병행했다.

그러므로 사실상 신바빌로니아어나 신아시리아어는 특정한 지역과 시대에서 사용된 아카드어일 뿐이다. 아카드어를 익히면 후대의 제국인 아시리아와 바빌로니아의 원문에 접근할 수 있으니, 고대근동학을 하는 사람이라면 아카드어 공부는 필수적이라고 하겠다. 실제로 아카드어를 공부하지 않고 고대근동학을 하기는 거의 불가능에 가깝다.

아카드어는 이렇게 고대근동 세계의 표준적 지위를 오랫동안 누렸기 때문에 우가릿, 비블로스, 핫투샤 등 메소포타미아를 벗어난 지역에서도 아카드어 문헌이 적잖이 출토된다. 이런 아카드어는 대개 지역을 병기한다. 이를테면 '아카드어(우가릿)', '아카드어(핫투샤)' 등으로 표기한다.

제국의 전형의 시작

아카드 제국도 붕괴했다. 나람-신의 아들 샤르-칼리-샤리(*Šar-kali-šarri*)가 죽자 제국 곳곳에서 반란이 일어났다. 도시국가들은 다른 도시들과 연맹을 이루어 아카드에 반격했다. 도시국가의 연맹은 이미 수메르 시대부터 존재했던 전략이었다. 기원전 22세기가 되자 동서남북에서 반란이 걷잡을 수 없이 번졌다. 남부 수메르의 도시국가들은 권토중래를 꿈꾸었다. 서부의 시리아 지역에서는 아무르(*Amurr*)인들이 밀려들어 왔다. 동부의 자그로스 산맥 너머의 엘람인들도 국경을 넘었다. 결국 구트(*Gut*)인들이 아카드를 점령했다.

아카드의 성장은 물론 아카드의 몰락도 일종의 전형을 제시한다. 이제부터 '제국의 중심'과 '변경지역'과 '변방의 침입자' 역할을 맡을 집단들이 계속해서 등장할 것이다. '제국의 중심'은 원정을 통해 제국을 넓혀 가고 부와 권력을 축적하며 혁신을 통해 제국을 유지할 것이다. 이런 중앙의 역할을 북부의 앗슈르와 남부의 바빌론이 이을 것이다. 제국의 심장부에서는 궁중의 음모와 반란이 멈추지 않을 것이다.

'변경지역'에서는 크고 작은 전쟁이 끊이지 않을 것이다. 때로는 시리아-팔레스티나가 그 변경지역의 역할을 맡을 것이다. 변경지역은 제국의 이해와 요구에 따라 운명이 갈릴 것이다. 그리고 먼 경계지역에서 적들이 쳐들어와서 제국을 흔들어 놓거나 때로는 제국을 무너뜨릴 것이다. 서쪽의 아무르인들, 서북쪽의 히타이트인들, 동쪽의 메대(페르시아)가 그 '변방의 침입자' 역할을 맡을 것이다. 기원전 4세기 지중해 너머 서쪽에서 진군했던 마케도니아의 알렉산드로스 대제도 이 마지막 범주에 넣을 수 있을 것이다. 이런 패턴은 고대근동 세계를 넘어 인류 역사의 전형으로 볼 수 있다.

아카드의 그림자

사실 기원전 3천 년대 메소포타미아를 전체적으로 조망하면 수메르인들의 시대가 훨씬 더 길고 더 안정적이며 평화적으로 통치되었음이 분명하다. 셈족이 세운 아카드 제국은 기껏해야 100여 년 남짓 다스렸을 뿐이다. 하지만 후대에 끼친 아카드의 영향은 강력하다. 아카드는 정복과 혁신으로 인류사 최초의 제국을 건설했다. 아카드는 많은 것의 처음이었다.

신(新)수메르 시대

우르는 남부의 수메르인들을 규합해 새로운 제국을 세웠다. 이른바 '우르 제3왕조'의 시대가 열린 것이다. 기원전 22세기였다. 전쟁보다는 외교가 중시되었다. 문치(文治)의 시대가 열렸다. 함무라피 법전보다 더 이른 '인류 최초의 법전'인 우르-남무 법전이 선포되었다.

혼란의 구트인들 시대

아카드 제국이 무너진 혼란기에 구티(*Guti*), 곧 '구트(*Gut*) 사람(*-i*)'들이 아카드를 차지했다. 구트인에 대해서는 전하는 정보가 거의 없다. 아마도 이들은 아카드와 그 주변만 통치할 뿐 메소포타미아 지역은 도시국가들이 자유롭게 경쟁하는 상태였던 것 같다. 『수메르 왕명록』은 이 시기를 "누가 임금인가? 누가 임금이 아닌가?"로 표현했다. 이 시기 전체를 '혼란기'로 인식한 것이다.

라가쉬의 구데아

아카드 제국 내내 수메르의 도시국가들은 반란을 일으켰고, 제국이 몰락하자 '수메르의 재부흥'을 내걸었다. 이렇게 수메르가

[그림 8] 구데아상

구데아의 상은 여럿 전한다. 아카드의 임금과 달리 수염이 없고, 신에 순종하는 듯한 온화한 문인(文人) 같은 임금의 모습에서 수메르적 분위기를 느낄 수 있다. 구데아는 자신의 상과 문헌자료를 풍부히 남겼다.

다시 일어나는 시대를 '신수메르 시대' 또는 '수메르 르네상스'라고 부른다. 두각을 나타낸 수메르의 도시국가는 우루크와 라가쉬(*Lagaš*)였다. 우루크는 전통의 도시지만 아쉽게도 현재 이 시대의 자료가 거의 전하지 않는다. 하지만 라가쉬의 엔시 구데아(*Gudea*)는 석상(그림 8)과 비문을 풍부히 남겼다.

독특한 석상으로 유명한 구데아는 사실 라가쉬 출신이 아니었다. 구데아는 라가쉬의 엔시였던 우르바바(*Urbaba*)의 사위였다. 장인을 이어 라가쉬를 통치했던 구데아는 라가쉬에 15개의 신전을 건설(또는 개축)했다고 한다. 구네아의 통치는 '수메르적'이라고 표현할 수 있다. 원정이나 전쟁 기록은 희박하다. 그 대신 구데아는 거룩하고 평온한 통치자로서 주신(主神)의 뜻을 받들어 통치하고 신전 건설에 열심이었다. 건설사업은 경제를 부흥시키는 일이요 사회적 약자를 보호하는 일이기도 했다. 구데아는 우르 제3왕조에 패배해 몰락했다.

두 번째 중앙집권기, 신수메르 시대

새로운 제국을 이룬 수메르의 도시국가는 우르였다. 『수메르 왕명록』에 따르면, 아카드가 붕괴하고 약 100년간의 혼란기를 종식시킨 우르의 새 왕조는 우르의 세 번째 왕조에 해당한다. 그래서 이를 '우르 제3왕조'라고 한다.

수메르 도시국가들 가운데 우르가 패권을 장악할 수 있었던 이유는 우르가 '아카드적 방식'을 수용했기 때문인 듯하다. 다시 말해 우르는 아카드처럼 "제국주의적 목적을 추구하고 있었던 것이다"(빈호프 2015, p. 72). 기원전 22세기 말엽 우르의 우투-헨갈(*Utu-ḫengal*)이 구트인들을 몰아냈고 그의 아들 우르-남무(*Ur-nammu*)가 기원전 2100년경 우르에서 제3왕조를 시작했다. 그를 이어 슐기(*Šulgi*), 아마르-신(*Amar-Sīn*), 슈-신(*Šu-Sīn*), 입비-신(*Ibbi-Sīn*)이 순서대로 '수메르와 아카드의 임금'이요 '사방의 임금'으로 다스렸다. 기원전 21세기는 이들의 시대였다. 우르의 주신은 달의 신인 '신'(*Sīn*)이다. 그래서 임금의 이름은 물론이고 인명에서 흔하게 볼 수 있다(구약성경에 등장하는 이 신은 다음을 보라. 졸저 2018b, pp. 65-97).

폭발적 문서활동

신수메르 시대는 우르-남무의 아들 슐기 시대에 정점에 이른다. 슐기는 도로망을 확충하고 각종 제도를 정비해 "수메르의 평화"(Pax Sumerica)(빈호프 2015, p. 75) 시대를 열었다. 특히 그는 **/발라/**(*bala*)라는 조세 또는 조공제도를 정비해 경제를 살찌웠다. 발라는 '교환'이란 뜻이다.

제국 곳곳에서 활약한 서기관들은 모든 거래를 꼼꼼히 기록해야 했다. 그 결과 우르 제3왕조의 행정문서는 무척 많이 남았다. 현재까지 출판된 문서만 4만 점에 이른다고 한다. 실로 엄청난 문서활동이다. 게다가 앞으로 연구를 기다리는 미출간된 문헌도 수십 만 점에 달하니 '신(新)수메르 르네상스'라는 말이 무색하지 않다.

> 고대근동 역사의 어떤 시대도 그렇게 풍부하고 다양한 자료가 있는 시대는 없다. 실제로 고대 그리스와 로마의 역사를 통틀어도 그렇게 문서 자료가 풍부한 시기는 찾아보기 힘들다. … 이 시대의 자료 중에 가장 많은 수를 차지하는 것은 행정-경제 문서다. … 이 문서들은 양 한 마리에 대한 영수증부터 3천8백만 리터의 수확곡물에 대한 계산서에 이르기까지 다양하다. 이 문서들은 농업의 모든 측면과 제조업, 무역, 조세, 물건 매매 등 경제 생활의 다양한 면을 보여 준다. 그리고 그들은 국가 내의 여러 도시에서 제작되었다.(미에룹 2010, p. 124)

수메르적인 것과 아카드적인 것

수메르가 다시 제국을 세워 수메르어 문헌이 폭발적으로 늘어났지만, 사실 이 신수메르 시대의 수메르어 문헌은 아카드어 어휘를 풍부히 담고 있다. 왜냐하면 아카드어가 일상어로 여전히 널리 쓰였기 때문이다. 이 시대도 계속해서 이중언어생활이 지속된 것이다. 사실 우리에게 전해진 대부분의 수메르어 자료는 이 시대의 것이라서, 아카드어의 흔적이 보이지 않는 '순수한 수메르어' 문헌은 무척 귀한 형편이다.

그렇기 때문에 '순수히 수메르적인 것'과 '순수히 아카드적인 것'은 뒤섞여 전해진다. 무엇이 수메르적이고 무엇이 아카드적인가? 이를 선명히 구별해 답하기는 거의 불가능하다. 다만 아카드적인 것이 대체로 실용적이며 호전적이고 현세적인 북부의 경향을, 반대로 수메르적인 것이 원칙적이며 지혜롭고 종교적인 남부의 경향을 띤다는 정도로 말할 수 있을 뿐이다. 이런 경향은 메소포타미아 역사에서 계속해서 병행하며 드러난다.

우르-남무 법전

우르 제3왕조의 이른바 '우르-남무 법전'도 문치(文治)의 성격을 잘 보여 준다. 현재 토판 조각으로 전하는 이 수메르어 법전은 인류 최초의 법전이자 함무라피 법전의 모태로 평가받는다. 그러므로 함무라피 법전을 '인류 최초의 법전'으로 아는 상식은 잘못된 것이다.

그(=우르-남무)는 과부와 고아와 가난한 자를 부자의 탐욕에서 지

> 켜 주었으며 배우자를 무조건 내보내는 일을 막아 주었다. 마지막으로, 다른 사람의 종을 강간하는 일, 거짓 증언, 명예 훼손, 구타와 상해 등과 같은 일부 범죄와 범법 행위에 대해서는 후대의 함무라비 "법전"이나 히브리 법처럼 사형이나 신체 절단형을 선고하지 않고 은으로 보상하도록 했다. 당시 사회가 우리 생각보다 훨씬 문명화된 사회였다는 증거다.(루 2013, p. 214)

이 기회를 빌어 법과 관련해 널리 퍼진 오류를 지적해야겠다. 함무라피 법전이라면 흔히 동태복수법(lex talionis)의 원리를 떠올리기 마련이다. '눈에는 눈, 이에는 이'라는 이 원칙은 다소 원시적인 것으로서(체벌형), 인류의 문명이 발전하면서 점차 돈으로 보상하는 원칙으로(금전보상) 진화했다는 지식이 널리 퍼져 있다. 하지만 실제 역사는 이와 다르다. 함무라피 법전보다 더 오래된 신수메르 시대 법전에서는 본디 돈(=은)으로 보상하는 원칙이었다.

제국의 안정과 몰락

우르 제3왕조는 과거 아카드의 영토를 넘겨받았다. 시리아-팔레스티나 지역을 넘어 지중해 동편 해안가의 항구도 확보했다. '레반트에서 엘람(현대의 이란 일부)까지' 거대한 제국을 재건했다. 그 핵심지역인 '수메르와 아카드', 곧 메소포타미아 남부 지역은 번영했다. 높은 수준의 도시화가 이루어져 인구밀도가 높아졌고, 농경지와 운하도 확대되었다.

우르 제3왕조는 아카드의 통치술도 이어받았다. 특히 동쪽 지역, 곧 엘람은 주둔군을 따로 두어 막았고, 동쪽 변방 너머의 적에 매우 주의했다. 하지만 제국의 나머지 지역은 외교와 전쟁을 적절히 병행해 통치했다. 전반적으로 볼 때 아카드가 무력을 앞세운 호전적 제국이었다면, 우르 제3왕조는 외교를 중심으로 통치했다는 인상을 준다. 임금이 원정한 기록은 훨씬 적다. 이런 우르 제3왕조의 통치술을 확립한 임금은 슐기라고 전한다.

하지만 기원전 20세기가 도래하며 우르 제3왕조는 멸망한다. 여전히 우리는 이 왕조가 어떻게 무너졌는지 잘 모른다. 다만 혼란기가 다시 도래했고 이신(*Isin*)과 라르사(*Larsa*)라는 도시국가가 두각을 나타냈다는 것이 확인된다. 계속해서 고대 메소포타미아의 역사는 마치 유럽처럼 개성이 강한 집단들이 흩어져서 경쟁하고 혁신하며 변화무쌍한 서사를 지어낸다. 이는 고대 이집트와 퍽 다른 점이다.

기원전 3천 년대의 메소포타미아

기원전 3천 년대까지 메소포타미아 지역은 외부의 영향을 받기보다 외부로 영향을 방출하는 곳이었다. 이 시기 아나톨리아에는 문명이 존재했지만 아직 문헌이 확인되지는 않았고, 시리아-팔레스티나 지역에는 에블라(*Ebla*), 비블로스(*Byblos*), 우가릿(*Ugarit*) 등의 도시국가가 문헌이나 유물로 확인된다. 인도와 중국 등 지구상의 다른 곳에서는 아직 '역사'가 시작하지 않았다.

더 읽어보기 2

수메르와 아카드

1. 다음을 읽고 메소포타미아에서 최초의 도시가 탄생하는 과정을 정리하라. 특히 신뢰할 만한 근거와 자료 등에 주의하라.

- 마르크 반 드 미에룹, 『고대근동의 역사』, 김구원 옮김, CLC, 2010, pp. 51-81.
- 클라이스 R. 빈호프, 『고대 오리엔트 역사-알렉산더 대왕 시대까지』, 배희숙 옮김, 한국문화사, 2015, pp. 50-55.
- 조르주 루, 『메소포타미아의 역사 1』, 김유기 옮김, 한국문화사, 2013, pp. 63-105.
- A. Kuhrt, *The Ancient Near East - c. 3000-330 BC, vol. I*, Routledge, 1995, pp. 19-27.
- D. O. Edzard, *Geschichte Mesopotamiens - Von den Sumerern bis zu Alexander dem Großen*, C.H.Beck, 2009, pp. 26-36.
- Frederick Cryer, "Chronology: Issues and Problems", *CANES I & II*, pp. 651-664.
- Hans J. Nissen, "Ancient Western Asia before the Age of Empire", *CANES I & II*, pp. 791-806.

2. 다음을 읽고 기원전 3천 년대 메소포타미아 남부에서 탄생한 수메르 문명의 특징과 역사적 과정을 정리하라. 인명과 지명 등 고유명사와 역사적 사건의 성격과 연도에 주의하며 각 도시국가의 성격을 파악하라.

- 마르크 반 드 미에룹, 『고대근동의 역사』, 김구원 옮김, CLC, 2010, pp. 82-106.

- 클라이스 R. 빈호프, 『고대 오리엔트 역사-알렉산더 대왕 시대까지』, 배희숙 옮김, 한국문화사, 2015, pp. 50-66.
- 조르주 루, 『메소포타미아의 역사 1』, 김유기 옮김, 한국문화사, 2013, pp. 157-188.
- 조철수, 『수메르 신화-인류의 역사 시대를 시작한 고대 메소포타미아 사람들의 이야기』, 서해문집, 2003, pp. 22-35.
- A. Kuhrt, *The Ancient Near East - c. 3000-330 BC, vol. I*, Routledge, 1995, pp. 27-44.
- D. O. Edzard, *Geschichte Mesopotamiens - Von den Sumerern bis zu Alexander dem Großen*, C.H.Beck, 2009, pp. 37-77.
- Dominique Charpin, "The History of Ancient Mesopotamian: An Overview", *CANES I & II*, pp. 807-829.

3. 다음을 읽고 아카드의 융성과 그를 이은 신수메르 문명의 역사적 과정과 특징을 정리하라. 그리하여 수메르-아카드 문명의 형성에 대해 고찰하라.

- 마르크 반 드 미에룹, 『고대근동의 역사』, 김구원 옮김, CLC, 2010, pp. 108-136.
- 클라이스 R. 빈호프, 『고대 오리엔트 역사-알렉산더 대왕 시대까지』, 배희숙 옮김, 한국문화사, 2015, pp. 66-79.
- 조르주 루, 『메소포타미아의 역사 1』, 김유기 옮김, 한국문화사, 2013, pp. 189-236.
- A. Kuhrt, *The Ancient Near East - c. 3000-330 BC, vol. I*, Routledge, 1995, pp. 44-73.
- D. O. Edzard, *Geschichte Mesopotamiens - Von den Sumerern bis zu Alexander dem Großen*, C.H.Beck, 2009, pp. 76-111.
- Sabine Franke, "King of Akkad: Sargon and Naram-Sin", *CANES I & II*, pp. 831-842.
- Jacob Klein, "Shulgi of Ur: King of a Neo-Sumerian Empire", *CANES I & II*, pp. 843-857.

II

기원전 3천 년대의 이집트

두 개의 이집트

고대 이집트와 고대 메소포타미아는 기원전 4천 년대에 문명이 시작되었지만 서로 퍽 다른 모습을 보여 준다. 고대 이집트의 자연, 사회, 종교, 이념, 문화, 역사 등을 이해하기 위해서 '강력하고 우월한 하나의 중심이 대비되는 두 세계를 통합한다'는 생각을 염두에 두면 유리할 것이다.

두 개의 땅

이집트는 고대근동 세계에서나 현대에나 아프리카를 대표하는 나라다. 고대근동 세계에서 가장 널리 쓰인 셈어를 쓰지 않는 곳이기도 하다. 과거에는 구약성경을 따라(창세 10,6) 이들을 함족으로(Hamites. 이 책 서론 "니스바 어미"의 설명을 참조하라) 부르고 그들의 언어는 함어라고 했는데, 요즘은 그보다는 아프로-아시아어(Afro-Asian language)로 부르는 추세다. 아프리카의 언어지만 아시아의 셈어에 영향을 많이 받았다.

하지만 이런 '객관적인 정보'보다는 본디 이집트인들이 자신들의 땅을 두 개로 알고 있었다는, '고대의 인식'에 접근하는 것이 중요할 것 같다. 고대 이집트인들은 축축하고 비옥해 농사가 잘

되는 검은 땅을 /**케메트**/(*kmt*, '검은 것')로, 마르고 황폐해 쓸모없는 붉은 흙을 /**데쉬레트**/(*dšrt*, '붉은 것')로 구별해 불렀다. 이집트는 나일강으로 비옥한 나라다. 자연스레 케메트는 나일강 근처의 땅을, 데쉬레트는 나일강과 먼 광야의 접경을 의미했다. 케메트에서는 생명이 피어나고 데쉬레트에서는 죽음이 위협한다. 케메트는 그리스어와 아랍어를 거쳐 화학(chemistry)과 연금술(alchemy)이란 말의 기원이 되었다.

이런 고대 이집트인들의 색감은 우리와 정반대라고 할 수 있다. 한국인이라면 붉은색에서 피와 생명력을, 검은색에서 죽음과 어둠을 연상하기 십상이다. 그러나 데쉬레트는 생명력이 없는 붉은색이다. 장난감 소방차처럼 새빨간 색이 아니라, 마치 말라 버린 피같이 검붉그스레하고 약간 누르스름한, 그런 힘빠진 붉은색이다. 한편 검은 흙은 농사가 잘되는 비옥한 땅, 곧 풍요를 의미했다. 그러므로 '검은 사람'은 속이 알찬 사람, 곧 지혜로운 사람이라는 의미도 있었다. 에티오피아 사람은 예언서를 즐겨 읽어 스스로 복음의 참뜻을 깨달았다는 이야기가 신약성경에도 있다(사도 8,26-40). 피부색에 대한 통념이 지금과는 완전히 달랐던 것이다.

두 개의 이집트

이집트의 영토는 다른 식으로도 둘로 구분된다. 현대 이집트의 아랍어 국호는 /**미츠르**/(*Miṣr*) 또는 /**마츠르**/(*Maṣr*)라고 하는데, 이 말은 셈어에서 나왔다. 셈어의 일종인 히브리어로 쓰인 구약성경은 고대 이집트를 /**미츠라임**/(מִצְרַיִם)이라고 부른다. 그런데 히브리어로 /**-아임**/이라는 어미는 '쌍수형'(Dualform)이다. 쌍수형은 한

쌍의 짐승, 손발이나 눈·귀 따위의 한 쌍으로 된 사물이나 신체 등에 쓰인다. 이집트에서 오랫동안 종살이했고 이집트의 이웃으로 오래 살았던 히브리인들이 이집트를 '두 개의 미츠르'로 인식했던 것이다. '이집트 종살이'라는 히브리어를 직역하면 '두 미츠르의 종살이'가 된다. 왜 그랬을까?

이집트를 상이집트와 하이집트를 나누어 보았기 때문이다. 그만큼 상·하 이집트는 서로 다른 지역으로 인식되었던 것이다. 실제로 상·하 이집트의 갈등과 대결은 고대 이집트의 역사를 이해하는 데 중요하다. 나일강 삼각주에 자리잡은 하이집트는 모든 것이 넉넉하다. 반면에 상이집트는 나일강 주변의 도시들에만 사람들이 산다. 자연스레 상이집트는 전통적이고 소박한 문화가, 하이집트는 상대적으로 개방적이고 풍요로운 문화가 피어났다. 메소포타미아와 비교하면 남북의 경향성이 뒤바뀐 것이 흥미롭다. 메소포타미아에서는 남부가 종교와 문화의 중심지요 북부가 소박하고 실용적인 기운이 강했다. 역전된 이유는 강의 흐름과 관련이 있을 것이다. 나일강은 남에서 북으로 흐르니, 북부에 충적토가 쌓여 풍요롭다. 반면 티그리스강과 유프라테스강은 북에서 남으로 흐르니 남부가 비옥하다.

두 세계는 가까이 있다

한편 고대 이집트의 종교는 인간의 세계와 신의 세계를 구별했다. 이승과 저승도 구분했다. 일상의 세계와 거룩함의 세계도 구분했다(Assmann 1984, p. 10). 그런데 이집트에서 이 두 세계는 멀리 있는 것이 아니었다. 상·하 이집트는 바로 붙어 있었고 늘 경쟁하고 대립했다. 어느 한쪽이 우위를 점했을 때도 상대편을 완전히 없애 버릴 수는 없었다. 케메트와 데쉬레트도 인접해 있었다. 나일강 근처는 케메트였지만 강에서 멀어질수록 데쉬레트로 서서히 변하는 것이 아니었다. 두 흙의 변화지점이 눈으로 관찰할 수 있을 정도로 선명했다. 마치 밤이 가면 곧바로 아침이 오듯 두 세계는 서로 인접했다.

이집트 역사에서 두 세계의 경계선은 늘 변했다. 상이집트가 권력을 잡을 때도 있었지만 하이집트가 권력을 잡을 때도 있었다. 이승과 저승은 서로 영향을 끼치는 곳이었다. 속된 것과 신성한 것의 경계도 늘 변했다(Assmann 1984, p. 10). 왜냐하면 이집트의 두 세계는 강력하고 우월한 하나의 중심을 지향하고, 그 중심이 두 세계를 지배했기 때문이다.

마아트의 나라, 서방의 중국

고대 이집트의 강력하고 우월한 중심인 마아트와 파라오를 알아보자. 마아트는 삼라만상의 근본적 원리요 상지(上智)였고, 파라오는 마아트가 체현된 인격이었다. 파라오는 '짐이 곧 국가'라는 중세 유럽의 절대왕권보다 훨씬 더 강력했고 우월했다. 파라오는 최고의 인간이자 최고의 신이었기 때문이다. 이런 인식은 이집트 역사를 관통했다.

마아트와 이제페트

마아트(*Mꜣꜥt*, 대개 Maat로 쓴다)는 '방향잡다', '이끌다'는 뜻의 동사에서 파생한 여성명사형이니, 문자적 의미는 '올바른 방향'이나 '최고의 진리' 정도로 직역할 수 있다. 바른 길을 의미하는 '도'(道)와 통하는 말이다. 우주적 질서, 신적 질서, 인간 세상의 질서 등을 의미했다. 사회적 차원이나 개인적 차원에서 따라야 할 도리도 마아트라고 했다. 마아트는 옳고 좋은 것이고 순환한다. 마아트는 어쩌면 인류 최초의 '추상적 근본 원리'라고도 할 수 있을 것이다.

마아트의 반대 개념은 이제페트(*Ijft*)라 한다. 혼돈, 어긋남, 거짓을 뜻한다. 마아트와 이제페트는 대립되는 개념이다. 저마다 바름(正)과 사악함(邪), 중앙과 변방, 안과 밖, 높음과 낮음, 귀함과 천함 등을 뜻해 한 쌍을 이룬다. 사람이라면 무릇 마아트를 따르고 이제페트를 멀리할 것이다. 고대 이집트인들은 마아트에 대해서는 즐겨 언급했지만 이제페트는 언급을 꺼렸다고 한다. 그러므로 마아트와 이제페트는 동양의 음양(陰陽)처럼 '거의 동등한 두 원리'라기보다는 '마아트 중심의 질서'를 일컫는 말로 이해하면 좋을 것이다.

마아트의 체현, 파라오

호루스의 현현인 파라오는 그 자신이 곧 마아트의 의지였고, 마아트를 지상에 실현하는 존재였다. 이런 개념은 강력한 왕권신학과 통한다. 파라오는 단순한 인간이 아니라 전능하고 전지한 존재였다. 그는 "모든 법의 원천이고 그러므로 모든 도덕적 정당성의 근본"이었다(Leprohon, *CANES I & II*, p. 273). 메소포타미아에서는 임금이 신의 가르침을 따라 지상에 공정과 정의를 펴는 존재였지만, 이집트에서는 파라오가 곧 신적 존재였다. 그래서 마아트를 따르고 이제페트를 멀리하는 삶이란 파라오를 섬기는 것과 같은 말이었다.

그러므로 파라오가 사는 곳은 나라의 중심이요 이집트의 정체성을 대표하는 곳이다. 상·하 이집트를 통일하고 세운 최초의 수도 멤피스(Memphis)의 주신(主神)은 프타(*Ptah*)였는데, 이 신의 이름에서 이집트(Egypt)라는 이름이 나왔다. 이집트 고유의 언어와 문화나 이집트 그리스도교를 일컫는 '콥트'(copt)라는 말도 어원이 같다.

세계 최초의 중화

이집트인들은 마아트와 이제페트로 세계를 인식했다. 이집트는 젖과 꿀이 흐르는 풍요로운 마아트의 땅이지만, 이집트의 바깥, 곧 외국은 척박한 땅이었다. 이집트는 마아트라는 숭고한 원리의 땅이었지만 이제페트는 도리를 모르는 사람들이 사는 야만의 지역이었다. 그러므로 이집트인들은 외국을 불신하고 폄하했다. 이런 의식은 이집트 외교정책의 근간을 이룬다.

고대 이집트인들은 크게 두 가지 임무를 인식했다. 첫째는 마아트의 땅을 지키는 것이다. 풍요로운 이집트는 언제나 외국인이 탐내는 땅이다. 그런 가난한 외국인들이 이집트에 들어오는 일을 막을 수 없었다. 창세기를 보면 히브리 백성도 이집트에 들어와 기근을 피했다. 훗날 제2중간기에 힉소스 등이 정착한 역사도 있었다. 그런 작고 가난한 이웃 백성에 이집트는 관대했다. 그들은 아무런 문제 없이 이집트 사회에서 어울려 살았다. 그러나 만일 그런 외국인에 의해 마아트가 위험에 처하면, 마아트를 지켜 내기 위해서 잔인한 공격과 섬멸도 허용될 것이다. 파라오는 이런 '방어전'을 준비하고 이끌 의무를 지녔다.

둘째, 그런 '오랑캐'들에게 마아트를 가르치는 교화의 의무도 이집트에 있었다. 이집트를 선망하는 밖의 민족들 가운데 왕자를 데려와 이집트식으로 교육해 돌려보내는 것은 마아트를 이집트 밖으로 확산시키는 일이었다. 이런 이집트판 '문명화' 정책은 오랫동안 꾸준히 실행되었다. 그런데 신왕국 이후 이집트의 국력이 쇠약해져서 외국의 왕자를 데려와 먹이고 교육할 역량이 부족해지자 이집트의 공주들을 외국 임금에 시집보내서 마아트를 가르치는 정책으로 바뀌었다. 이 시기에 이스라엘을 다스렸던 솔로몬 임금도 이집트 공주와 결혼했다(1열왕 3,1).

아홉 활

이집트의 지도를 보거나 역사적 경험을 봐도, 이집트를 위협할 적들은 크게 세 방향에서 온다. 동쪽에서 시나이 반도를 통해 침략하는 아시아인(*ꜥ3mw*), 서쪽에서 오는 아프리카의 리비아인(*ṯḥnt*), 그리고 나일강을 따라 남쪽에서 오는 누비아인(*nḥsjw*)이다. 이 세 방향의 오랑캐는 여러 다양한 민족으로 이루어져 있기에 저마다 활 3개로 표현한다(3은 '많다'는 뜻도 있다). 그렇게 '아홉 활'(Nine bows: *pḏt psḏt*)은 이집트를 위협하는 모든 외적을 뜻했다. [그림 9]와 같이 9개의 활을 지배하는 모티프는 이집트에 비교적 흔하다.

이런 인식은 수천 년 후의 고대 중국에서도 볼 수 있다. 자신의 땅을 세상의 중심으로(中國) 보고, 사방의 민족을 동이(東夷), 남만(南蠻), 서융(西戎), 북적(北狄)으로 낮추어 부른 인식과 빼닮았다. 중화의 높은 문화를 주변에 퍼뜨려야 한다는 사명감도, 높은 도리를 이해하는 민족과는 협력하지만 중심을 위협하는 오랑캐와는 전쟁을 불사한다는 자세도 비슷하다. 주변 나라에 나누어 줄 것은 많지만 주위에서 얻을 것은 없기에, 늘 방어전 중심의 전쟁을 상상하고 실천했다는 것도 같다. 이런 고대 이집트판 중화(中華)의 사상은 고대 메소포타미아에서는 볼 수 없는 것이다.

이집트의 원정이란

그러므로 고대 이집트가 교역에는 부지런했지만 군사적 원정에

[그림 9] 아홉 활

이집트 신왕국 18왕조(기원전 1550-1295년) 시대의 유물로서, 스핑크스로 표현된 파라오 투트모세 3세가 9개의 활을 눌러 앉은 모습이다. 비교적 작은(길이 8.8cm, 높이 7.8cm, 폭 3.8cm) 이 스핑크스상은 청동과 금으로 만들었다. 파리 루브르 박물관.

는 상대적으로 게을렀다는 사실을 이해할 수 있다. 이집트의 원정은 고왕국과 중왕국보다는 신왕국에서 활발했다. 고대 메소포타미아에서는 사르곤 대제가 이미 기원전 3천 년대에 엄청난 군사적 원정을 보여 주지만, 이집트에서는 2천 년대 중반기가 되어서야 원정이 본격적으로 시작된다.

원정의 시작도 1천 년 넘게 늦었지만 횟수도 퍽 적다. 근본적으로 원정의 성격이 다르기 때문이다. 투트모세 2세나 람세스 2세 등 신왕국에서 활발히 원정을 한 파라오들도 실제로 시리아 지역까지만 올라갈 뿐이었다. 왜냐하면 그들의 원정도 근본적으로 방어용이었기 때문이다. 시리아 근처에 이집트의 군대를 주둔시키거나 최소한 시리아 지역의 나라들이 친이집트적이어야 풍요로운 나일강 삼각주를 지킬 수 있었다. 그게 전부였다.

메소포타미아에는 도시들이 자유롭게 이합집산하며 발전했기에 본디 크고 작은 전쟁이 끊이지 않았다. 그래서 마치 유럽과 비슷한 모습을 보여 준다. 원정의 목적과 의미는 처음부터 다양했다. 방어용 원정도 있었지만 이익을 지키기 위한 것도 있었고 때로 침략해 약탈하는 정복전도 있었다. 크고 작은 도시국가들은 언제 어떻게 누구 편에 서야 할지를 두고 늘 고심했기에 외교전은 치열했다. 게다가 신아시리아-신바빌로니아-페르시아를 거치며 메소포타미아의 원정은 규모와 기술 등이 비약적으로 발전했다. 하지만 이집트에서는 그런 모습을 볼 수 없다. 이집트는 외국에 원하는 것이 없는 나라였다. 국경을 확장해 더 많이 더 넓게 다스려야 한다는 의지 자체가 희박했다. 오직 자신의 풍요로운 중앙을 방어하기 위한 계획, 곧 순망치한(脣亡齒寒)의 단조로운 논리만이 머릿속을 채웠다. 고대 이집트는 마아트를 따라 스스로 만족해 지속된 문명이다.

생각이 만든 역사

그래서 이집트의 역사의 특징을 이해할 수 있다. 고대 이집트는 영토를 무한히 확장하려고 하지 않았다. 동쪽을 보면, 시리아-팔레스티나를 넘어 유프라테스강을 따라 영토적 확산을 이루려는 의지가 없다. 남쪽을 보면, 신왕국의 람세스 2세가 나라의 남쪽 끝에 유명한 아부심벨 신전을 세웠는데(그림 10) 남쪽의 누비아인

[그림 10] 아부심벨 대신전

신왕국의 람세스 2세가 이집트의 가장 남쪽 국경에 지은 아부심벨(Abu Simbel) 대신전(大神殿)이다. 이 신전은 남부의 외적을 되돌려 보내려는 목적도 있었다.

들을 '돌려보내려는' 목적이었다. 저자가 보기에 아부심벨은 이집트판 만리장성에 비유할 수 있다.

임금이 남쪽을 향해 좌정한 것도(Wilkinson 2010, chap. 1.5, para. 2), 외국 지배자가 동화한 것도 중국과 비슷하다. 신왕국 이후 이집트는 신아시리아와 신바빌로니아에 침략당하고 패한 적이 있다. 뒤를 이은 페르시아에는 식민지로 전락했고, 그리스인들은 페르시아인을 따라 아예 이집트에 왕조를 세웠으니, 프톨레마이오스 왕조였다. 하지만 페르시아와 그리스의 정복자들은 이집트의 종교와 전승을 존중해 통치했다. 왕궁 내에서는 페르시아어와 그리스어를 썼지만, 대외적으로는 스스로 파라오와 그의 왕실처럼 처신

했다. 그들은 이집트식으로 제사를 지냈고 이집트어로 문서를 작성했다. 다시 말해 자신들의 고유한 문화를 강요하기보다 '이집트식'을 배워서 그대로 통치한 것이다. 궁중에서는 몽골어와 만주어를 썼지만 대외적으로는 한족의 관습을 대부분 존중한 원나라와 청나라가 떠오른다. 수천 년을 건너뛰어 참 닮지 않았는가.

통일과 분열의 역사

고대 이집트 3천 년의 역사는 간단히 '30개의 왕조'와 '통일과 분열의 반복'으로 요약할 수 있다. 이집트의 문화적·종교적 원형과 '이집트인'이라는 정체성이 이미 역사의 시작부터 형성되었다는 점도 알아 두자.

마네토라는 틀

고대 이집트의 역사를 개론적으로 인식하는 틀은 마네토(Manetho)가 제공한다. 기원전 3세기경 프톨레마이오스 왕조 시기를 살았던 그는 흔히 『이집트지』로 번역되는 『애귑티카(Αἰγυπτιακά)』라는 책을 썼다. 그는 이 책에서 고대 이집트의 역사를 (본디 신들로부터 시작해) '1왕조에서 30왕조까지의 단선적인 왕조의 연속'으로 서술했다고 전한다. 마네토의 저작은 고대부터 권위가 높았다. 고대와 중세의 저술들이 비중있게, 그리고 비교적 자세하게 인용하고 있기 때문이다. 현대의 학자들도 '30왕조 체계'를 통해 소통한다.

하지만 2천 년도 전의 역사기록과 해석을 얼마나 신뢰할 수 있을까? 여러 가지 의문이 들 수밖에 없다. 우선 마네토의 원본이 전하지 않는다. 고대의 역사서에 인용된 것뿐이다. 당연히 그 인용이 정확한지, 인용하는 사람의 편견과 의도가 무엇인지 등을 따질 수밖에 없다. 원본이 전하지 않으니 30왕조 체계를 본디 마네토가 고안한 것인지, 그의 원자료가 무엇이었는지도 알기 힘들다.

현대의 비판적 연구는 많은 것을 밝혀냈다. 우선 이집트의 왕조들은 단선적으로 연속된 것이 아니었다. 몇몇 왕조들은 서로 경쟁하는 관계였고(22-24왕조), 존재가 의심되는 왕조도 있고(7왕조), 실제로 한 집안에서 통치했으니 왕조를 구분할 필요가 없는 왕조도(9-10왕조) 있었다(Wilkinson 2010, chap. 2, para. 5). 그러므로 현대의 학자들은 마네토를 기준으로 일부 왕조들을 병립시키거나 첨가하거나 합병하는 의견을 내놓는다. 대개 신왕국 이전 기록은 정확성이 떨어지고, 신왕국 이후 기록은 신뢰도가 퍽 높아진다고 한다. 그래도 큰 틀에서 마네토를 벗어날 수는 없다. 마네토는 3천 년 이집트 역사 인식의 기본이다.

통일과 분열의 반복

마네토는 30왕조의 역사를 '통일과 분열'의 틀로 더 쉽게 이해할 수 있게 해 주었다. 상·하 이집트를 통일한 시기에 이집트는 강력한 중앙집권의 단일한 '왕국'(kingdom)으로서 빛났다. 이 시기의 고대 이집트는 경제, 종교, 문화, 학문, 행정, 농업, 교역 등에서 고대근동의 가장 앞선 나라였다. 고도의 추상적 개념으로 창조, 구원, 육화, 우주적 순환 등을 성찰한 시초도 이들이다. 이 통일왕국 시기의 고대 이집트와 비교할 만한 문명은 지구상에 존재하지 않았다. 지금도 입이 떡 벌어지게 만드는 건축과 공예 등은 거의 모두 이런 통일기의 산물이다. 통일기 이집트의 유물은 그렇게 인류

문화의 걸작이 많다. 고대 이집트는 수월성을 유감없이 드러내는 '세계의 중심'이었다.

하지만 통일정부가 무너지고 상·하 이집트가 갈갈이 찢기는 시기는 그렇지 못했다. 중앙은 약하고 나일강을 따라 늘어선 지방 도시들에서는 토호들이 기승을 부렸다. 통일기는 기록이 비교적 풍부해 역사를 알기 쉽지만 이런 분열의 시기는 기록도 적은 데다 서로 엇갈리는 것들도 많아 역사를 제대로 알기 힘들다. 마네토의 기록도 이 중간기에 더욱 의심을 받는다.

세 번의 통일기와 세 번의 분열기

고대 이집트에는 통일된 왕국이 세 번 있었는데, 저마다 순서대로 '고왕국 - 중왕국 - 신왕국'으로 부른다. 그리고 분열된 시기를 '왕국 사이의 기간'이라고 칭해 '중간기'(intermediate period)라고 부른다. 역시 순서대로 '제1중간기 - 제2중간기 - 제3중간기'가 존재한다. 이 여섯 시기를 교차하면, 3천 년 고대 이집트 역사 가운데 대략 2천 5백 년 이상을 채운다. 이렇게 '통일과 분열'이 교차하는 시기 다음에는 아시리아와 바빌로니아에 시달리던 '약체 이집트'의 시기(사이스 시대)와 페르시아에 정복당한 '식민지 이집트'의 시기(이른바 '후기 시대')로 이어지며 고대근동 시대가 끝난다. 그 이후에는 그리스와 로마의 통치를 받는 시대가 따라온다.

[표 5]는 고대 이집트 각 시대의 순서와 마네토의 왕조 숫자를 정리한 것이다. 학문적으로 널리 통용되는 체계이므로 눈여겨보는 것이 좋다. 대략 한 시기에 서너 개의 왕조가 포함됨을 볼 수 있다. 만일 동시대의 메소포타미아나 시리아-팔레스티나의 역사

[표 5] 고대 이집트의 역사

구분	왕조	연도
왕조 이전	—	기원전 ?-3100년
초기왕조	1-2왕조	기원전 3100-2686년경
고왕국	**3-6왕조**	**기원전 2686-2181년경**
제1중간기	7-10왕조/11왕조 초기	기원전 2180-2040년경
중왕국	**11왕조 후기-13왕조 초기**	**기원전 2040-1730년경**
제2중간기 (힉소스 침입)	13왕조 후기-17왕조	기원전 1730-1550년경
신왕국	**18-20왕조**	**기원전 1550-1080년경**
제3중간기	21-25왕조	기원전 1080-664년경
사이스 시대	26왕조	기원전 664-525년
후기 시대 (페르시아 1차/2차 식민시기)	27-31왕조	기원전 525-332년

출처: Kuhrt 1995 I, p. 124

와 비교한다면, 고대근동 세계를 총체적으로 이해하는 틀을 머릿속에 갖추게 될 것이다. 우리가 앞에서 보았던 수메르와 아카드의 시대가 어느 시대에 해당하는지 가늠해 보라. 대체로 수메르가 역사의 시작이 조금 빠른 느낌이지만, 기원전 4천 년대의 일을 확실히 말하기는 힘들다. 참고로 이스라엘이 이집트에서 탈출한 사건은(구약성경의 탈출기) 신왕국 시대에 일어났다.

고왕국 이전의 세 임금

[표 5]의 첫째 줄과 둘째 줄을 차지하는 시대, 곧 고왕국 이전 시기에 이미 고대 이집트의 정치와 종교와 문화 등의 원형이 확립되었다. 우선 이 시기에 정치적 통일이 이미 이루어졌다. 상이집

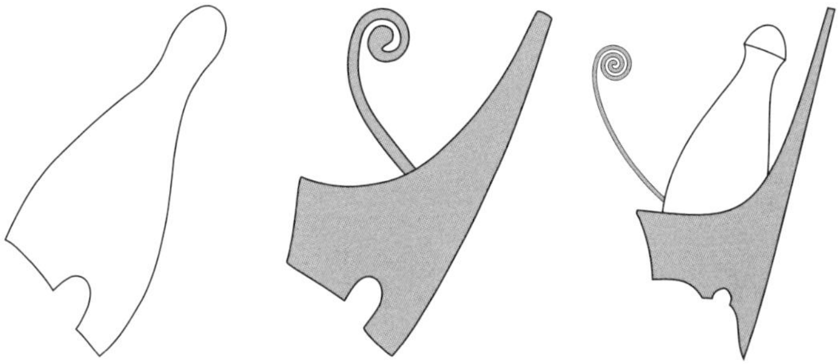

[그림 11] 고대 이집트의 왕관

왼쪽의 볼록한 흰색 왕관은 상이집트 임금의 상징으로 '백관'(白冠, *hedjet*)이라 한다. 가운데 오목한(실제로는 붉은색의) 왕관은 하이집트의 상징으로 '적관'(赤冠, *dšrt*)이라 한다. 그러므로 백관과 적관을 합친 오른쪽의 '이중왕관'(double crown, *sḫm.tì*)은 상·하 이집트를 지배하는 파라오의 상징이다. [그림 12]에서 정복자 나르메르는 백관을 썼으니, 상이집트의 승리를 묘사한 것임을 알 수 있다.

트가 하이집트를 정복한 것이다(이후 역사에도 상이집트가 대개 정치적으로 주도적 역할을 맡는다). 이름이 전하는 임금은 셋인데, 순서대로 '스콜피온', '나르메르', '아하(또는 메네스)'다. '스콜피온'은 상이집트에서 나일강 삼각주로 진출했으며 이중왕관을 썼고(그림 11), 그의 시대에 상형문자 문서가 생겨났다(빈호프 2015, p. 42). 나르메르는 [그림 12]의 나르메르 조색판으로 유명한데, 고대 이집트 3천 년의 역사를 관통하는 모티프가 이미 잘 표현되어 있다. 그리고 아하(메네스)는 멤피스를 수도로 삼은 인물이다. 아하는 제1왕조의 시조로 추정되며, 이미 그의 시대에 호루스로 상징되는 왕권신학이 정립된다.

[그림 12] 나르메르 조색판(Narmer Palette)

고왕국 이전 시대를 상징하는 유물로서(가로 42cm, 세로 64cm) 고대 이집트 3천 년의 역사를 관통하는 모티프가 잘 표현되어 있다. '나르메르 조색판'이라고 하지만 여기에 묘사된 정복자는 나르메르가 아니라 아하일 수도 있다고 한다. 기원전 4천 년대 작품이라고는 믿기지 않을 정도로 '퍽 크고 무척 얇은, 아름답고 정교한 걸작품'의 느낌이다. 카이로 이집트 박물관.

정체성과 왕권신학의 확립

고왕국이 시작하기도 전에 이미 임금의 역할이 확립되었다. 파라오는 이집트 전체에서 가장 높은 존재였다. 파라오는 수도에 좌정했고, 내치와 외치는 물론 온 백성의 삶을 책임졌다. 강력한 중앙집권 체계가 성립되어 세금을 걷고 교역을 장려했으며 홍수를 측정했다. 그리고 이미 이 시기에 "크고 평평한 벽돌건물"(마스타바. 빈호프 2015, p. 42)을 짓기 시작했다.

이런 일들을 통해 이미 이 시기에 '이집트인'이라는 정체성이 확립되었다. 왕조 이전 시기에 존재했었던 문화적 지역주의(cultural regionalism)가 '완전히' 사라졌고 '이집트인'이라는 동질성의 집단이 출현했다(Kuhrt 1995 I, p. 134). 이 점에서도 이집트는 메소포타미아와 달랐다. 이집트는 처음부터 '이집트인'으로서 시작되었지만, 고대근동에 '메소포타미아인'은 존재한 적이 없다. 늘 '아시리아인'이나 '바빌론니아인'이나 '페르시아인'이 있었을 뿐이다. 아시리아가 패권을 잡았을 때도 바빌론에는 바빌론인들이 있었다. 바빌론인들이 패권을 잡았을 때도 엘람에는 엘람인들이, 앗슈르에는 앗슈르인들이 존재했을 뿐이다. 그러나 이집트에는 처음부터 '이집트인들'이 존재했다. 이미 기원전 4천 년대에 이런 정체성이 출현했다. 고대세계에서 "대개 정체성과 왕권은 가족, 공동체 또는 지역에 기반한 것이었다. 국가(nation state) — 사람들이 공통의 정체성을 공유하는 정치적 영역 — 라는 개념은 고대 이집트의 발명품이다"(Wilkinson 2010, chap. 2, para. 1). 그래서 세계 최초의 거대한 왕국을 통치하는 파라오는 인간이 아니라 그 스스로 신이 되어야 했을 것이다.

이렇게 고대 이집트는, 오랜 역사를 거치며 서서히 형성된 문명이라기보다 처음부터 종교·정치·문화 등의 틀이 확고하게 잡혀서 시작된 문명이다.

> 이런 근본적 발전들 모두가 1왕조와 2왕조에서 드러난다. 초기왕조 시대가 마무리되며, 이집트는 모든 부와 정치권력을 효과적으로 한 손에 거머쥔 하나의 우월하고 절대적인 통치자 아래에 연합된 거대한 국가가 되었다. 그의 신적 본성을 강조하는 극도로

복잡하고 정교한 의식과 의례가 그의 지위를 떠받쳤다. 거대하고 놀랍도록 정교한 왕의 무덤을 건설하고 유지하고 관련된 의례를 행하는 데 인적·물적 자원의 상당한 부분을 쏟아부었고, 그 자체가 이런 영속성의 또 다른 표현이었다.(Kuhrt 1995 I, p. 135)

고왕국
: 대피라미드 시대

이른바 '대(大)피라미드 시대'라고 불리는 고왕국(3-6왕조)은 기원전 27-22세기의 500년간 지속된 최초의 통일왕국이다. 그런데 거대한 피라미드는 과연 어떤 발전 단계를 거쳐 지어진 것일까? 이번에는 풍부한 사진자료와 함께 역사적 시각에서 피라미드 건축의 발전상을 간략히 알아보자. 3왕조와 4왕조에서 4명의 파라오를 거론할 것이다.

진화론적 이해는 틀렸다

거대 피라미드는 고대 이집트를 대표하는 건축물이다. 언제나 상상력을 자극하고, 한계를 초월하는 규모와 정밀성의 작품이기도 하다. 하지만 그런 거대한 피라미드만 존재하는 것은 아니다. 고대 이집트의 피라미드는 다양하다. 퍽 작고 초라한 피라미드도 있고, 잘 보존된 것이 있는가 하면 완전히 도굴당해 텅 빈 것도 있고, 아예 무너져 내린 것도 있다. 피라미드는 파라오의 무덤이지만 피라미드를 지은 왕비도 있고, 피라미드를 짓지 못한 파라오도 있다. 때로 임금이 되고 싶은 야심찬 귀족이 피라미드 건설을 시도하기도 했다. 그런 다양한 피라미드의 존재는 (때로 피라미드의 부

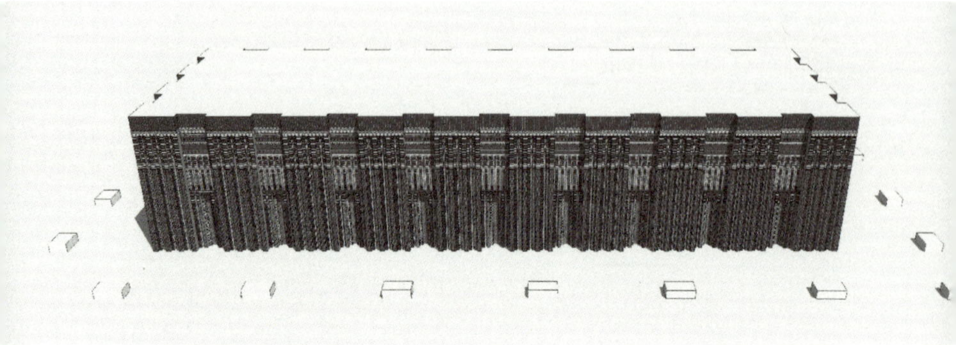

[그림 13] 마스타바 복원도

마스타바(mastaba)는 평평한 직사각형 단층 건물로서 본디 임금과 귀족의 무덤으로 쓰였다. 피라미드가 본격적으로 건설된 이후에는 주로 귀족들만 마스타바에 안장되었다.

재는) 피라미드가 역사의 산물임을 알려 준다.

이집트 역사를 공부하는 초보자들은 일종의 '진화론적 선입견'에 빠지기 쉽다. 고대 이집트 3천 년의 역사를 거치며 피라미드가 작은 피라미드에서 큰 피라미드로 서서히 발전한 것이 아닐까, 다시 말해 고왕국-중왕국-신왕국을 거치며 점점 크고 더 정교해지고 화려해진 것 아니냐고 추측할 수 있을 것이다. 하지만 그런 추측은 틀렸다. 가장 큰 피라미드는 모두 고왕국에서 나왔다. 세 번의 중간기는 물론이고 중왕국과 신왕국에도 고왕국의 것만큼 큰 피라미드는 건설되지 않았다. 특히 4왕조는 '열렬히' 거대한 피라미드를 지었다. 이후로 그런 왕조는 다시 나타나지 않았다.

마스타바에서 시작하다

고왕국 이전부터 이미 마스타바에 임금이나 귀족을 안장했다. 피라미드를 건설한 이후 임금은 피라미드에, 귀족은 마스타바에 묻기 시작했다(그림 13 참조). 하지만 예외적인 경우는 퍽 많다. 임금이나 왕비가 마스타바에 묻힌 경우도 있다.

마스타바를 과소평가하면 안 된다. 마스타바가 피라미드보다 덜 중요하지 않다. 마스타바에서 출토된 문헌이나 유물이 피라미드에서 찾은 것보다 약소하지도 않다. 오히려 관료들의 마스타바에는 임금에게 받은 호의, 특권, 선물, 자전적 기록 등이 보존되기 때문에 고대 이집트의 실상을 알기에 더 중요한 경우도 많다. 마스타바 건축은 고왕국부터 프톨레마이오스 시대까지 주욱 이어졌지만 고왕국과 중왕국에서 특히 활발했다(신왕국부터는 분묘가 널리 쓰였다). 그러므로 피라미드만 보지 말고 '피라미드와 마스타바'를 함께 보는 눈이 필요하다.

3왕조: 피라미드 건설을 시작하다

피라미드 건설의 시조는 3왕조의 조세르(Djoser) 임금이다(그림 14). 선왕들은 상이집트의 아비도스(Abydos)에 마스타바를 지어 묻혔지만, 그는 수도 멤피스 근처의 사카라(Saqqara)에 피라미드를 지었다. 그가 지은 최초의 피라미드를 '계단식 피라미드'(Step Pyramid)라고 한다(그림 15). 마스타바를 차곡차곡 계단처럼 쌓아 올린 형태임을 한눈에 알 수 있다. 왜 그가 이런 무덤을 지었는지 정확히 알 수는 없지만, 앞으로 설명할 중앙집중적 절대왕권과 관련이 있을 것 같다. 조세르는 새로운 시대를 열었다. 관리나 귀족들은 단층의 평평한 직사각형 건물에 묻히지만, 임금은 정사각형의 높은 무덤에 묻히는 새로운 질서가 시작된 것이다.

[그림 14] 파라오 죠세르

최초로 피라미드를 건설한 죠세르(Djoser) 임금상이다. 기원전 27세기 인물이니 현대인보다 4,800년이나 앞서 활약한 인물이다. 이 석상은 카이로 이집트 박물관 입구에 서서 반만 년 후에 고대 이집트를 찾아온 전 세계의 사람들을 맞이하고 있었다.

높이 62.4미터, 밑변이 121미터와 109미터인 죠세르의 피라미드는 규모가 엄청나다. 계단식 피라미드 면적에 명동성당 본당 건물을(면적 68m×28m) 7개나 넣을 수 있다. 여의도 국회의사당 본관은 높이가 70미터이니 이 피라미드보다 조금 높지만, 면적은(122m×81m) 죠세르 피라미드가 훨씬 넓다.

이 최초의 피라미드는 죠세르의 재상이자 천재 건축가 임호텝(Imhotep)이 지은 것으로 전한다. 임호텝은 단순한 건축가가 아니었다. 그는 최고의 지혜로운 자, 최고의 서기관, 최고의 재상이자 최고의 의사이기도 했다. 이집트 역사를 관통해 모든 지혜가 가장 뛰어난 인물로 일찌감치 신화화되었기 때문에 이 인물에 관한 엄밀한 역사적 팩트를 찾기는 쉽지 않다. 임호텝의 예에서도

[그림 15] 죠세르의 계단식 피라미드(Step Pyramid)

마스타바를 겹겹이 쌓아 놓은 형태임을 한눈에 알 수 있다. 모두 여섯 단인데, 얕은 모래언덕에 가려져 사진에는 다섯 단만 보인다.

알 수 있듯, 고대 이집트의 지혜란 실용적 기술을 포함하는 개념이었다. 죠세르를 이어 제3왕조의 임금들 일부가 마이둠(Meidum) 근처에 계단식 피라미드와 비슷한 것을 지었다.

4왕조: 스네페루의 열정

3왕조를 이은 4왕조야말로 피라미드 건설에 미친 왕조라고 해도 과언이 아니다. 특히 기원전 26세기의 파라오 스네페루(Sneferu)는 피라미드를 가장 많이 건설한 임금이다. 특히 그가 사카라 남쪽 다슈르(Dahshur)에 지은 굴절 피라미드와 붉은 피라미드가 중요하다(그림 16-17).

'굴절 피라미드'(Bent Pyramd)는 '꺾인 피라미드'라는 뜻이다. 경사각이 매끄럽지 못하고 중간에서 크게 꺾였기에 이렇게 불린

[그림 16] 스네페루의 굴절 피라미드(다슈르)

피라미드 중간이 꺾였기 때문에 '굴절 피라미드'라고 부른다.

[그림 17] 스네페루의 붉은 피라미드(다슈르)

이 피라미드는 이름과 달리 실제로는 붉은색으로 보이지 않는다. 다슈르의 두 피라미드는 비교적 가까워 걸어서 오갈 수 있다. 4,700년 전의 스네페루와 라호텝 등도 이 길을 걸었을 것이라는 생각을 하니, 이곳을 방문한 날의 경험은 저자에게 긴 여운으로 남았다.

다. '붉은 피라미드'(Red Pyramid)는 본디 석재의 색깔 때문에 이런 이름이 붙었다고 하는데, 현재는 거의 붉은색으로 보이지 않는다. 고대 이집트 문헌에는 이 둘을 다슈르의 '남쪽 피라미드'와 '북쪽 피라미드'로 표기했다고 한다. 그래서 지금도 이렇게 부르는 경우가 있다.

스네페루의 두 피라미드는 피라미드 건축기술의 발달과정을 보여 주는 것 같다. 굴절 피라미드 아랫부분의 경사각은 54.27도인데 중간에 갑자기 43.22도로 꺾였다. 한편 그보다 후대에 지은 붉은 피라미드는 처음부터 43.36도의 각도로 지어져 경사각이 매끈하다. 각도를 살짝 낮추어 형태를 완성한 것으로 볼 수 있다(뒤에서 나올 쿠푸, 카프레, 멘카우레의 대피라미드는 경사각이 저마다 51.52도, 53.1도, 51.2도다).

규모는 훨씬 커졌다. 굴절 피라미드와 붉은 피라미드는 높이가 약 105미터로 거의 같다. 조세르의 피라미드보다 무려 40미터 정도나 더 높아진 것이다. 당연히 차지한 면적과 피라미드 전체의 체적도 훨씬 증가했다. 이밖에도 스네페루는 피라미드를 더 지었으니 그를 피라미드 건설의 위대한 실험자로 불러도 될 것이다.

쿠푸의 대피라미드와 카프레의 스핑크스

스네페루는 아들 쿠푸(Khufu 또는 Keops)에게 안정된 왕국을 물려주었다. 그뿐만 아니라 피라미드 건축의 여러 시행착오와 경험 등도 물려준 것 같다. 아들 쿠푸의 치세는 선왕의 시대를 닮았다. 그는 시나이 반도나 팔레스티나 등에 원정해 주변의 작은 민족을 복속시키고 내치도 안정적으로 이끌었다. 하지만 피라미드 건설

[그림 18] 기자의 3대 피라미드(뒤)

기자 3대 피라미드의 뒤편 모습으로 왼쪽부터 쿠푸, 카프레, 멘카우레의 피라미드다. 실제 건설된 순서도 이와 같다.

[그림 19] 기자의 3대 피라미드(앞)

[그림18]의 앞면이다. 스핑크스 바로 뒤에 카프레의 피라미드가 있고 오른쪽으로 쿠푸의 피라미드 일부가 보인다.

에 관련해서는 선왕과 다른 점이 있었다. 그는 다슈르가 아닌 기자(Gisa)에 피라미드를 지었다. 그리고 피라미드를 많이 짓지 않았고, 오직 하나의 피라미드에 모든 역량을 집중했다. 그리하여 인류 역사상 가장 큰 고대건축물인 '기자의 거대 피라미드'가 건설되었다.

쿠푸의 피라미드는 높이가 146.7미터나 된다 스네페루의 피라미드보다 다시 40여 미터나 더 높은 것이다. 죠세르의 피라미드보다는 거의 80미터나 높다. 그에 따라 면적과 체적도 대폭 증가했다. 이 피라미드는 수천 년간 인간이 지은 가장 큰 건축물이었다. 밑변은 230.34미터의 완벽한 정사각형을 이룬다. 쿠푸의 사촌이자 재상 헤미우누(Hemiunu)가 이 건축을 책임지고 이끌었다고 전한다. 쿠푸는 이 피라미드의 완성을 보지 못했다. 그의 아들 제데프레(Djedefre)가 왕위를 이어 이 피라미드를 완성했는데, 정작 그는 자신의 피라미드를 짓지는 않았다. 그리고 왕위는 곧 그의 형제 카프레(Khafre)로 넘어갔다.

카프레는 아버지의 것과 거의 같은 크기의 피라미드를 나란히 건설했다. 카프레 피라미드의 높이는 136.4미터이니 쿠푸의 것보다 10미터 정도만 낮은 것이다. 하지만 카프레의 피라미드가 약간 높은 지대에 건설되었기 때문에 멀리서 보면 오히려 더 커 보인다. 카프레는 피라미드 앞에 거대한 스핑크스를 만든 것으로도 유명하다. 쿠푸와 카프레의 시대는 고왕국의 전성기였다. 쿠푸와 카프레의 피라미드 주위에는 신하들이 묻힌 마스타바가 상당히 많이 있다. 마스타바들도 모두 훌륭하고 질서정연하게 자리잡고 있다.

그런데 대피라미드 시대는 여기서 끝났다. 카프레의 아들 멘카우레(Menkaure)는 아버지와 할아버지 옆에 훨씬 작은 피라미드를 지었다. 높이가 65미터이니 다시 죠세르의 피라미드와 비슷해진 것이다. 피라미드의 높이만 따지면 아버지와 할아버지의 피라미드의 절반에도 미치지 못한다. 왜 멘카우레는 갑자기 이렇게 피라미드를 작게 지은 것일까? 아마 선왕들이 너무 거대한 피라미드를 짓는 과정에서 국내적 저항에 부딪힌 것은 아닐까 추측할 뿐이다. 사실 멘카우레의 피라미드도 절대 작다고는 할 수 없다. 왜냐하면 그 이후에는 이 정도 크기의 피라미드조차 건설되지 않았기 때문이다. 4왕조 세 임금의(쿠푸-카프레-멘카우레) 시대가 끝나고 이제 거대 피라미드를 향한 열정은 종식되었다. 이후로 3천 년 고대 이집트의 역사에서 거대 피라미드의 시대는 다시 찾아오지 않았다(그림 18-19 참조).

거대 피라미드의 고왕국

고대 이집트에 관심있는 사람이라면 한 번쯤 듣는 말이 있다. 고대 이집트는 흔히 '나르메르에서 클레오파트라까지 3천 년 역사'라고 한다. 그런데 기원전 30년에 사망한 클레오파트라 7세는 현대에서 2,000년 정도 앞선 인물이지만, 클레오파트라와 4왕조의 임금들 시기는 대략 2,600년 정도나 차이난다. 클레오파트라는 대피라미드 시대보다 오히려 현대에 가까운 인물이라는 말이다. 이런 이야기에서도 고왕국이 얼마나 고대의 나라인지 새삼 짐작할 수 있을 것이다.

[그림 20] 쿠푸의 피라미드 박물관

2021년까지는 쿠푸의 피라미드 옆에 따로 박물관을 지어 쿠푸의 배를 전시했다.

[그림 21] 쿠푸의 배

쿠푸의 대피라미드 근처에서 발굴된 '쿠푸의 배'는 높이 5.9미터, 길이 43미터에 달하며, 기원전 27세기에 레바논의 향백나무로 만들었다. 1,224개의 목조 조각을 발굴해 14년간 유세프(Ahmed Youssef)의 주도로 복원된 이야기도 감동적이다. '태양선', '태양의 나룻배'라고도 부른다.

고왕국의 빛과 어둠

그런데 그렇게 먼 옛날 거대한 피라미드를 건설한 사회는 어땠을까? 세계 최초의 중앙집중적 행정체계를 알아보자. 그리고 신의 나라, 마아트가 실현된 나라의 붕괴가 남긴 여파도 가늠해 보자.

최초의 중앙집중 행정체계

고왕국은 피라미드라는 인류사의 걸작을 남겼다. 이 시기 피라미드와 마스타바 유적은 풍부하지만 왕궁은 남아있지 않다. 그러므로 고왕국의 정치, 경제, 사회 등을 이해하는 일은 쉽지 않다(Kuhrt 1995 I, p. 149). 지금까지 밝혀진 자료를 종합해 볼 때, 고왕국이 출현하면서 이미 파라오는 신이었던 것 같다. 임금은 마아트를 지상에 실현하는 전능한 존재였다(Kuhrt 1995 I, p. 147). 같은 시기에 '이집트인'이라는 정체성도 형성되었다. 그리고 이와 어울리게, 역사상 최초이자 무척 강력한 중앙집중제가 출현했다.

고대 이집트인들은 '세파트'(*Spꜣt*)라고 불렀지만, 흔히 그리스어를 따라 '노모스'(νομος. 영: nome)로 일컫는 이 체계는 [그림 22]에서 보듯 상이집트를 22개의 노모스로, 하이집트를 20개의 노모스로 나누어 다스리는 것이었다. 그림에서 보듯 상이집트의 노모

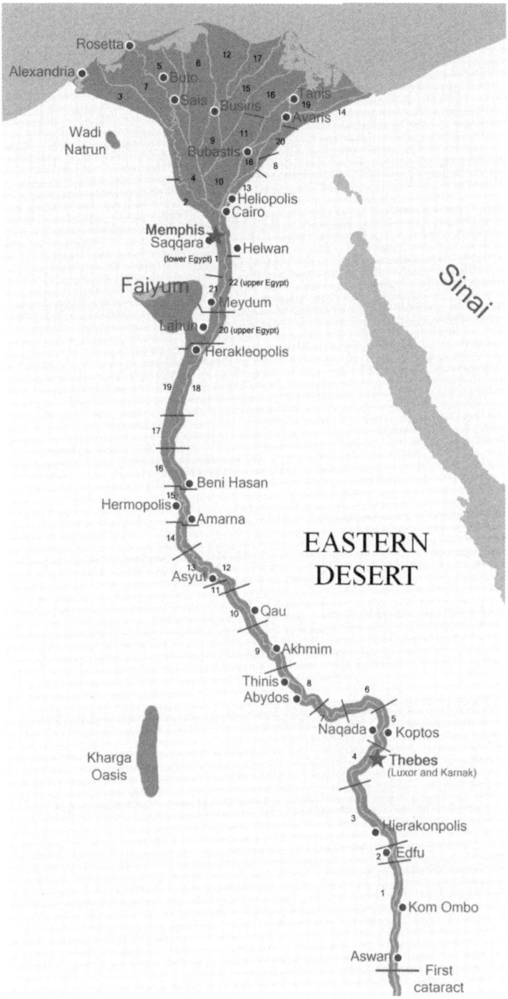

[그림 22] 고대 이집트의 노모스 체계

이 지도는 이집트의 노모스다. 나일강을 따라 (남쪽부터) 아스완에서 수도 멤피스까지 22개의 행정구역을 설치했음을 볼 수 있다. 멤피스 북쪽인 하이집트 노모스들은 나일강 줄기에 따라 삼각주의 땅을 구분한 것임을 알 수 있다. 상·하 이집트의 특성을 적절히 고려해 설치한 노모스 체계는 고왕국에서 정립되었고, 시대에 따라 조금씩 변형을 거쳤지만 현대까지 사용된다.

스는 나일강을 따라 좌우로 늘어선 지역을 22개로 토막 낸 것이고, 하이집트 삼각주도 역시 강줄기를 따라 20개의 땅으로 가른 것이다. 상·하 이집트의 중간인 수도 멤피스에서 파라오는 각 노모스를 다스리는 관리를 임명해 통치했다(Kuhrt 1995 I, p. 151; 빈호프 2015, p. 46). 이집트를 42개의 도(道)로 나누고, 중앙에서 도지사를 파견해 다스린 셈이니, 기원전 3천 년기에 이런 중앙집중제가 가능했다는 것 자체가 경이롭다고 하지 않을 수 없다. 이런 어마어마한 체제의 최상위 존재인 파라오는 반드시 살아있는 '신'(神)이 되어야 했을 것이다.

이집트는 나일강의 범람으로 가장 풍요로운 지역이었다. 고왕국 시대에 실질적으로 이집트를 위협하는 외국 세력은 없었다. 파라오는 시나이 반도나 누비아 등의 오랑캐를 잠재우는 정도의 원정을 했다. 이런 안정된 조건에서 전국을 아우르는 행정체계가 동원할 수 있는 인적·물적 자원은 상상을 초월했다. 4왕조의 거대한 피라미드는 이런 중앙집중적 행정력이 뒷받침되지 않았다면 건설이 불가능했을 것이다. 쿠푸와 케프레 등은 나일강 상류의 석재를 멤피스 부근 기자까지 마음대로 옮겨 왔고, 시나이 반도에서 광산을 운영했으며, 레바논의 아름다운 목재도 아낌없이 썼다.

실제로 이 시기의 사료들은 고왕국의 행정이 안정되어 과세체계와 교역이 상당히 발전했음을 보여 준다. 관료들에게는 봉급이 지급되었고, 노모스의 도지사와 중앙정부는 유기적으로 잘 소통했다. 이렇게 풍요롭고 질서잡힌 사회에서 보통 사람들의 삶도 나쁘지 않았을 것이다. 피라미드 건설사업에 참여한 일꾼들은 봉급도 좋았고 사회적 지위도 낮지 않았다. 때때로 거대한 피라미드 건설사업은 농한기에 경제적 수입을 보장하는 일이기도 했다. 고대 이집트의 거대 피라미드가 노예들의 강제노동의 결과라는 견해는 과거의 것으로, 현대 학자들에게 거의 수용되지 않는다. 사실 채찍에 맞고 굶주리는 노예들의 강제노동으로 그렇게 크고 정교한 작품을 만들 수는 없었을 것이다. 피라미드는 탄압, 폭력, 무지, 몽매(蒙昧)가 결합한 우연이 아니다. 제값을 받고 일했던 솜씨 좋은 장인의 어엿한 걸작이다.

5왕조: 태양신 '레'와 피라미드 텍스트

4왕조 쿠푸의 왕위는 아들 제데프레로 이어졌고, 그 동생 카프레가 뒤를 이었다. 그리고 카프레의 아들 멘카우레로 이어졌다. 5왕조를 열어젖힌 우세르카프(*Userkaf*)는 제데프레의 손자로서 멘카우레의 딸과 혼인했으니 6촌간과 혼인한 것이다. 그러므로 4왕조와 5왕조는 하나의 혈통으로 이어진 셈이다. 사실 3-6왕조가 이런 식으로 혈연이 이어지기에, 고왕국 전체는 하나의 가족이 다스렸다고 할 수 있다.

기원전 24세기의 5왕조는 태양신 레(*Re*)의 신앙을 장려했다. 피라미드보다 태양신 신전을 짓는 데 열심이었다. 전반적으로 5-6왕조의 파라오 이름에 '레'가 많이 붙는다. 5왕조는 멤피스에서 살짝 북쪽인 헬리오폴리스(Heliopolis)에서 시작했는데, 구약성경은 이 도시를 '온'이라 부른다. 헬리오폴리스는 태양신 숭배의 중요 도시였다. 창세기를 보면 요셉은 "온의 사제 포티 페라"(창세 41,45.50; 46,20)의 사위가 되었다고 하는데, 아마 그는 태양신을 모시는 사제였을 것이다. 물론 이보다 천 년도 더 뒤에 일어난 신왕국 시대의 일이다.

5왕조의 마지막 파라오 우나스(Unas)부터 피라미드 내부에 문서가 새겨지기 시작한다. '피라미드 텍스트'(Pyramid Text)의 시작이었다. 대개는 "죽은 왕의 안녕을 보증하고, 신들 가운데서 그에게 부여된 지위를 차지하도록 돕는 종교적 문서이며 주술이다"(빈호프 2015, p. 45). 하지만 피라미드 텍스트는 절대 단조로운 문서가 아니었다.

> (피라미드 텍스트는) 죽은 임금의 부활을 돕고 사후의 신적 주권을 확증하는 마술적 기능을 지녔다. 형식은 시적(詩的)이었고, 신화적 암시가 풍부한 문서다. 흥미로운 점은, 흔히 기대하듯 어떤 단일하고 정통의(orthodox) 문서를, 계속해서 단조롭게 베끼는 것이 아니었다는 점이다. 그보다 현재 보존된 문서는 자유로운 변형이 가득하고, 신학적 성찰은 소설적(novel)이다. 이 점은 왕권의 신성에 대한 서로 다른 이념이 당대 이집트에 존재했으며, 이집트 사회 안에서 이와 관련된 논쟁도 있었음을 보여 준다.(Kuhrt 1995 I, p. 146)

6왕조에서 제1중간기로: 신의 나라가 무너지다

한편 6왕조부터 고왕국은 기울기 시작한다. 우나스의 사위인 테티(Teti)는 우나스 사후의 혼란기를 수습하고 정치적 안정을 찾는가 했지만, 경호원에 의해 살해되었다고 전한다. 페피(Pepi) 1세가 누비아를 원정하는 등의 활동도 있었지만 6왕조 내내 불안이 이어졌고, 기원전 23세기에 페피 2세는 불과 6세의 나이로 왕위에 올랐다. 중앙정부는 힘이 약해졌고, 지방의 노모스들이 중앙의 통

[그림 23] 라호텝과 네프레트 부부상(정면)

왼쪽 남성의 이름은 라호텝(*Rahotep*)으로, 붉은 피라미드와 굴절 피라미드를 지은 스네페루 임금의 아들로 전한다. 오른쪽은 그의 배우자 네프레트(*Nefret*)다. 라호텝의 작고 딱 맞는 가발, 간결하게 다듬은 콧수염, 얇은 목걸이 그리고 짧은 하의는 4왕조의 전형적 양식이라고 한다. 네프레트의 넓은 목걸이, 어깨까지 내려오는 풍성한 가발 그리고 긴 치마와는 대조적이다. 이 부부는 최상위 왕족으로 고왕국 전성기의 부와 권력을 누리고 살았을 것이다. 남녀가 거의 같은 크기와 자세로 묘사된 것도 인상적이다. 프랑스인 이집트학자 오귀스트 마리에트(Auguste Mariette)가 1871년에 마이둠(Meidum)의 마스타바에서 발견했다(기원전 26세기경. 높이 약 1.2m). 카이로 이집트 박물관.

[그림 24]
라호텝과 네프레트 부부상(측면)

이 부부상은 돌을 쪼아 형상을 만들어 그 위에 색을 칠했는데, 두 인물의 눈은 투명하고 반짝이는 석영(quartz)을 박아 넣어 지금도 무척 생생하게 느껴진다.

제력을 거부하는 일이 잦아졌다.

이어 7-10왕조는 중간기로 친다. 마네토는 "7왕조에는 70일간 재위한 70명의 임금이 있었다"고 하는데, 상징수를 통해 역사를 전하는 수사법이라고 할 수 있다. 7왕조와 8왕조는 기원전 22-21세기에 멤피스에서 남쪽으로 조금 떨어진 헤라클레오폴리스(Herakleopolis)를 수도로 다스렸지만 단명하는 임금이 많았고 상·하 이집트를 모두 차지하지는 못했다. 제1중간기는 헤라클레오폴리스의 세력과 나일강 상류의 테베를 중심으로 일어난 세력이 서로 대립했다.

붕괴의 이유와 영향

모든 권력은 결국 무너진다. 그리고 그 패턴도 거의 비슷하다. 중앙은 내분에 휩싸이고 지방세력이 발흥하고 외부의 적들이 쳐들어온다. 그런데 그토록 강력한 중앙집중제의 고왕국이 왜 무너졌을까? 이에 대해서는 다양한 가설이 난무하는 형편이다. 메소포타미아에서도 보듯, 건국과 번영기의 기록은 풍부하지만 쇠락과 멸망의 기록은 찾기 어렵다. 대개 내부 권력투쟁에 의해서 무너졌다는 설이 우세하지만, 사료로 입증되기는 어려운 것 같다. 결정적으로 6왕조 후반기에 나일강 범람의 수위가 매우 낮아져 생태계 위기가 발생했고 기근이 이어졌다(빈호프 2015, p. 48; Kuhrt 1995 I, pp. 159-160).

그런데 제1중간기에 외적이 쳐들어와서 이집트를 지배하지 않았다는 점이 특이하다. 그때까지 메소포타미아의 큰 나라들은 이집트까지 원정할 실력을 갖추지 못했고, 이집트 주변의 나라들도 작았다. 그래서 제1중간기는 마치 '이집트 내부의 혼란기'처럼 보인다. 중앙권력이 무너지자 지방의 노모스들이 발흥했기에, 제1중간기를 '지방 문화의 시기'로 부르기도 한다.

기원전 3천 년대가 저물다

더욱 중요한 것은 제1중간기가 정신적인 면에서 큰 충격을 남겼다는 것이다. 하늘과 땅을 다스리던 지고의 존재가 무너져 마아트를 실현하는 나라도 붕괴할 수 있다는 것을 깨닫게 했다. 거대한 피라미드는 변함없이 서 있지만 그 주인도 그의 권력도 사라졌다. 이 점이 훗날 중왕국의 사상, 종교, 문화 등에 큰 영향을 끼친다. 이제 고대 이집트의 역사에서 고왕국 시기 정도 규모의 거대한 무덤을 건설하는 일은 다시 일어나지 않을 것이다. 언어도 종교도 체제도 그대로 유지되지만, 조금 다른 성격의 나라가 출현할 것이다.

이렇게 기원전 3천 년대가 막을 내린다. 메소포타미아에서는 수메르-아카드 문명이 탄생했다. 메소포타미아와 이집트는 서로를 인식하고 있었지만, 기원전 3천 년대에는 직접 충돌하지 않았다. 아나톨리아 반도나 시리아-팔레스티나 지역에서는 아직 이렇다 할 기록들이 나오지 않는다. 인류사의 첫 장에서 '두 강 사이'와 '나일강 근처'의 문명은 저마다 개성을 드러냈다.

더 읽어보기 3

이집트 고왕국

1. 다음을 읽고 고대 이집트 문명 탄생의 배경과 과정을 정리하라. 중요한 사료와 인명과 지명 등 고유명사에 주의하라.

- M. van de Mieroop, *A History of Ancient Egypt*, Wiley-Blackwell, 2011, pp. 7-26.
- 제임스 헨리 브레스테드, 『고대 이집트의 역사 1-태고부터 페르시아의 정복까지』, 김태경 옮김, 한국문화사, 2020, pp. 1-67.
- 클라이스 R. 빈호프, 『고대 오리엔트 역사-알렉산더 대왕 시대까지』, 배희숙 옮김, 한국문화사, 2015, pp. 79-90.
- A. Kuhrt, *The Ancient Near East - c. 3000-330 BC, vol. I*, Routledge, 1995, pp. 118-135.
- Toby Wilkinson, *The Rise and Fall of Ancient Egypt*, Random House Pub., 2010 (kindle edition), part I, chap. 1-2.

2. 다음은 위 자료보다 더 다채로운 이야기들이 실려 있다.

- 요시무라 사쿠지, 『고고학자와 함께하는 이집트 역사기행』, 김이경 옮김, 서해문집, 2002, pp. 16-80.
- 피터 A. 클레이턴, 『파라오의 역사』, 정영목 옮김, 까치, 2002, pp. 18-37.

3. 다음을 읽고 고왕국의 역사, 종교, 행정의 특징을 정리하라. 특히 거대 피라미드 건설과 관련된 다양한 정보를 주의 깊게 관찰하고 고왕국의 문학과 종교에 대해서도 가능한 사료와 정보를 정리하라.

- M. van de Mieroop, *A History of Ancient Egypt*, Wiley-Blackwell, 2011, pp. 27-77.
- 클라이스 R. 빈호프, 『고대 오리엔트 역사-알렉산더 대왕 시대까지』, 배희숙 옮김, 한국문화사, 2015, pp. 41-50.
- 제임스 헨리 브레스테드, 『고대 이집트의 역사 1-태고부터 페르시아의 정복까지』, 김태경 옮김, 한국문화사, 2020, pp. 71-186.
- Toby Wilkinson, *The Rise and Fall of Ancient Egypt*, Random House Pub., 2010 (kindle edition), part I, chap. 3-5.
- Rainer Stadelmann, "Builder of Pyramids", *CANES I & II*, pp. 719-734.
- A. Kuhrt, *The Ancient Near East - c. 3000-330 BC, vol. I*, Routledge, 1995, pp. 135-153.
- 피터 A. 클레이턴, 『파라오의 역사』, 정영목 옮김, 까치, 2002, pp. 38-87.
- 요시무라 사쿠지, 『고고학자와 함께하는 이집트 역사기행』, 김이경 옮김, 서해문집, 2002, pp. 82-187.

4. 다음을 읽고 고대 이집트인들의 독특한 세계관과 종교적 특성 등을 심화해 정리하라.

- 유성환, 「외국인에 대한 이집트인들의 두 시선-고왕국 시대에서 신왕국 시대까지 창작된 이집트 문학작품 속의 외국과 외국인에 대한 묘사를 중심으로」, 『서양고대사연구』(2013/01), pp. 33-77.
- R. J. Leprohon, "Royal Ideology and State Administration in Pharaonic Egypt", *CANES I & II*, pp. 273-287.
- Jan Assmann, *Ägypten - Theologie und Frömmigkeit einer frühen Hochkultur*, Kohlhammer, 1984, pp. 9-24.

III

기원전 2천 년대 전반기

메소포타미아와 이웃들

기원전 2천 년대 전반기의(대략 기원전 20-16세기) 고대근동은 이합집산과 군웅할거의 시대였다. 시리아-팔레스티나와 아나톨리아에는 새로운 도시국가들이 대거 출현했다. 메소포타미아 남부의 우르 제3왕조는 무너졌다. 메소포타미아 북부의 상인들은 제국이 등장하기 이전에도 이 도시들 사이를 누비고 다녔다. 앗슈르의 샴쉬-아다드 1세(*Šamši-Adad I*)가 이합집산의 시대를 잠시 정리했지만 당대에 그칠 뿐이었다. 한편 이집트에는 중왕국이 들어섰다. 고왕국의 영화를 회복하려고 노력하며 새로운 시대에도 창의적으로 적응한 왕조였다. 이집트 문학의 고전이 탄생했다. 전반적으로 훨씬 다채로운 시대가 도래했고 메소포타미아에서 이집트까지 모든 민족은 단절되지도 고립되지도 않았다.

모자이크 시대

우선 메소포타미아와 그 이웃들을 보자. 메소포타미아는 이집트와 분위기가 퍽 달랐다. 이집트는 이미 고왕국 시대에 중앙집권의 효율적 행정체계가 성립되었지만 메소포타미아 부근은 2천 년대 들어 오히려 더 어지러워졌다. 크고 작은 도시국가들이 훨씬 넓은 지역에서 제한없이 경쟁하는 시기가 도래한 것이다. 마치 "모자이크"(미에룹 2010, p. 170) 같은 시대였다. 이 시대도 자료가 충분하지 않고 존재하는 자료도 해석하기 쉽지 않지만, 우리는 이름 있는 몇몇 도시의 관계를 어느 정도 알 수 있다.

더 넓은 지역의 더 다양한 민족들

우선 지리적 무대가 확장되었다. 기원전 3천 년대에는 메소포타미아 남부를 중심으로 수메르와 아카드의 도시들이 등장했지만, 이제는 시리아와 팔레스티나는 물론 아나톨리아 반도와 지중해 지역 도시들까지 확장되었다. 그리고 도시의 성격도 퍽 다양해졌다. 대부분은 기원전 3천 년대처럼 강가에 발달했지만, 농업과 목축의 성격과 비중은 서로 달랐다. 일부는 아예 교역으로 먹고살기도 했다. 새로운 항구 도시는(비블로스, 우가릿) 내륙을 통해서는 메소포타미아와 교역했지만 지중해를 가로질러서는 이집트와 활발히 문물을 주고받았다.

인종과 언어도 퍽 다양해졌다. 기원전 3천 년대는 아카드어(동부셈어)가 주류로 자리잡았다. 하지만 이제는 서부셈어의 지역(시리아와 팔레스티나)이 중요하게 등장했고, 아예 셈어가 아닌 굴절어(후르인)나 인도유럽어(히타이트인) 등을 쓰는 민족도 등장했다. 새롭게 등장한 언어들은 아카드어 쐐기문자를 조금씩 변형한 문자를 썼는데(히타이트어가 대표적이다), 이런 사실에서 수메르-아카드 문명권의 영향력을 확인할 수 있다. 하지만 이집트의 성각문자를 바탕으로 셈어를 표기하는 사례도 등장했다(원시나이어). 루브어(Luwisch)의 경우는 쐐기문자를 변형시켜 적은 체계와 성각문자를 변형시킨 표기법을 모두 발전시켰다(그래서 이 언어가 과연 하나의 언어인지에 대해서는 여전히 논쟁 중이다). 이 시대에 시작된 것으로 추측되는 알파벳도 이집트 성각문자를 바탕으로 발전한 부류와(원시나이어-페니키아어 계통) 쐐기문자를 바탕으로 발전한 것(우가릿어)으로 나뉜다. 문자를 보면 이집트와 메소포타미아가 고대근동 문명의 두 축임을 알 수 있다.

전통의 강자와 신흥세력

그러므로 이 시대에 고유명사들이 새롭게 퍽 많이 등장하는 것도 이해할 수 있을 것이다. 언어, 인물, 민족명, 지명 등의 어휘가 폭발적으로 늘어난다. 이러한 현상이 나타난 지역을 두 부류로 나눠 볼 수 있다.

첫째는 표준의 역할을 담당하는 중심지역이다. 수메르-아카드 문명이 메소포타미아 남부를 중심으로 꽃핀다. 이들은 비옥한 반달지대의 한가운데서, 오랜 역사와 전통에 기반해 행정, 종교, 군사, 언어, 교역 등에 영향력을 발휘했다. 둘째는 시리아-팔레스티나와 아나톨리아라는 신흥 지역이다. 이들은 중심부를 의식했고, 수메르-아카드 문명을 수용했다. 일부는 비옥한 반달지대의 중심부로 진출하기를 원했다. 전통의 지역이든 신흥 지역이든 생존과 번영을 지향한다는 점은 같았고 서로 끝없이 경쟁했다. 두 지역의 관계가 일방적이기만 한 것은 아니었다.

팔레스티나 지역이 역사에 등장하지만 고대 이스라엘에서 발생한 구약성경에는 이 시기의 도시국가, 임금의 이름, 그들의 경쟁, 역사적 주요 사건 등이 거의 나오지 않는다. 구약성경은 이 시기 고대근동의 중요한 사건을 알지 못한다. 그래서 구약성경만 읽은 사람들에게 이 시대는 매우 막연하거나 낯선 느낌을 줄 것이다. 하지만 '이스라엘 이전의(vorisraelitisch) 시리아-팔레스티나 역사'는 '역사의 이스라엘'을 이해하는 데 퍽 중요하다. 대략 1천 년 후 이스라엘인들도 이 지역에서 생존과 번영을 지향하며 나라를 세웠다. 그래서 이 시대 선배 국가들의 경험을 깊이 참조했던 것 같다.

앗슈르
: 최초의 상업식민지

상인들의 나라 앗슈르의 등장

이런 복잡한 시기에 두각을 드러낸 도시가 앗슈르(*Aššur*)다. 앗슈르 신을 섬기는 이 도시국가는(이렇게 신명, 지명, 민족명은 일치하거나 깊이 관련되는 경우가 많다) 티그리스강을 건너는 요지에 위치했다. 자연스레 앗슈르는 교역으로 번성했다. 물건을 쌓아 두고 거래하는 상품의 집산지요 환적장의 역할은 요긴했다. 메소포타미아 북부는 남부만큼 비옥하지도 않고 비도 잘 내리지 않는다. 앗슈르인들도 운하를 파고 농사를 지었지만, 일찌감치 국제무역에 눈을 떴다.

앗슈르인들은 '카룸'(*Kārum*)이라는 상업구역을 외국에 여러 곳 설치해 국제무역으로 부를 축적했다. 관세, 채무, 결제, 중계, 위탁, 대부 등 상업 관련 용어와 관행도 발달했고 교역을 지키기 위한 정치적 협상의 중요성도 일찌감치 깨달았다. 앗슈르는 "그 이웃 국가들보다 그다지 힘이 세지 못했다. 그러나 무역 조건을 협상하는 능력이 있었다"(미에룹 2010, p. 155).

상업식민지를 개척하다

그들은 앗슈르 밖에서 일어나는 일에 밝았다. 앗슈르는 중계무역의 중심지로서 멀리 동쪽의 엘람 등에서 주석을 들여오고 남쪽 바빌론에서는 직물을 수입해 아나톨리아 반도에 수출했다. 이들은 아나톨리아의 카네쉬(*Kaneš*)에도 카룸을 설치했는데, 이곳에서 기원전 약 1900-1800년대의 문서가 2만여 점이나 발견되어 그 실상을 알 수 있게 되었다. 기록에 따르면 앗슈르에서 주석과 직물을 나귀에 싣고 약 50일 걸려 카네쉬로 가서, 주석과 직물과 나귀를 은과 금으로 바꾸어 가지고 돌아왔다. 이런 무역은 상당히 위험했지만 활발히 이루어졌다. 막대한 수익을 남겼기 때문이다. 기록에 따르면 겨울 4개월은 쉬었다고 한다. 앗슈르와 카네쉬 사이에 주고받은 편지를 보면, 일부 상인은 앗슈르의 아내를 버리고 아나톨리아의 여성과 사랑에 빠진 것 같다(미에룹 2010, pp. 151-153).

앗슈르의 상인들은 진취적이고 도전적이었다. 그들은 아나톨리아 반도에 두 개의 카룸을 설치했다. 카네쉬는 하트(*Ḫatt*)어로 '네쉬'(*Neš*)라고 불렀다. 다른 하나는 '하트인들의 도시'라는 의미의 '핫투샤'(*Ḫattuša*)다. 이렇게 앗슈르 상인들은 아나톨리아에 상업식민지를 운영했고(빈호프 2015, p. 127), 이로부터 아나톨리아 반도에 문자 시대가 시작되었다. 최초의 상업식민지는 세계의 중심부에서 변방의 문맹인들을 대상으로 설치한 것이었다.

상(上)메소포타미아 왕국

상인들의 나라는 절묘한 권력균형을 추구했던 것 같다. 메소포타미아 북부의 앗슈르는 메소포타미아 남부의 도시들과는 다른 통치체제를 발전시켰다. 임금은 "절대군주가 아니라 최고 제사장이자 그 도시의 실제 주권자인 신 앗슈르의 대리자였다"(빈호프 2015,

[그림 25] 기원전 3천 년대 이전 아나톨리아의 유물
알라카 회위크(Alaca Höyük)에서 출토된 유물이다. 기원전 3천 년대 또는 그 이전에 아나톨리아에서 화려한 문명이 피어났음을 알 수 있다. 진흙, 청동, 금, 은 등 다양한 재료를 써서 태양, 모신(母神), 짐승 등을 만들었는데, 문헌이 나오지 않아 정확한 정보를 알 길이 없다. 직접 눈으로 보면 기원전 3천 년대 유물이라고는 믿기지 않을 정도로 크고 정교하고 아름다워 글자가 없는 시대에 문명이 보잘것없었으리라는 선입견을 깨어 준다. 앙카라 히타이트 박물관.

p. 128). 앗슈르의 임금은 '주님'(*bēlum*)이나 '큰 사람'(大人, *rubāʾum*)으로 불렸다. 아카드의 사르곤부터 사건 연호를 썼음을 앞에서 보았다. 이때 아시리아는 해마다 도시의 중요 귀족들이 제비를 뽑아 연호를 정했다. 이를 '회전'을 뜻하는 아카드어 '림무'(*limmu*)라고 했다. 림무 연호는 역사를 파악하는 데 매우 중요한 기초자료다. '림무'는 '회전하는 직위명'을 뜻하는 그리스어(ἐπώνυμος)를 거쳐 '에포님'(eponym)으로 전승되는 말이기도 하다(미에룹 2010, p. 168).

앗슈르는 본디 힘없는 나라였다. 기원전 20세기경 우르 제3왕조가 무너지자 에쉬눈나(*Ešnunna*)의 임금 나람-신(*Narām-Sīn*)이 패권을 잡았다(함무라피 법전보다 오래된 에쉬눈나 법전이 우리말로 번역되어 있다. *ANET-K*, pp. 353-362). 나람-신은 이웃 국가 앗슈르를 침공했는데, 이때 앗슈르 근처의 작은 성읍 에칼라툼(*Ekallatum*)을 다스리던 샴쉬-아다드(*Šamši-Adad*)란 인물이 있었다. 그는 나람-신을 피해 바빌론으로 망명했는데(혹은 유배?), 나람-신이 죽자 7년 만에 돌아와 앗슈르를 손에 얻고 임금에 등극했다(기원전 1808년).

그는 군웅할거의 모자이크 시대를 일시적으로 끝냈다. 33년간 다스리며 주위의 도시국가들을 모조리 평정해 메소포타미아 북부와 시리아 일부 지역을 자신의 수중에 넣었다. 이를 '상(上)메소포타미아 왕국'(Upper Mesopotamian Kingdom)이라고 부른다(그림 26 참조). 샴쉬-아다드 1세는 정복한 도시국가의 '주인'이 되었고 중앙집권제를 강화했다. 정복당한 도시들은 모든 문서에 앗슈르의 연호를 적어야 했다. 그리고 그는 귀족이 제비로 연호를 뽑는 관행을 중지시키고 연호관리자로 자신의 아들을 임명했다. 그는 또한 "'상인들의 감독자'를 임명함으로써 더 확실하게 무역 상거래

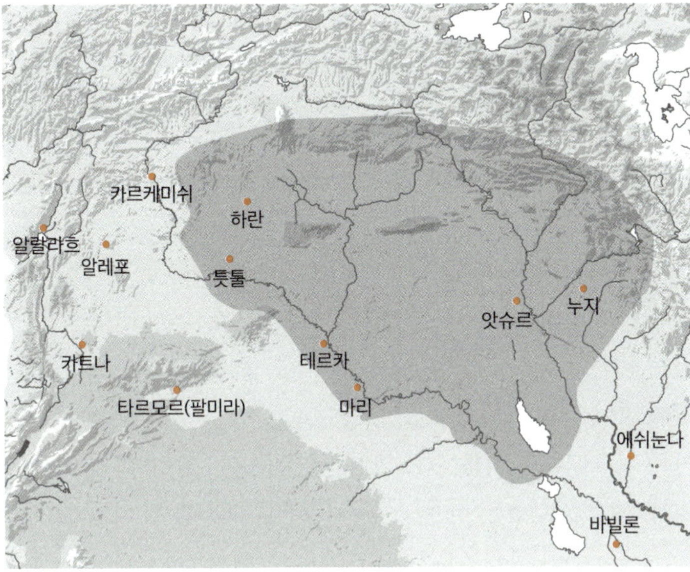

[그림 26] 상(上)메소포타미아 왕국의 대강의 영역

마리, 바빌론 등은 앞서 언급했던 전통적 도시국가들이고(메소포타미아 지역), 알랄라흐, 알레포, 카트나, 카르케미쉬 등은 이 시대에 역사에 새로 등장한 신흥세력이다(시리아 지역). 다음 절도 이 지도를 참조하면 좋을 것이다.

를 자신의 손아귀에 넣었다"(빈호프 2015, p. 130). 귀족의 세력은 약화되었지만 상인들은 국제교역에서 안전을 보장받을 수 있었다.

영역국가 아시리아의 탄생

샴쉬-아다드 1세는 더 큰 범위의 영역으로 인식되는 나라를 세웠다. 이 나라는 더 이상 도시국가(Stadtstaat)가 아니라 영역국가("Flächenstaat". 빈호프 2015, p. 142. '평지국가'는 오역이다)가 된 것이다. 영토의 경계, 곧 국경선을 특정할 수는 없어서 '영토국가'라고 하기는 어렵지만, 어느 도시가 림무 연호를 쓰고 누구를 주인으로 섬겼는지는 기록으로 남아 있어서 영향력의 범위는 비교적 정확히 알 수 있다. 비록 그가 영역국가를 최초로 만든 이는 아니지만(이미 아카드나 우르 제3왕조 등을 영역국가로 볼 수 있다), 기원전 2천 년대에 의미 있는 영역국가는 그에게서 시작되었다.

라틴어 어미 '-ia'는 일정한 지역이나 영역을 가리키는 데 쓰인다(예: Britan*ia*, Ital*ia* 등). 이제부터 앗슈르라는 도시의 영역이 끼치는 넓은 지역을 '아시리아'(Assyria)라는 이름으로 불러야 할 것이다. 학문적 용어는 중요하다. 앗슈르는 도시의 이름이고 아시리아는 영역국가의 이름이다. 학자들은 이때의 아시리아를 고아시리아(Old Assyria)라고 하고, 그 이전의 아시리아를 초기 아시리아(Early Assyria)라고 부른다. 샴쉬-아다드 1세가 죽자 세상은 다시 어지러워졌다.

아무르
: 도시인과 유목민

기원전 2천 년대 전반기에 이합집산을 거듭했던 도시들을 조금 더 쉽게 분류해 보자. 그리고 잠시 이스라엘 이야기도 들어 보자. 시대의 풍경을 인식하면 아브라함의 모습이 더 잘 보일 것이다. 그리고 고대근동학, 구약학, 구약신학은 서로 협력하고 상생하는 관계의 학문임을 깨달을 수 있을 것이다.

이합집산 시대의 스케치

기원전 2천 년대 전반기에 이집트를 제외한 지역은 어지러웠다. 메소포타미아 남부는 우르 제3왕조가 무너지고 이신(*Isin*)과 라르사(*Larsa*)가 정세를 주도했다. 이 지역의 도시국가들은 오래된 전통에 따라 닙푸르를 중심으로 일종의 연합체를 유지했다. 메소포타미아 북부도 혼란스러웠지만 앗슈르의 샴쉬-아다드 1세가 모든 것을 평정했다. 메소포타미아 남부와 북부는 비옥한 반달지대의 중심에서 수메르-아카드 문명의 전통을 이었다. 이들로부터 쐐기문자와 아카드어가 다른 지역으로 퍼져나갔다.

신흥 지역은 훨씬 다양했다. 시리아 지역에 많은 나라들이 새로 나왔다. 지중해 동편 해안가에 비블로스(*Byblos*)와 우가릿

(*Ugarit*)이라는 양대 항구 도시들이 기록되기 시작했고, 시리아의 내륙 지역에 전통의 마리, 에블라와 함께 카트나(*Qatna*), 테르카(*Terqa*), 얌하드(*Yamḫad* = Aleppo), 알랄라흐(*Alalaḫ*), 툿툴(*Tuttul*), 카르케미쉬(*Karkemiš*) 등이 역사에 등장한다. 이들은 대체로 서부 셈어를 썼다. 지중해의 항구들은 페니키아인들과 함께 알파벳을 발전시켰다. 전쟁은 끊이지 않았지만, 이런 나라들은 안정기를 구가하며 발전하고 있었다. 아나톨리아 반도에서도 앗슈르 상인들을 통해 문자가 기록되기 시작했다. 구약성경에 기록된 아람인들, 필리스타인들, 이스라엘인들은 도시국가들이 경쟁하던 역사에 아직 등장하지 않았다.

다양한 도시국가들은 이해관계에 따라 뭉치고 흩어지기를 반복했다. 청동기를 사용하던 시대였다. 이 시기의 복잡한 외교관계를 파악하기는 무척 힘들지만 대체로 이웃을 견제하기 위해 먼 곳의 도시들과 손을 잡는 원교근공(遠交近攻)의 흐름이 지켜진 것으로 보인다. 이렇게 많은 나라와 민족이 존재했고 저마다 고유한 언어, 민족, 종교, 신학 등을 지니고 있었는데도 이들의 개별적인 역사나 언어를 배울 수 있는 저술이 아직 한국어로 거의 출판되지 않았았음은 퍽 아쉬운 일이다.

도시인과 유목민

한편 이 시대 고대근동 세계의 민족을 크게 도시인과 유목민으로 갈라서 볼 수 있다(미에룹 2010, pp. 141-144; 빈호프 2015, pp. 115-119). 도시인은 다시 전통의 도시와 신흥도시 주민으로 나눌 수 있다. 전통적 도시, 곧 키쉬, 우루크, 우르, 바빌론 등의 시민들은 자존심이 높았을 것이다. 신흥도시의 주민들은 어지러운 외교전의 당당한 주체였다.

유목민은 사실상 비도시인을 의미하는데, 이들에 대한 기록은 거의 도시인의 것이다. 유목민이 스스로 남긴 1차 사료는 거의 없다. 성읍 안의 사람들은 성벽 밖의 무리들을 늘 폄하했다. 하지만 종교학적으로 비도시인은 중요하다. 성읍이 없는 사람들이었고 성읍이 없기에 신전도 없었고 늘 이동해야 했기에 경전도 퍽 소박했을 것이다. 도시인들은 문서를 퍽 많이 생산했지만 유목민은 여전히 구전에 의존했을 것 같다. 이들의 종교적 의례나 믿음은 도시인의 것과는 퍽 달랐을 것이다.

아무르인들

이 시기에 시리아 지역에서 동쪽으로 이동한 민족을 '아무르'(*Amurr*)라고 불렀다. 구약성경에 (니스바 어미를 무시해) '아모리인'으로 등장하는 사람들이다(신명 7,1 등). '아무르'는 그들이 믿던 신의 이름인데 점차 '서쪽'을 뜻하는 일반명사가 되었다. 이들은 이미 기원전 25세기 수메르어 문헌에서 서쪽의 문명화되지 않은 유목민으로 등장한다. 이들은 메소포타미아로 차츰차츰 이주해 세력이 불어났다.

그런데 메소포타미아의 도시인들은 그저 성 밖의 사람들을 모두 아무르라고 뭉뚱그려 불렀다(미에룹 2010, p. 141). 그래서 이 시대의 아무르는 두 가지 의미가 있다. 본래 아무르 신을 믿던 민족으로서 서쪽에서 비옥한 반달지대 중심부로 이주한 집단일 수도 있고, 그저 성 밖의 유목민을 대표하는 이름일 수도 있다. 그런데 앗슈르의 임금 샴쉬-아다드 1세나 바빌론의 임금 함무라피는 스스로 아무르의 혈통이라고 밝혔다. 고유명사로서 아무르인들일까, 일반적이고 대표적인 호칭으로서 아무르인들일까? 어느 경우이든 두 인물 모두 성안의 진골이나 성골의 피가 흐르지 않는다는 점에서 공통적이다. 이 점도 역시 '정통 의식'이 강했던 이집트와 퍽 다른 점이다.

한편 시리아 지역의 아무르인들이 반달지대 중심을 향해 동쪽으로 이주한 때와 거의 비슷한 시기에 일부 시리아-팔레스티나계 주민은 나일강 삼각주를 향해 남쪽으로 이주했다. 이 시기 두 집단의 이주는 흔히 '게르만 민족의 이동'과 비슷한 모습으로 묘사된다. 이 남쪽으로 이주한 무리는 이집트 제2중간기를 다룰 때 자세히 보겠다.

함무라피
: 바빌로니아의 황금기

난세(亂世)에 영웅이 등장한다. 앗슈르의 샴쉬-아다드 1세를 이어 바빌론의 함무라피(*Hammurapi*)는 기원전 2천 년대 전반기의 메소포타미아를 평정했다. 사유화가 시작되고 희년이 선포되었다. 바빌론의 안정기에 수메르-아카드 문학은 황금기를 누렸다.

정복왕 함무라피

함무라피는 기원전 1792년에 전통의 도시 바빌론에서 왕위에 올랐다. 기원전 20세기경 우르 제3왕조가 무너지자, 메소포타미아 남부의 패권을 두고 이신과 라르사가 겨루었다. 이른바 '이신-라르사 시대'다. 이 라이벌전에서 라르사의 임금 림-신(*Rim-Sin*)이 승자였다. 그는 재위 13년에 우루크, 이신, 바빌론의 연합군을 무찔렀고 재위 23년에 우루크를 아예 무너뜨렸으며 재위 30년인 1793년에 이신마저 꺾고 패권을 잡았다. 그리고 그 이듬해 청년 함무라피가 바빌론의 임금에 올랐다.

어지러운 시대였다. 누구도 우위에 서지 못했다. 남부의 라르사와 경쟁하던 북부의 앗슈르는 샴쉬-아다드 1세가 죽자 약해졌다. 시리아 지역에서는 얌하트와 카트나가 패권을 겨루었다. 당시 마리를 다스리던 짐리-림(*Zimri-Lim*)이 수신자인 한 편지는 이 시대의 상황을 잘 보여 준다.

> 어떠한 왕도 자기 힘만으로는 영향력을 행사할 수 없다. 10-20명의 왕이 바빌론의 함무라피를 따르고, 비슷한 수가 라르사의 림-신을, 또한 비슷한 수가 에쉬눈나의 이발피엘을, 또한 비슷한 수가 카트나의 아무트피엘을, 그리고 20여 명이 얌하드의 아림림을 따른다.(빈호프 2015, p. 140)

함무라피는 젊어서부터 노련했다. 그는 서두르지 않았다. 그는 "림-신이 늙을 때까지 기다렸다가 이웃 국가들을 상대로 신속하게 정복전쟁을 시작했다". 그는 기원전 1763년에 라르사를 점령했지만 림-신이 이룩한 모든 것을 파괴하지 않았다. 오히려 그대로 이어받았다. 결국 림-신은 함무라피에게 중앙집권의 토대를 깔아 준 셈이었다(미에룹 2010, pp. 147-148).

함무라피는 원정에도 능했다. 그는 속전속결로 상당한 성공을 거두었다. 외교에도 능수능란했다. 그는 과거의 동맹들과도 거침없이 싸웠고 결국 굴복시켰다. 역시 마리에서 발견된 다른 편지에 의하면 그는 동맹국들의 군대를 이용하다가 자신의 힘이 세지면 동맹국을 배신하는 자로 묘사되었다(미에룹 2010, p. 172). 전통의 강국 바빌론의 임금 함무라피는 이렇게 두려운 존재였다. 그를 막을 수 있는 자는 없었다. 결국 재위 말년에 그는 메소포타미아 전지역, 곧 '수메르와 아카드'를 차지했고 모든 아무르인들의 임금이 되었다(재위 29-37년. 빈호프 2015, p. 144).

함무라피의 바빌론도 영역국가였다. 함무라피는 샴쉬-아다드 1세처럼 정복지의 주인 행세를 했다. 어느 도시가 누구를 주인으로 섬기는지 철저히 따졌다. 그는 세밀한 부분까지 직접 명령을 내리고 통제하는 스타일이었다. 그래서 이 시기부터 바빌론의 영역도 바빌로니아(Babylonia)라고 불러야 할 것이다. 학자들은 이때의 바빌로니아를 흔히 고(古)바빌로니아(Old Babylonia)로 부른다.

사유화와 희년의 탄생

함무라피 시대 바빌론에는 경제의 사유화(privatisation)가 일어났다(이하 미에룹 2010, pp. 148-150). 본디 메소포타미아 도시들의 경제에서 신전은 매우 중요했다. 신전은 가장 많은 물자를 취급하는 곳이요 가장 많은 일자리를 제공하는 곳이었다. 그런데 이 시대부터 바빌론의 신전은 땅과 자원과 기술자를 직접 구매하거나 고용하지 않고 일종의 대리인, 곧 개인 사업자를 통해 간접적으로 취했다. 땅을 부치는 소작농은 추수의 일부를 바치면 나머지를 사적으로 쓸 수 있어 좋았고, 신전의 사제(*šangû*) 등은 귀찮은 일을 전문업자에게 맡기니 좋았을 것이다. 처음에는 농업에서 시작했지만 점차 목축과 건축 등의 분야로 확장되었다. 신전이 시작하니 왕궁이 따라 했다. 차차 도시의 공적 행정도 이런 개인 사업자에게 맡겨졌다. 이제 전문 업자들은 공무원 대신 세금을 걷고 나라살림을 책임졌다. 여기서 개인적 의견을 첨가하자면, 아마 속전속결의 효율성을 추구하던 함무라피는 '게으른 공무원'을 마뜩잖아 했을 것도 같다. 어쩐지 그의 성격과 어울리는 면이 있다.

이런 '작은 정부'와 '공공부문의 사유화'는 처음에는 효율적이

[그림 27] 함무라피 법전(CH)

함무라피 법전이 기록된 석비다. 이 섬록암 석비는 함무라피 임금 시대에 제작된 것이지만 기원전 1155년경 엘람에 약탈당했다. 그리고 기원후 1901년까지, 약 3천 년간 엘람의 수사에 있다가 파리로 옮겨졌다. 엘람인들은 석비 아랫부분을 의도적으로 갈아서 본문 일부를 지워 버렸지만, 다른 사본의 도움을 받아 내용을 복원할 수 있었다. 파리 루브르 박물관.

겠지만 부패하기 쉬웠다. 그리고 가난한 사람을 대량으로 만들었다. 할당량을 채우지 못한 노동자 등은 전문 업자, 곧 개인 사업자에게 빚을 지게 되었다. 개인 사업자들은 꾸어 주는 이자와 받는 이자의 시기와 비율을 조절해서 막대한 부를 쌓았다. 그러자 점차 사회가 불안해졌고 민심이 흉흉했다. 마르둑(*Marduk*) 신의 지상 대리자인 임금은 가만히 있을 수 없었다. 그는 사회를 보존하고 정의를 실현해야 했다. 그는 급기야 모든 빚을 탕감하는 포고령을 내렸다. 가난한 사람들은 기뻐했을 것이고 개인 사업자의 힘도 적절히 조절되었을 것이다.

하지만 이런 사유화의 흐름 자체는 바뀌지 않았다. 아마도 왕족이나 귀족에게 이 제도는 달콤했을 것이다. 또는 신전과 왕궁의 귀족이나 공무원들이 개인 사업자만큼 효율적이지 못했을 수도 있다. 결국 이 시대부터 빚의 탕감령은 반복되었다. 그리고 이렇게 이따금 탕감령을 내리는 것이 임금의 역할로 인식되기 시작했다. 이런 인식, 관행, 통치술은 바빌론의 영향력과 함께 고대근동 세계에 확산되었다.

문화와 법전

함무라피는 재위 말년인 39년에 '함무라피 법전'(CH. Codex Hammurapi)을 선포했다(그림 27). 함무라피 법전의 282조 본문은 한국어로 번역되었다(*ANET-K*, pp. 362-400. 서문과 결문이 빠져 아쉽다). 이 법전은 이스라엘의 율법은 물론 고대근동 세계에 큰 영향을 끼쳤지만, 실제로 법률로 행해졌는지에 대해서는 의문을 표시하는 학자가 적지 않다. 무엇보다 빠진 영역이 너무 많기 때문이다.

> "바빌로니아의 법에서는 방화, 반역, 가축 절도, 보증, 물물교환, 살인, 노예해방, 판매에 대해서 단 한 건의 사례도 찾아볼 수 없다."● 이런 분야 가운데 일부는 오히려 현대보다 고대사회에서 더 중요한 것일 수도 있기 때문이다. 그래서 과연 '이런 법전만으로' 그리고 '이런 법전의 문자 그대로' 현실적인 법생활이 가능했

● 이 직접 인용은 G. Wenham, "Law in the Old Testament", in: J. W. Rogerson and J. M. Lieu (eds), *The Oxford Handbook of Bibilical Studies*, Oxford University Press, 2006, p. 352에서 왔고, S. Grenngus, "Law", in: D. N. Freedman (ed.), *Anchor Bible Dictionary IV*, Doubleday, 1992, p. 243의 재인용이다.

을지 늘 의문이 제기되었다.(졸저 2016, p. 31)

그래서 현재는 법전이 아니라 일종의 선포문으로 이해한다. 함무라피를 정의의 실현자요 가장 모범적인 임금으로 선포하는 성격의 문서라는 것이다. 정복왕 함무라피를 정당화하는 문서, 그가 넓은 지역의 모든 도시를 다스려야 한다는 통치의 정당성을 선포하는 본문이다. 그는 이 법률을 통해 고아, 과부, 자연재해나 전쟁의 피해자를 돌보고 사회적 불평등을 줄이는 사람으로 묘사되었다.

고바빌로니아의 영화

함무라피 왕조는 150년 이상 유지되었다. 안정된 제국은 표기법이나 도량형 등의 통일성을 높여 주었다. 고바빌로니아가 세계의 중심부로서 문화와 학문이 꽃피는 시기이기도 했다. 수메르어가 문어로서 마지막으로 생존하던 시기였고, 아카드 문학도 만개했다. 고전의 시대였다. 『아트라하시스 서사시』, 『길가메쉬 서사시』 등이 창작되거나 필사되었고 일부는 지금도 인류의 귀한 자산으로 전해 온다. 묘하게도 비슷한 시기의 이집트 중왕국에서는 문학이 번성했으니, 메소포타미아와 이집트는 이렇게 서로 공명하고 있었다.

히타이트가 바빌론을 치다

이제 기원전 2천 년대 전반기 메소포타미아 지역의 마지막 영웅 핫투쉴리 1세(*Ḫattušili I*, 기원전 1650-1620년경)를 보자. 그는 신흥 지역의 군주로서 영역국가를 세웠고 고대근동 세계를 호령했다. 그는 아시리아가 전해 준 것을 빠르게 습득했고 놀라운 혁신으로 적용했다. 하지만 그의 나라도 결국 오래가지는 못했다. 메소포타미아에는 암흑시대가 도래했다.

히타이트 고왕국이 등장하다

앞에서 보았듯 아나톨리아 반도는 앗슈르의 상업식민지로 역사에 등장했다. 그들이 건설한 네쉬(=카네쉬)와 핫투샤(그림 28)는 이 지역의 중심도시로 성장했다. 앗슈르 상인들은 아나톨리아 반도로 가는 길에 핫트(*Ḫatt*), 후르(*Ḫurr*), 힛트(*Ḥitt*) 등의 다양한 민족이 있었다고 보고한다. 그 가운데 힛트인들이 네쉬와 핫투샤를 중심으로 이 지역을 통일한다. 대략 기원전 17세기경에 핫투쉴리 1세는 핫투샤를 수도로 삼는 영역국가를 세웠다. 히타이트 고왕국(Old Kingdom)의 시작이었다. 힛트인들과 핫트인들은 서로 어족이 달랐다. 하지만 힛트인들은 핫트인의 후예로서 이 나라를 다스린

[그림 28] 히타이트의 수도 핫투샤

핫투샤는 산 위에 자리잡은 도시로 탁 트인 전망에 무척 넓고 천혜의 요새이기도 하다. 현재 발굴된 집터 등은 신왕국 시대 것이라서 고왕국 핫투샤의 규모를 알기는 어렵다. 앗슈르의 상인들이 카룸을 설치하기 이전에도 이미 핫트인들이 살고 있었음이 고고학적으로 드러났다. 현재 핫투샤에서 발굴된 중요한 유적은 대부분 앙카라의 히타이트 박물관에 있다.

다는 점을 자랑스럽게 생각해 핫트의 후예로 자처했다. 핫트와 힛트의 관계는 수메르와 아카드의 관계와 병행하는 면이 있다.

신흥세력의 강자 히타이트는 즉시 동남쪽으로 진출한다. 비옥한 반달지대 중심부를 향해 원정을 시작한 것이다. 히타이트는 뛰어난 원정술로 시리아의 여러 도시들을 함락했다. 어디서 이런 원정술을 배웠을까? 아마 아시리아의 원정술을 배워서 적용했을 것이다. 하지만 단순히 모방한 것은 아니었다. 핫투쉴리가 자신의 위업을 자랑하며 남긴 문헌은 역사상 최초로 전차를 언급한다(빈호프 2015, p. 156). 그래서 히타이트가 역사상 최초로 전차를 사용했다는 견해가 있다. 만일 그렇다면 히타이트는 고대근동 세계의 후발주자였지만 아시리아의 것을 빨리 배워 익히고 혁신을 통해 새로운 영역국가를 건설했다고 볼 수 있다.

세계의 중심을 무너뜨리다

핫투쉴리는 시리아 지역의 많은 도시국가들을 위협했고 일부는 손에 넣었지만 당시 가장 강하게 맞섰던 얌하트를 정복하지는 못했다. 핫투쉴리의 아들은 왕위를 얻기 위해 아버지를 배신했던 것 같다. 히타이트 왕실은 거듭되는 암살과 내분으로 점철된 곳이었다. 결국 핫투쉴리의 왕위를 이은 것은 그의 손자 무르쉴리 1세(*Muršili I*)였다.

무르쉴리는 할아버지를 닮았다. 그는 핫투쉴리의 꿈을 이루었다. 얌하트를 정복한 것이다. 그런데 무르쉴리는 여기서 그치지 않았다. 그는 할아버지보다 더 야심찼던 것 같다. 내친 김에 유프라테스강을 따라 남진해 기원전 1595년 바빌론을 점령했다. 엄청난 일이 일어난 것이다. 메소포타미아 남부에서 수메르-아카드 문명의 적통을 자임하던 바빌론이 변방의 신흥세력에게 약탈당했다. 이에 대한 기록이 풍부하지 못해 왜 어떤 경로로 바빌론을 함락했는지는 알 수 없지만(바빌론인들은 이 사건을 수치스럽게 보고 기록을 지운 것 같다), 기원전 2천 년대 전반기의 가장 놀라운 사건이자 이어지는 기원전 2천 년대 후반기를 예고하는 사건이었다.

더욱 놀라운 점은 무르쉴리가 바빌론을 포기하고 다시 핫투샤로 급히 귀환했다는 사실이다. 왜 그랬을까? 당시 시리아를 주름잡던 얌하트를 정복하고 세계의 중심 바빌론마저 함락시켰는데, 왜 가장 비옥하고 부유한 땅을 직접 다스리지 않고 고향 핫투샤로 조속히 돌아간 것일까? 이에 대해서도 기록이 없으니 추측할 수밖에 없다. 대개는 수도 핫투샤를 맡겨 놓은 매제 한틸리(*Hantili*)가 불안했던 것으로 본다. 히타이트 왕실은 암살과 내분이 점철된 곳이니 무르쉴리가 걱정했을 수도 있다. 그의 불안은 적중했다. 실제로 무르쉴리가 핫투샤로 돌아가자마자 한틸리가 그를 죽이고 왕위에 올랐다. 그리고 한틸리도 곧 암살되었다. 이로서 핫투쉴리와 무르쉴리의 꿈은 물거품이 되었다. 히타이트는 다시 약체가 되었다.

세계사의 왕위찬탈 역사에 처남과 매부가 맞선 것은 드문 일이 아니지만 이 경우에는 국제적으로 너무도 영향이 컸다. 얌하트도 무너지고 바빌론도 무너졌다. 시리아의 신흥도시들은 히타이트가 다 주저앉혀 버렸다. 앗슈르는 샴쉬-아다드 1세 이후 부진했고 히타이트는 내분으로 쪼그라들었다. 고대근동 세계를 주도하는 세력이 한 번에 사라진 것이다. 그리고 기록이 끊긴다. 아무도 그 이전 시대만큼의 문서를 생산하지 못했다.

암흑시대의 두 민족

바빌론이 무너지고 거의 100여 년간 기록이 없다. 암흑시대가 온 것이다. 암흑시대의 유래와 기간 등은 여전히 논쟁 중이다. 하지만 이 시기에 이름을 알린 두 민족이 있으니, 하나는 무너진 바빌론에 들어와 바빌론을 점령한 카쉬(*Kašš*)인들이다. 하지만 카쉬인들의 바빌론은 문화적으로나 군사적으로나 '약체 바빌론'이었다. 그들은 뚜렷한 족적을 남기지 못했다.

다른 한 무리는 후르인들이다. 이들은 굴절어를 썼지만 인도

유럽어적 특징도 많이 보여 준다. 이들은 메소포타미아 북부에 밋탄(*Mittan*)이란 나라를 세웠고 상당히 강력한 영역국가를 세웠다. 밋탄의 영역은 아시리아의 영역과 상당히 겹친다. 두 나라는 오랫동안 경쟁관계를 이룬다. 밋탄도 히타이트 고왕국처럼 전쟁기술의 혁신을 이루었다. 처음으로 "전쟁에서 말과 전차를 사용하게 된 것이다"(미에룹 2010, p. 191). 히타이트와 밋탄 가운데 누가 전차를 먼저 사용했을까? 그 논쟁과 함께, 변방의 두 민족 모두 혁신을 이루고 나름의 영역국가를 이루었다는 점을 주목해야 한다(이 책의 IV장 "밋탄: 전차의 나라"를 보라). 하지만 후르인들은 문화적으로 깊은 자국을 남기지 못했다. 넓은 영토를 차지했지만 문화의 '후르화'가 일어나지 않았다(빈호프 2015, p. 108). 후르인들은 구약성경에 '호르인'(니스바 어미를 무시하면 '호리인'. 창세 36,20 등)으로 나온다.

모자이크에서 암흑시대로

이로써 메소포타미아에 기원전 2천 년대 전반기가 저문다. 역사의 무대는 훨씬 넓어졌다. 수많은 민족이 등장해 경쟁했고 샴쉬-아다드 1세, 함무라피, 핫투쉴리 1세 등은 영역국가를 개척했다. 수메르-아카드 문명은 세계의 중심 역할을 했다. 하지만 모든 노력은 수포로 돌아갔고 암흑시대가 도래했다.

풍우신의 시대, 바알의 시대

기원전 2천 년대 전반기를 마무리하며, 이 시기의 중요한 종교적 현상을 보자. 고대의 생각이나 믿음을 아는 것은 어려운 일이지만, 다행히 우리는 이 시대에 확산된 어떤 믿음을 꽤 자세히 알 수 있다. 풍우신(風雨神)의 영향과 수용 과정을 보면, 고대근동 전역에 병행하는 신학이 보급되었음을 알 수 있다.

수용과 영향, 토착화의 신학들

기원전 2천 년대 전통 지역과 신흥 지역은 어떤 종교와 문화를 지니고 살았을까? 이들은 서로 어떻게 소통하고 살았을까? 비교적 최근에 펠리우(L. Feliu)가 제시한 표는 이 시대를 이해하는 데 도움을 준다. 그는 시리아의 다간(*Dagan*) 연구서의 결론부에 흥미로운 표를 제시했다(표 6 참조). 역사적 흐름을 서술하는 이 책에서 신학과 종교를 깊이 논의할 수 없으므로, 이 표에 대한 더 자세한 설명은 다른 기회로 넘겨야 할 것이다. 여기서는 풍우신과 관련된 내용만 조금 살펴보자.

왼쪽 열이 기준이다. 수메르-아카드의 신학에서 최고신은 하늘신 아누(*Anu*)였다. 아누의 아들 엔릴(*Enlil*)은 아누를 대신해 신

[표 6] 기원전 2천 년대 고대근동의 지역별 신학 비교

<table>
<tr><th colspan="2" rowspan="2">수메르-아카드
(고대 메소포타미아*)</th><th colspan="2" rowspan="2">후르</th><th colspan="4">시리아</th></tr>
<tr><th colspan="2">내륙 '셈족'
(툿툴*, 테르카)</th><th colspan="2">해안가 '셈족'
(우가릿*)</th></tr>
<tr><th>남편</th><th>아내</th><th>남편</th><th>아내</th><th>남편</th><th>아내</th><th>남편</th><th>아내</th></tr>
<tr><td>아누</td><td>—</td><td>아누</td><td>—</td><td>—</td><td>—</td><td>—</td><td>—</td></tr>
<tr><td>엔릴</td><td>닌릴/
닌후르삭</td><td>쿠마르비</td><td>샬라쉬/
샬루쉬</td><td>다간</td><td>샬라쉬</td><td>엘</td><td>아세라</td></tr>
<tr><td>하다드</td><td>샬라</td><td>테숩</td><td>헤바트</td><td>하다드-
바알</td><td>헤바트</td><td>하다드-
바알</td><td>아쓰타르투-
아나투</td></tr>
</table>

주: *는 이해를 돕기 위해 저자가 첨가한 것이며, 지명에 대해서는 그림 26 참조

출처: Feliu 2003, p. 302

과 인간들의 운명을 책임졌다. 엔릴은 비와 바람을 뿌리는 신, 곧 풍우신 하다드(*Hadad*)를 부렸다. 그런데 아누는 이미 아카드 시대에 어느 정도 '물러난 신'(deus otiosus)이 되었기 때문에 엔릴이 실제 '활동하는 신'(deus actuosus)으로 최고신의 역할을 했다. 그러므로 기원전 2천 년대 메소포타미아 문화권의 사람들은 가장 높은 신 엔릴과 그의 명을 받아 실제로 우리에게 다가오는 하다드를 섬겼을 것이다. 최종결정권은 엔릴에게 있었지만 평범한 인간사의 길흉화복은 하다드로 체험되었다. 그가 비와 바람을 통제하는 신이었기 때문이다.

이런 메소포타미아의 신학은 당시 신흥 지역에 잘 수용된 것 같다. 후르인들은 이 다신교의 신학을 '쿠마르비(*Kumarbi*)-테숩(*Teššub*)'으로 수용했다. 사실상 이 시대부터 기록문화가 시작되기 때문에 (그리고 대부분 아카드어 쐐기문자를 변형한 문자를 사용했기 때문에)

우리는 이 시대 이전에 쿠마르비와 테솝이 어떤 신이었는지 거의 알 수 없다. 수메르인이나 아카드인들과 접촉하기 이전 후르의 문화를 알기 힘들기 때문이다. 그래서 현재로서는 이 두 신이 어떻게 저마다 엔릴과 하다드와 동일시되었는지도 거의 알 수 없다.

한편 시리아 내륙 지역, 곧 툿툴과 테르카에서는 '다간-하다드(바알)'로 수용되었다. 다간도 사정은 비슷하다. 우리는 이 시대 이전 '시리아의 고유한 다간의 모습'을 알기 힘들다. 그리고 해안가의 항구, 곧 우가릿에서 이 신학은 '엘-바알(하다드)'로 수용되었다. 지금까지 언급한 신들의 아내 신들의 이름을 비교해 보면 역시 서로 영향을 주고 수용된 관계를 볼 수 있다. 다만 이 표에서 우가릿의 하다드-바알의 아내로 아쓰타르투와 아나투를 본 것은 오류인 듯하다. 우가릿어 『바알신화』를 보면 아쓰타르투와 아나투는 하나의 신으로 융합되지도 않았고 바알의 아내도 아니다.

우리는 수메르-아카드 문화권의 사람들이 엔릴을 섬기듯 후르인들은 쿠마르비를 섬겼고 툿툴과 테르카에서는 다간을, 우가릿에서는 엘을 섬겼다고 생각할 수 있다. 이를 뒷받침하는 사례가 있다. 우리는 기원전 3천 년대에서 아카드의 사르곤 대제가 마리를 정복한 사건을 보았다. 문헌에 의하면 그때 사르곤은 마리를 정복하고 (엔릴이 아니라) 다간에게 제사를 지냈다. 왜 그랬을까? 그는 '시리아의 엔릴'에게 제사를 올리고 그 지역의 지배권을 허락받으려 했던 것이라고 해석된다.

풍우신이 수용되고 확산된 경과를 비교적 잘 알 수 있는 곳이 있다. 풍우신이 수용되기 전에 기록문화가 풍성했던 곳, 바로 이집트다. 이집트 제2중간기에 일어난 풍우신 수용의 과정, 주체,

경과, 영향 등은 뒤에서 다시 자세히 볼 것이다.

풍우신의 전면적 확장

이 시대의 풍우신에 주목해야 한다. 특이하게도 하다드는 시리아 출신이었는데 이미 기원전 3천 년대에 (또는 그 이전에) 메소포타미아의 주요 신으로 자리를 잡았다. 그리고 다시 고대근동 전역으로 퍼져나갔다. 왜 그토록 선호되었을까? 건조한 이 지역에서 비와 바람을 뿌리는 그의 능력이 긴요했기 때문이다(그림 29 참조).

> 비와 바람은 풍우신의 양면적 성격을 대표하는 표상이다. '바람'은 강력하고 예측할 수 없는 힘이자 정치적 권력으로, '비'는 풍요로운 농업 생산물을 위한 필수 조건으로 경험되었다. 풍우신이 현현하면 우선 큰 바람이 일어 모든 것을 쓸어버린다. 하지만 동시에 비가 내려 대지를 촉촉히 적셔 풀과 나무가 자라고 곡식과 과일이 여문다. 그린은 수메르 시대부터 풍우신에 관한 이런 '이원적 인식'(dual preception)이 존재한다고 설명한다. 한편으로 비를 내려 대지를 촉촉히 적시기 때문에 온화하고 생명을 유지하는 신이면서, 다른 한편으로 비바람의 파괴적 힘을 지닌 공포의 대상이라는 것이다.(졸저 2018a, p. 155)

하다드는 고대근동 전역에서 인기가 높았다. 서부 셈어로는 하다드라고 부르지만, 아카드어(=동부 셈어)로 그의 이름은 '아다드'(*Adad*)였다. 샴쉬-아다드 등의 이름에서도 볼 수 있듯, 아시리아 임금들의 이름 등에 흔하게 쓰인다. 그만큼 대중적인 신이

[그림 29] 히타이트의 풍우신

명문이 없지만 히타이트의 풍우신이 거의 확실하다. 타르훈(*Tarḫun*) 또는 타르훈트(*Tarḫunt*)라는 이 풍우신은 한 손에는 무기를(곤봉일 것이다) 다른 한 손에는 번개다발을 들었고 황소를 탔다. 풍우신인 바알이나 하다드의 도상도 거의 이와 비슷하다. 타르훈은 줄여서 타르(*Tar*)라고도 했는데, 그리스의 제우스에 영향을 주었고 현대 영화에서 인기있는 토르(*Thor*)도 여기서 나왔다. 비바람의 신은 시리아-팔레스티나뿐 아니라 히타이트에서도 중요하게 섬겼고 멀리 이집트에도 영향을 끼쳤다.

기원전 2천 년대 고대근동 전역에 확산된 신이지만 유독 이스라엘에서는 큰 논쟁을 일으켰던 이 신의 성격을 정확히 아는 것은 고대근동의 역사나 종교를 이해하는 데 매우 중요할 것이다. 앙카라 히타이트 박물관.

었다고 볼 수 있다. 한편 하다드의 고향 시리아 지역에서 그는 '주님'(*Baʕal*), 곧 바알이라고 불렸다. 그런데 보통명사인 '주님'이라는 호칭이 고유명사화된 것이 바알 신이다. 그러므로 하다드와 바알은 거의 같은 신이다. 무척 특이하게 보통명사가 고유명사가 된 경우다(우가릿의 '엘'도 그렇게 해석할 여지가 있다). 그러므로 '바알'은 그저 '주님'이다. 보통명사였기 때문에 바알의 확장성은 더 좋았을 것 같다. 한편 시리아-팔레스티나에서 발원한 풍우신은 힉소스 통치를 계기로 이집트로 확장된다. 이집트의 고유신 세트(*Seth*)와 융화되어 세트의 성격이 변화하며 이집트를 대표하는 신으로 승격되는 과정은 이집트 제2중간기를 다루면서 다시 보겠다.

더 읽어보기 4

메소포타미아와 이웃들

1. 다음을 읽고 기원전 2천 년대 전반기 메소포타미아, 아나톨리아, 시리아-팔레스티나 지역의 상황을 파악하라.

    - 마르크 반 드 미에룹, 『고대근동의 역사』, 김구원 옮김, CLC, 2010, pp. 137-164.
    - 클라이스 R. 빈호프, 『고대 오리엔트 역사-알렉산더 대왕 시대까지』, 배희숙 옮김, 한국문화사, 2015, pp. 79-90, 109-124.
    - 조르주 루, 『메소포타미아의 역사 1』, 김유기 옮김, 한국문화사, 2013, pp. 237-263.
    - 조르주 루, 『메소포타미아의 역사 2』, 김유기 옮김, 한국문화사, 2013, pp. 1-24.
    - A. Kuhrt, *The Ancient Near East - c. 3000-330 BC, vol. I*, Routledge, 1995, pp. 74-108.

2. 다음을 읽고 기원전 2천 년대 전반기 메소포타미아와 아나톨리아의 대국들의 특성과 역사를 파악하라. 그리고 그들이 충돌하고 뒤이어 도래하는 암흑시대에 대해 정리하라. 이 시대를 알려 주는 사료에 주의하라.

    - 마르크 반 드 미에룹, 『고대근동의 역사』, 김구원 옮김, CLC, 2010, pp. 165-192.
    - 클라이스 R. 빈호프, 『고대 오리엔트 역사-알렉산더 대왕 시대까지』, 배희숙 옮김, 한국문화사, 2015, pp. 125-159.
    - 조르주 루, 『메소포타미아의 역사 1』, 김유기 옮김, 한국문화사, 2013,

pp. 264-303.

- 조르주 루, 『메소포타미아의 역사 2』, 김유기 옮김, 한국문화사, 2013, pp. 25-82.
- A. Kuhrt, *The Ancient Near East - c. 3000-330 BC, vol. I*, Routledge, 1995, pp. 109-117.
- D. O. Edzard, *Geschichte Mesopotamiens - Von den Sumerern bis zu Alexander dem Großen*, C.H.Beck, 2009, pp. 112-134.

3. 다음을 읽고 초기 히타이트 시대를 파악하라. 히타이트의 발굴사와 연구사, 그리고 연표 재구성의 방법과 사료에 주의하라.

- 비르기트 브란다우, 하르트무트 쉬케르트, 『히타이트』, 장혜경 옮김, 중앙M&B, 2002, pp. 7-110.
- 이희철, 『히타이트-점토판 속으로 사라졌던 인류의 역사』, 리수, 2004, pp. 15-96.
- J. Klinger, *Die Hethiter*, C.H.Beck. 2012, pp. 7-61.
- H. Klengel, *Geschichte des Hethitischen Reiches*, Brill, 1999, pp.17-84.

4. 다음을 읽고 이 시기 고대근동 전역에 확산된 풍우신 섬김을 파악하라. 각 지역에서 병행하는 풍우신 신앙의 특징과 서로 교류한 흔적을 확인할 수 있는 사료에 주의하라.

- Daniel Schwemer, "The Storm-Gods of the Ancient Near East: Summary, Synthesis, Recent Studies, Part I", *JANER 7.2*, Brill, 2007, pp. 121-168.
- Daniel Schwemer, "The Storm-Gods of the Ancient Near East: Summary, Synthesis, Recent Studies, Part II", *JANER 8.1*, Brill, 2008, pp. 1-44.
- A. R. W. Green, *The Storm-God in the Ancient Near East, Biblical and Judaic Studies vol. 8*, Eisenbrauns, 2003.
- Lluís Feliu, *The God Dagan in Bronze Age Syria*, transl. by W. G. E. Watson, Brill, 2003.
- 졸저, 「'폭풍신'이 아니라 '풍우신'(風雨神)이다-Storm God의 번역어와 특징」, 『종교신학연구』 11호, 성공회대학교 신학연구소, 2018, pp.149-186.

이집트 중왕국
: 테베인들의 세상

고왕국이 무너지며 시작된 제1중간기에는 여러 왕조가 경쟁했다. 남부 테베(*Thebe*) 출신의 아메넴헤트 1세(*Amenemhet I*)는 본디 11왕조 멘투호텝 2세(*Mentuhotep II*)의 신하였다. 그는 쿠데타로 정권을 잡고 새 왕조를 열었다. 중왕국의 시작이었다. 12왕조는 안정되었다. 한 가문에서 200년 넘게 8세대가 왕위를 이어 갔다. 경제도 발전했고 문화가 꽃피었다.

주축은 테베인들이었다. 테베는 이집트 남동부에 위치한, 무척 완고하고 정통의식이 높은 느낌의 도시다. 이 도시는 앞으로 이집트 역사에서 중요한 역할을 수행할 것이다. 테베를 빼고 고대 이집트의 정치와 종교를 논할 수 없다.

순환하는 두 임금과 여성 파라오

멤피스 근처에 새 수도가 지어졌다. 이집트어로 '이치-타위'(*Itj-Tawy*)라는 새 도시는 아직 대강의 위치만 알 뿐이다. 제1중간기의 혼란을 수습한 중왕국은 다시금 강력한 중앙집권을 추구했다. 아메넴헤트는 제1중간기에 발흥한 지방의 노모스들을 제압하는 일에 열심이었다. 강력한 중앙집권을 이루기 위해 지방에 계획적으로 정착촌을 만들고 지방 신전도 지었다. 경제적으로는 지방을 내부식민지로 만들었다(Mieroop 2011, pp. 104-105). 그리고 이집트를 세 토막 내어 다스렸다. 상·중·하 이집트의 행정체계는 효율이 높았다.

테베에서 중앙으로 진출한 왕족은 새롭고 참신한 왕위계승 정책을 실시했다. 임금이 죽기 전에 태자(太子)를 왕위에 올리는 것이다. 섭정(攝政)의 성격이 강하지만, 공식적으로는 두 임금이 함께 다스리는 것이다. 왕위를 이을 후계자가 정권에 공식적으로 참여함으로써 후계를 둘러싼 잡음을 미리 차단하는 묘책이었다. 게다가 중왕국의 임금은 이름이 둘 뿐이다. 그러니 상왕과 임금, 임금과 태자의 이름이 늘 교차한다. 이런 제도는 항구한 통치를 염두에 둔 것이리라. 구체적으로는 다음과 같다(연대는 Mieroop 2011의 부록을 따랐다).

아메넴헤트 1세(기원전 1985-1956년)
세누스레트 1세(기원전 1956년 이전-1911년)
아메넴헤트 2세(기원전 1911년 이전-1877년)
세누스레트 2세(기원전 1877년 이전-1870년)
세누스레트 3세(기원전 1870년 이전-1831년)
아메넴헤트 3세(기원전 1831년 이전-1786년)
아메넴헤트 4세(기원전 1786년 이전-1777년)

결국 중왕국 200여 년 내내 '아메넴헤트'와 '세누스레트'(*Senusret*)만 임금인 것이다. 2세니 3세니 하는 호칭은 후대의 학자들이 붙인 것이니 이 시대를 살다 간 중왕국의 사람들에게 파라오의 이름은 오직 두 개뿐이었다. 임금과 후계자가 함께 다스리니 이를 대개는 공동통치제(co-regent)라고 부르지만, 두 임금이 순환하는 것이니 "순환 왕권"(rotating kingship. Mieroop 2011, p. 100)이라고도 할 수 있다. 이 시기 파라오의 호칭 중에는 '출생을 반복하는 자'가 있었다. 중왕국은 항구하게 순환하며 탄생하는 파라오가 다스리는 나라였다.

이 왕위계승 제도에 얽힌 흥미로운 이야기가 있다. 아메넴헤트 1세는 암살로 죽었다. 그런데 이미 몇 년 전에 태자인 세누스레트 1세를 왕위에 앉혀 놓았기 때문에 사직을 지킬 수 있었다. 암살 사건 당시 세누스레트는 원정에 나가 있었는데(아마 치밀하게 계획된 암살이리라) 이런 공동통치제가 없었더라면 왕위가 엉뚱한 곳으로 갈 수도 있었다. 이런 역사적 경험 때문인지 중왕국의 후대 임금은 이 제도를 내내 잘 지켰다. 그리고 이 암살 사건 때 위험을 느껴 팔레스티나로 탈출한 사람의 이야기가 이집트 문학의 고전으로 남았다. 바로 『시누헤 이야기』다(우리말 번역은 다음을 보라. *ANET-K*, pp. 58-66).

그런데 항구한 순환이 멈추는 일이 일어났다. 마지막 임금이 그만 아들이 없었던 것이다. 그래서 이집트 역사상 최초로 여성이 임금에 올랐으니 바로 소베크네페루(*Sobekneferu*, 기원전 1777-1773)이다. 아쉽게도 그녀는 여성 통치자라는 약점을 극복하지 못하고 단명했다. 그리고 12왕조는 몰락했다. 13왕조는 12왕조를 이어 안정되게 다스렸지만 말기로 가며 점차 약해졌다. 13왕조의 기록은 별로 남아 있는 것이 없다.

소베크네페루가 최초의 여성 파라오는 아닐 수도 있다. 고왕국의 제1왕조에 메르네이트(*Merneith*, 기원전 2950년경)가 여성으로서 이집트를 다스렸을 가능성이 있기 때문이다. 하지만 그녀에 대해서는 기록이 거의 없다. 메르네이트를 최초의 여성 파라오로 잡는다면 중왕국의 소베크네페루는 두 번째 여성 파라오가 될 것인데, 아쉽게도 그녀에게서 왕조가 끊어지고 말았다. 이에 신왕국의 새로운 여성 파라오는 전혀 다른 통치 근거를 만들어 내야 했을 것이다. 새로운 여성 파라오는 신왕국 편에서 만나 보자.

여전히 중앙의 나라

중왕국은 외부를 중요하게 인식했다. 우선 교역이 중요했다. 시나이 반도의 광산에서는 구리나 터키옥을 캤고 레바논에서는 목재를 들여왔으며 지중해를 통해서 우가릿과 비블로스와도 교역했다. 육로도 중요했다. 지중해 동편 해안가의 평평한 지대를 이어서 '이집트-시나이 반도-팔레스티나-레바논'으로 이어지는 길, 곧 해안길(via maris)은 중요 교역로였다.

그런데 중왕국 시대에 외적은 이집트를 조금 더 괴롭혔다. 주로 남쪽의 누비아(=쿠쉬)와 동쪽의 (시나이 반도를 넘어) 시리아-팔레스티나가 초점이었다. 임금은 원정을 나갔다. 때로는 외적을 섬멸했고 때로는 그저 교역을 안정화하는 정도였다. 이런 원정은 메소포타미아와 확연히 달랐다. 이집트는 풍요로운 중심을 위해 필요한 자원과 교역을 원했을 뿐이다. 이집트는 위험을 무릅쓰고 먼 나라와 교역을 반드시 성공시켜야 생존하고 번영하는 나라가 아니었다. 상인정신 같은 것은 주류가 되지 못했다. 이웃 나라와 치열한 외교전이나 원교근공 같은 전략도 찾아보기 어려웠다. 외부는 '자동적으로 적대적인 세력이요 비문명의 세력'이므로 폄하하거나 무찔러야 했다(Mieroop 2011, p. 108). 또는 벽을 세워 막아야 했다. 아메넴헤트 1세는 시리아-팔레스티나 지역을 염두에 두고 동쪽에 '통치자의 성벽'을 세웠다(빈호프 2015, p. 95).

문학의 르네상스 시대

정치도 경제도 외교도 안정된 시대였다. 이집트는 항구하게 순환하는 영화(榮華)의 나라였다. 자연스레 문학이 꽃피었다. 중왕국 문예부흥에는 독특한 배경이 있다. 고왕국이 무너지고 제1중간기의 혼란을 경험한 것이 크게 작용했다. 신의 나라가 무너졌다는 사실은 그 자체로 큰 충격이었을 것이다. 이어 혼란기에는 각자도생해야 할 뿐, 신도 임금도 무용지물이라는 경험이 쌓였다. 제1중간기 사람들은 고왕국에서는 경험할 수 없던 "개인적 자유"(Mieroop 2011, p. 122)를 체험했다. 게다가 중왕국의 세누스레트 1세부터 왕권을 합리화하는 문학, 이른바 "왕권주의 문학"(royalist literature. Kuhrt 1995 I, p. 171)을 장려했다. 물론 중왕국의 안정과 번영도 든든한 뒷받침이 되었을 것이다.

그 결과 12왕조 이전에는 나일강 계곡에 언급할 만한 문학작품이 없었지만(Wilkinson 2010, chap. 8.2. para. 5) 세누스레트 1세 이후에는 앞서 언급한 『시누헤 이야기』 외에도 『하프 연주자의 노래』, 『네페르티의 예언』, 『아메넴헤트 1세의 가르침』, 『난파선의 선원 이야기』 등이 줄줄이 나왔다. 이들은 모두 이집트 문학의 고전이 되었다. 그리고 중왕국의 문체와 언어는 후대의 표준이 되었다.

흔히 '고대 이집트어'라고 하면 중왕국의 언어를 일컫는다.

중왕국과 거의 비슷한 시기에 바빌론에서는 수메르-아카드 문학의 고전이 기록되었다. 서로의 존재를 분명 알고 있었지만 직접 교류는 거의 이루어지지 않던 시기였다. 그럼에도 두 문명이 서로 공명하는 현상은 흥미롭다.

새로운 최고신
아문-레

중왕국 시대에는 고전 문학이 꽃피었고, 신학도 크게 변했다. 이집트를 대표하는 신, 곧 국가신이 셋이나 되었다. 중왕국 시대에 일어난 종교와 신학의 변화를 알면, 신왕국 시대의 정신세계를 이해하는 데 도움이 될 것이다.

왕권신학의 변화

고왕국과 중왕국의 임금들이 자신을 드러내는 방법은 달랐다. 고왕국에서는 국력을 총동원해 거대 피라미드를 지었을 뿐 임금 각자의 개성은 드러나지 않았다. 피라미드의 가장 깊숙한 곳에 접근하는 자만이 임금의 진짜 얼굴을 알현할 수 있었다. 죠세르 임금의 상(그림 14)은 피라미드 내부의 가장 은밀한 곳에서 발견된 것이다. 카프레의 피라미드 앞에 놓인 거대한 스핑크스의 얼굴이(그림 19) 카프레의 얼굴일 것으로 추측하지만, 그래도 그것은 임금의 온전한 모습은 아니었다. 고왕국의 임금들은 이렇게 얼굴이 감추어져 있었다. 임금의 통치는 거대 피라미드로 경험되는 것이었다.

하지만 중왕국의 임금들은 석상, 부조, 문학 등을 통해 다채롭게 자신을 드러냈다(Kuhrt 1995 I, p. 165). 그래서 대중들이 임금의 용맹함이나 지도력을 실생활에서 직접 경험하기가 훨씬 용이해졌다. 총력전으로 거대 피라미드만을 짓던 시대가 가고, 작고 예쁘고 다채로운 것을 만드는 나라가 된 것이다. 대중들이 보고 들을 것이 훨씬 풍부해졌다.

거대 피라미드 건설을 완전히 포기한 것은 아니었다. 르네상스 시대의 중왕국에는 복고의 경향도 뚜렷했다. 아메넴헤트 2세는 다슈르에 한 변이 80미터에 이르는 피라미드를 건설했다. 그의 아들 세누스레트 2세도 엘-라훈(el-Lahun)에 큰 피라미드를 지었다. 엘-라훈 근처 카훈(Kahun)에서 세누스레트 2세의 피라미드

[그림 30] 메케트레의 부장품들 1

메케트레(*Meketre*)는 기원전 20세기경 인물이다. 그는 본디 11왕조 멘투호텝 2세의 신하였는데, 12왕조의 창시자 아메넴헤트 1세 아래에서도 고위직을 유지했다. 테베 근처 그의 무덤에서는 이런 나무 모형들이 많이 나왔다. 이 유물들은 기원전 2천 년대 전반기의 것이라고는 믿기지 않을 정도로 정교하고 생생하다.

고왕국의 거대 석조 피라미드에서는 피안의 영원함을 향하는 초인적 열정을 느낄 수 있었지만, 중왕국의 이런 아기자기한 부장품들에서는 실생활에 주목하는 시선을 확인할 수 있다. 시대정신이 변한 것이다. 중왕국은 문학과 예술이 꽃피는 르네상스 시대였다. 카이로 이집트 박물관.

[그림 31] 메케트레의 부장품들 2

메케트레의 부장품은 생동감이 풍부하다. 청동기 시대 이집트의 일상, 노동, 기술, 도구, 관계 등을 알려 주는 소중한 자료다. 여성 노동자들은 옷을 잘 입고 눈화장 등도 잘 했으며 노동도구도 잘 갖추었다. 카이로 이집트 박물관.

[그림 32] 메케트레의 부장품들 3

남성 노동자들도 옷과 노동도구를 잘 갖추었고 작업장의 질서도 잘 잡혀 있음을 알 수 있다. 그림 가운데 판자를 자르다가 톱이 딱 멈춘 것을 보라. 마치 현대의 비디오로 촬영해 남긴 것 같다. 카이로 이집트 박물관.

를 짓던 노동자들의 도시가 발견되어 당시 건설현장의 삶에 대해 풍부한 자료를 전해 준다. 중왕국의 피라미드는 아메넴헤트 3세의 것이 가장 크다. 그는 다슈르에 한 변이 104미터짜리를, 하와라(Hawara)에는 한 변이 102미터짜리를 지었다. 4왕조의 세누스레트 이래 거의 200년 만에 피라미드의 시대가 온 것 같다.

그런데 중왕국의 피라미드는 고왕국처럼 돌로 지은 것이 아니라 흙벽돌을 쌓은 것이다. 흙벽돌을 쓴 이유는 비용 때문인 듯하다. 멀리 채석장에서 돌을 잘라 운반하는 것보다 햇볕에 말려 흙벽돌을 얻으면 훨씬 간단하고 저렴했기 때문이다. 하지만 흙벽돌은 내구성이 약하다는 치명적인 단점이 있다. 그래서 고왕국의 피라미드는 지금도 웅장하게 서 있지만, 수백 년 후 중왕국이 지은 피라미드는 많이 무너져 온전한 모습으로 남은 것이 거의 없다. 어떤 것은 그저 야트막한 언덕처럼 보일 정도다. 때문에 중왕국은 단순히 고왕국의 흉내를 낸 것 같은 인상도 준다.

왜 거대 피라미드를 고왕국처럼 짓지 못했을까? 파라오의 의지가 약화된 것 같지는 않다. 다만 시대가 달라지고 사람들의 생각이 변했다. 그런 일에 고왕국처럼 국가적 자원을 총동원하지 못한 것이다. 그 배경에는 여러 가지 이유가 있겠지만 외적이 과거와 같지 않다는 것도 포함될 것이다.

이집트의 신

그 밖에도 중왕국에서 새롭게 시도된 종교적·신학적 흐름이 몇 가지 있다. 가장 중요한 것은 이집트라는 국가를 대표하는 신에 대한 새로운 성찰이 시작되었다는 점이다. 고왕국에서 이집트를 대표하는 신이라면 태양신 레(*Re*)와 수도 멤피스의 최고신 프타(*Ptah*)였다. 레는 모든 신들의 신이요 프타는 지상의 최고 존재가 좌정한 수도의 신이었다. 둘 다 창조신이었고 높은 신이었다. 그런데 중왕국에서는 새로운 신이 하나 추가되었다. 바로 테베의 신 아문(*Amun*)이었다.

테베인들이 정권을 잡았으니 아문 신앙이 전보다 확산된 것은 이해할 수 있다. 문제는 신학적 질문이다. 아문의 위상이 아무리 높아도 레나 프타처럼 이집트를 대표하는 신이라고 할 수 있을까? 만일 아문이 국가를 대표하는 최상위급의 신이라면, 과거의 프타와 레는 어떻게 되나? 그리고 세 신은 서로 어떤 관계인가? 결론을 말하면 테베인들은 아문을 이집트를 대표하는 등급으로 격상시켰고, 그 결과 중왕국에서 이집트의 국가신은 셋이 되었다. 삼신론(Triad. 빈호프 2015, p. 93. '삼위일체'는 오역이다)의 시대가 온 것이다.

아문은 프타가 아니라 레와 융합되어 '아문-레'(*Amun-Re*)가 되었다. 중왕국의 대표신이다. 아무래도 레가 프타보다 조금 더 높다고 할 수 있으니 아문은 이제 최고신의 반열로 올라간 것이다. 이는 정치적으로 큰 의미가 있다. 테베인들이 새롭게 세운 도시 이치-타위는 수도이므로 멤피스 급의 도시다. 하지만 왕조의 뿌리인 테베는 그보다는 더 높은 급의 도시가 되어야 했다.

태양신 레를 주신(主神)으로 섬기는 헬리오폴리스는 고왕국부터 종교적 명성이 높았다. 그런데 아문이 레와 하나가 되었으니 테베도 이제 헬리오폴리스와 같은 급의 도시로 격상된 셈이다. 헬리오폴리스가 나일강 삼각주에 있고 테베는 남쪽에 있으니, 테베는 이제 남쪽의 헬리오폴리스요 헬리오폴리스는 북쪽의 테베인 셈이다. 결과적으로 테베는 이제 다른 도시들과는 격이 달라졌다. 삼신론의 시대라고 하지만, 잘 들여다보면 레와 융합된 아문이 프타보다는 조금 높은 것 같다. 아문-레를 만들어 낸 테베인들은 대단한 사람들이었다.

오시리스 믿음의 확산과 지방 신전

이 시대에 오시리스(*Osiris*) 신앙도 확산되었다. 고왕국 이전부터 아비도스에는 임금들이 묻혔다. 그런데 오시리스 신앙에 기반하여 아비도스로 순례하는 종교적 관행이 중왕국 시대에 널리 퍼졌다. 사람들은 아비도스 근처에 묻히기를 원했지만, 그럴 수는 없었다. 임금이나 귀족들은 저마다 다양한 곳에 묻혔다. 그들은 그저 아비도스 근처에 경당(chapel)이라도 하나 세우길 원했다. 이미 11왕조의 멘투호텝 2세부터 그런 건물을 짓기 시작해 중왕국의 임금과 귀족은 경쟁적으로 비슷한 건물을 세웠다. 이런 건물을 '빈 무덤'(κενός + τάφος)이란 뜻에서 추모경당(cenotaph, 또는 '위령비') 이라고 한다. 일부는 아예 추모경당과 무덤을 모두 아비도스에 쓰기도 했다.

왜 이런 신심이 확산되었을까? 아마 저승에 대한 생각이 달라졌기 때문일 것이다(Mieroop 2011, p. 120). 고왕국에서는 임금의 거대 석조 피라미드가 중요했다. 아마도 임금과 함께 묻힌다는 생각이 강했을 것이다. 귀족들은 임금의 거대 피라미드 옆에 마치 군대가 정렬하듯 묻혔다. 오와 열을 따라 지은 마스타바는 마치 죽어서도 파라오와 함께 있겠다는 굳은 의지를 보여 주는 것 같다. 하지만 이제 각자가 사후에 오시리스 앞에서 심판받는다는 '개인주의적' 생각이 퍼졌다. 아마 제1중간기의 혼란한 상황을 경험하고 이런 신앙이 퍼진 것이리라.

그리고 중왕국부터 지방 신전을 대대적으로 건설한다. 이는 중앙집권적 행정과 맞물려 있는 것 같지만 종교적 성찰의 변화와도 무관하지 않을 것이다. 고왕국 시대에는 멀리 수도에 있는 임금과 피라미드를 위해서 나라 전체가 총력전을 치렀다면, 이제는 더 가까운 곳에서 더 다양한 신을 경험할 수 있는 시대가 되었다. 자기 고향의 신을 위한 신전을 짓고 자기 고향에서 신관(神官)을 배출하는 시대가 열린 것이다. 그리고 그런 지방 신전을 중앙에서 짓고 관리하는 체계는 여전히 중앙집권적 통치에 효율적이었을 것이다.

임금의 새로운 호칭

이집트를 대표하는 신도 바뀌었으니 임금에 대한 생각도 영향을 받을 수밖에 없을 것이다. 저자가 개인적으로 가장 흥미롭게 읽은 것은 임금에 대한 새로운 호칭이 등장한 자료다. 앞서 보았듯 테베 출신의 파라오들은 왕권주의 문학을 장려했다. 세누스레트 1세는 "그 앞에 아무도 없네"(no other came to be before him)라고 불렸다. 스스로 단독자로 불린 것이다 세누스레트 3세는 "홀로 거룩한 분"(unique divine being)이라고 불렸다(*CANES III & IV*, p. 2706). 이런 호칭은 왕권의 거룩함을 드러내는 표현인데, 이집트를 대표하는 존재에 대한 논쟁과 맞물려 무척 흥미롭다. 다신교 사회에서 발전한 이런 호칭은 '유일성'보다는 '최고성'을 표현하는 말이다. 자족하고 완전한 최고의 존재에 대한 '역사적 기원'을 여기서 찾을 수 있을까? 이런 표현을 구약성경에서 비교적 쉽게 볼 수 있다는 점도 주목하자.

중왕국의 내면

중왕국은 여러모로 고왕국과 내면이 달랐다. 사람들은 경험세계의 다양함에 시선을 돌렸다. 그들은 인생의 기쁨을 즐겼다. 문학과 신학이 만개했다. 이집트를 대표하는 신과 인간에 대한 새로운 생각과 표현이 확산되었다. 이제 사람들은 저마다의 심판과 저승을 생각했다. 임금의 사후를 위해 거대 건물축을 짓던 나라는 이제 각자의 지방 신전을 찾는 사회로 변했다. 고왕국의 질서는 더 이상 유효하지 않았다.

제2중간기
: 낯선 지배자 힉소스

중왕국도 고왕국도 무너지는 과정은 비슷했다. 권력의 핵심부가 분열했고, 중앙이 허약해지자 지방의 노모스가 반란을 일으켰다. 그런데 두 번째 혼란기는 '내전의 시기'가 아니었다. 이집트가 처음으로 외적의 지배를 받았다. 낯선 지배자들은 이집트에 동화되려고 애썼지만 이집트인들의 마음은 이들을 거부했다. 힉소스의 발자국은 크게 남았다.

아바리스의 힉소스

제2중간기는 힉소스(Hyksos)가 대표한다. 이 이름은 '낯선 땅의 지배자'를 의미하는 '헤카-하수트'(*ḥqꜣ-ḫꜣswt*)를 그리스어로 /**휙소-스**/(Ὑκσώς)로 음역한 것에서 나왔다. 후대의 이집트 왕조는 오랑캐가 통치한 시대를 수치로 인식했다. 그래서 기록을 철저히 지웠기 때문에 사실 이들에 대해 고대 이집트인들이 남긴 것이 거의 없다. 하지만 고고학 등의 성과로 이제는 과거보다 조금 더 생생히 알 수 있게 되었다.

아바리스(Avaris)라는 도시에서 시작하는 것이 좋겠다. 13왕조 시기에 이 도시의 거주민이 증가했다. 대략 기원전 17세기가 시작될 즈음 아바리스는 고대근동에서 가장 큰 도시 가운데 하나로 성장했다. 아바리스는 나일강 삼각주 동편에 위치했기 때문에 '시리아-팔레스티나-시나이 반도'의 경로로 외부인들이 들어와 정착하기 쉬웠다. 실제로 아시아식의 무덤 등이 출토되어 이런 추측을 뒷받침한다. 물론 이들 외에 토착 이집트인과 다른 민족들도 섞여 살았기 때문에 아바리스는 국제적 다양성을 갖춘 도시였다. 그러므로 힉소스는 하나의 민족이 아니라 혼종이다. 다만 시리아-팔레스티나계가 주도했던 것 같다.

고고학적 발굴에 따르면 아바리스는 13왕조가 저물던 시기에 성벽을 쌓고 요새화된다. 부유하고 거대하고 다양한 상업도시가 무력마저 갖춘 것이다. 아바리스는 13왕조가 휘청거릴 때 더욱 성장해 17세기 중반에 고왕국의 수도 멤피스를 정복한다. 이집트 역사상 최초의 이민족 통치가 시작된 것이다. 힉소스의 멤피스 함락은 이 시기의 충격적 사건이다. 변방의 민족이 중앙을 차지했으니 히타이트가 바빌론을 함락한 사건에 견줄 수 있을 것이다.

제2중간기는 어지러웠다. 13왕조의 멸망을 제2중간기의 시작으로 치는데, 14-17왕조와 남부의 누비아(*Nubia*) 왕조는 경쟁하며 이집트를 나누어 다스렸다. 그래서 연대나 영역이 서로 겹친다. 이 시기의 연대는 연구자들에게 '악몽'과 같다(Mieroop 2011, p. 127). 어지러운 시기에 힉소스의 15왕조는 가장 강한 세력이었다.

시리아-팔레스티나계 이주민들

아바리스에 정착한 시리아-팔레스티나계 사람들은 어디서 어떻게 온 것일까? 우리는 앞에서 기원전 2천 년대 전반기의 상황을

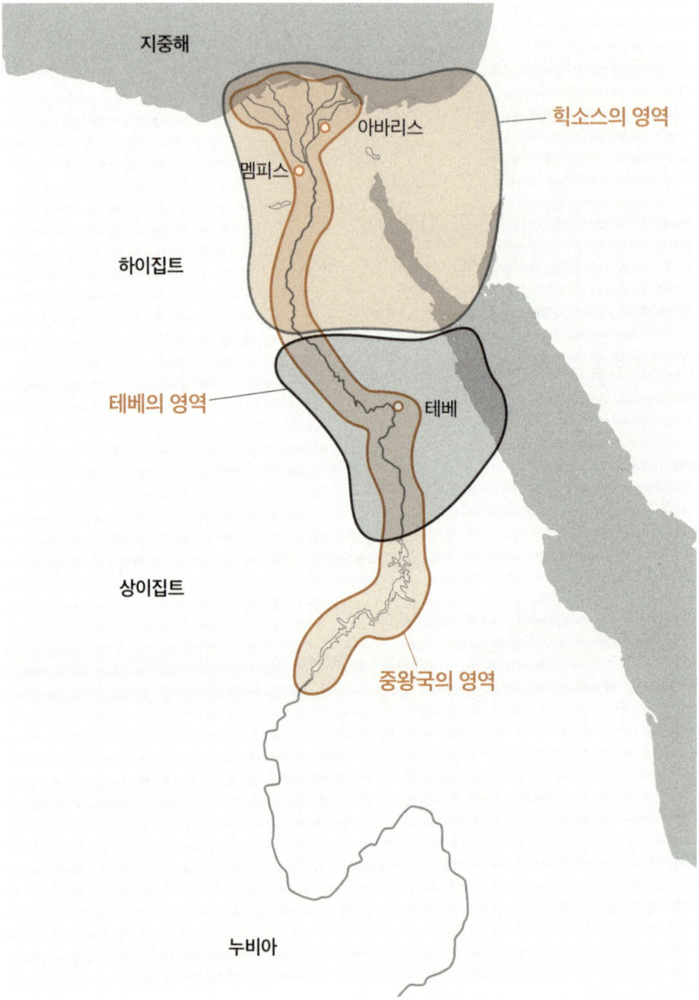

[그림 33] 제2중간기의 대략적 상황

제2중간기의 삼분구도를 잘 볼 수 있다. 나일강을 따라 갈색 선으로 길게 표시한 지역이 중왕국의 영토다. 제2중간기에 북쪽의 풍요로운 나일강 삼각주, 고왕국의 수도 멤피스, 그리고 시나이 반도를 힉소스의 15왕조가 차지했다. 중간 지역은 테베인들이, 더 남쪽은 누비아인들이 다스렸다.

보았다. 앗슈르의 샴쉬-아다드 1세, 바빌론의 함무라피, 히타이트의 핫투쉴리 1세와 무르쉴리 1세는 도시국가들의 무한 경쟁 상황에서 영역국가를 세웠다. 그리고 시리아 지역에서 동쪽으로 이주한 가난한 아무르인들도 보았다. 이 시기에 시리아-팔레스티나의 주민 일부는 남쪽으로 이주한 것 같다. 더 많은 식량과 기회를 찾아서 왔을 이들이 힉소스 정권의 모체가 되었을 것이다. 물론 이런 추정에는 상당한 가설이 전제되어 있다. 힉소스가 말과 전차라는 혁신적인 전쟁기술을 이집트에 도입했다는 주장도 있다. 그렇다면 이들은 이런 혁신적인 기술을 어디서 배웠을까? 아마 히타이트나 밋탄 등의 경험을 적용했을 것이다. 힉소스는 단일한 민족이 아니다. 서부셈어 사용자가 주류였을 듯하지만 힛트인이나 후르인도 섞여 있을 가능성이 크다. 참고로 이런 설명의 골자는 점차 '이주'해 세력을 넓히다가 결정적 순간에 하이집트를 '정복'했다는 것이다. 이주설과 정복설 가운데 어느 하나가 배타적으로 맞다고 하기 힘들다.

지금까지의 정황은 구약성경의 창세기-탈출기 이야기를 연상시킨다. 실제로 요셉과 그의 일가를 이 당시 이집트에 들어온 시리아-팔레스티나계 이주민으로 상정하면(창세 38-50) 그럴듯하다. 요셉은 온(=헬리오폴리스)의 사제 포티페라의 사위가 되어(창세 41,45. 50; 46,20) 출세했는데, 헬리오폴리스는 아바리스에서 그리 멀지 않고 나일강 삼각주 동편에 있어 시리아-팔레스티나계 주민들이 가장 먼저 닿는 도시 가운데 하나였다. 탈출기를 보면 "새 임금이 이집트에 군림하게 되었다"(탈출 1,8)는데 이는 힉소스 왕조가 망하고 신왕국이 들어선 것으로 볼 수 있고, 새 나라에서 이스라엘인들은 "피톰과 람세스를 짓게 되었다"(탈출 1,11)는데 실제 이 도시는 아바리스에서 북쪽으로 2킬로미터 정도 떨어져 있으니 역사적 정황은 이보다 더 잘 맞기가 힘들 정도다.

여기서도 놓치지 말아야 할 점은 이스라엘 사람들이 도시를 완전히 장악하지 못했다는 점이다. 구약성경에 따르면, 모세가 이끌던 무리는 작은 성읍을 하나 달라거나 신전 건축을 허락해 달라고 요구하지 않고, 파라오에게 광야로 나가게 해달라고 청했다(탈출 5,1). 고대근동 세계의 사정을 고려하면 참으로 특이한 요구다. 그들은 성읍도 신전도 없던 자신의 종교적 정체성을 놓지 않으려 한 것일까?

동화의 노력

힉소스는 이집트에 동화되기 위해 무척 애를 썼다. 마치 이집트식으로 모든 것을 맞춘 듯했다. 임금의 이름에는 전통의 태양신 이름을 썼고, 종교에서도 레 신앙을 권장했다. 이집트 고유의 '순수한 레 신앙'을 권장한 듯한 태도는 테베인들과의 경쟁을 의식한 행보일 수도 있다. 12왕조의 테베인들이 아문 신을 국가신으로 높인 것에 비하면 힉소스가 훨씬 전통적으로 보일 정도였다. 기타 통치 스타일과 문화도 모두 이집트식이었다. 힉소스 왕조에서는 서기관도 중왕국의 스타일을 따랐다.

창세기의 요셉도 이렇게 이집트에 잘 동화했다. 요셉은 이집트어도 네이티브처럼 완벽히 익혔다(창세 42,23). 그의 형제들도 그를 알아보지 못할 정도로(창세 42,8) 그는 완벽히 '이집트화'되었다. 창세기의 요셉 이야기에는 종교적 갈등이 전혀 보이지 않는다. 모세는 이집트의 지배층과 종교적으로 갈등했지만 요셉은 이집트인과 잘 지냈다.

바알이 된 세트

동화의 노력은 역설적 결과를 낳았다. 동화를 통해 이집트 종교와 문화에 힉소스의 자국이 크게 남았기 때문이다. 힉소스의 15왕조를 거치며 풍우신 신앙이 이집트에 수용되었다. 앞에서 우리는 기원전 2천 년대 전반부에 풍우신 신앙이 고대근동 전 지역에 확산되어 각 지역별로 독특하게 이를 수용했음을 보았다. 이집트도 이 시대적 흐름을 비껴갈 수 없었다. 힉소스는 아바리스에서 시리아-팔레스티나에서 믿던 바알(또는 하다드)을 섬겼다. 이집트 신들 가운데 비바람을 내리는 능력은 사막의 신이자 폭풍의 신인 세트(*Seth*)가 지니고 있었다(그림 34). 그래서 세트와 바알은 "빠르게 동화되었다"(Wilkinson 2010, chap, 9.3, para. 3). 이 당시 바알과 함께 이집트에 들어온 시리아-팔레스티나의 신들이 있

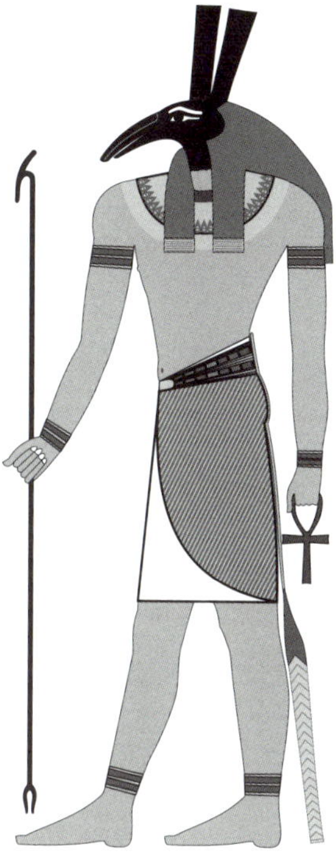

[그림 34] 세트

이집트의 신 세트(*Seth*)는 사막과 폭풍의 신이었는데 힉소스 통치 시대에 바알(하다드)과 동일시되었다. 바알의 성격을 부여받은 세트는 힉소스 시대에 이집트를 대표하는 신으로 격상되었는데, 그 이후 이집트의 신학은 훨씬 복잡해졌다. 업그레이드된 세트는 신왕국 시대로 전승되었다.

었다. 전쟁의 여신 아나투(ʿAnatu), 전쟁과 역병의 신 라샤프(Rašap) 등이 대표적이다. 독특하게도 아나투와 라샤프는 본래의 이름 그대로 수입되었지만 바알은 이집트의 고유한 신 세트에 동화되어 정착했다. 왜 바알만 이렇게 했을까? 아마도 바알에 관한 한 힉소스의 주의 깊은 동화정책으로 해석할 수 있다. 바알은 그만큼 힉소스에 중요한 신일 것이다.

여기서 신학적 논쟁을 피할 수 없었다. 이는 중왕국에서 시작된 이집트의 국가신에 대한 성찰을 논쟁적으로 이어 가는 것이기도 했다. 후대의 19왕조에서 테베인의 입장을 담은 한 문헌은 힉소스 왕조의 아페피(Apepi) 임금을 '세트만을 섬기며 세트를 마치 태양신 레처럼 숭배했다'고 비판했다. 테베인들은 자신들이 아문과 레를 융합시켜 '아문-레'라는 최고신을 섬겼듯이, 힉소스가 세트를 레로 섬겼다고 인식한 것이다(Mieroop 2011, p. 145). 이런 비판의 배경에는 테베인의 자긍심이 있다. 테베의 아문은 레가 될 수 있지만 힉소스의 세트는 그렇게 될 수 없다는 주장이기 때문이다. 테베인들의 눈에 힉소스가 믿는 세트는 진짜 이집트의 세트가 아니요, 외부에서 들어온 신, 오랑캐의 신이다. 그런 세트는 히타이트의 테숩이나 시리아의 바알일 뿐이었다.

이 시기를 거치며 세트는 크게 변했다. 본디 세트는 고왕국 시대부터 섬겼던 이집트 고유의 오래된 신이다. 사막의 폭풍을 의미하기도 했지만 혼돈과 무질서를 상징하기도 했다. 절대 최고 반열의 신이라고 볼 수는 없었다. 그런데 힉소스 통치 이후 최고 수준으로 격상되어 이집트를 대표하는 자리로 올라갔다. 이렇게 '승격된 세트'는 신왕국으로 전승되었다. 신왕국의 람세스 2세는 세트를 섬겼고, 그의 아들 세티 1세(*Sety I*)나 세티 2세(*Sety II*)는 아예 세트의 이름을 썼다(이상 Mieroop 2011, p. 145). 세트가 국가신의 수준으로 격상된 것은 분명 힉소스의 업적이다. 그리고 그 배후에는 이 시기 고대근동 전 지역을 휩쓴 풍우신 신앙이 있다. 이집트는 힉소스를 통해 고대근동의 최신 신학을 수용한 셈이다. 풍우신은 메소포타미아와 이집트를 관통했다.

이집트를 대표하는 신은 누구인가

결과적으로 이집트를 대표하는 신은 이제 넷이나 되었다. 저자의 추측을 담아서 말하자면 누가 가장 큰 신인가 하는 질문이 이 시대에 여전히 남는다. 아마 고대 이집트의 신학자 가운데는 이런 현상에 불만을 지닌 사람이 있었을지 모르겠다. 남쪽의 테베도 북쪽의 힉소스도 저마다 자기 신이 최고신 레와 같다고 주장하니 말이다. '레가 누더기가 되었다'면 지나친 표현일까? 이집트를 대표하는 신은 넷도 셋도 아니고, 단 하나의 가장 오래되고 가장 고유하고 가장 높은 존재라는 대안적 성찰을 깊이 준비하는 사람이 있었을 법하다. 이밖에도 힉소스 통치기 이집트에 새로운 음악, 도자기, 청동기, 직조, 동식물의 새로운 품종 등이 도입되었다.

테베의 반격

13왕조가 무너진 후 테베인들은 고향으로 후퇴해 와신상담했지만 형세는 불리했다. 북으로는 힉소스에 남으로는 누비아에 끼어 있는 처지였다. 누비아는 쿠쉬(*Kuš*)라고도 한다. 누비아인들은 마치 히타이트와 비슷한 면이 있다. 변방의 민족이지만 중앙의 문화를 빠르게 익혀 강한 나라를 세웠다. 하지만 누비아는 이집트를 통일하지 못하고 남부를 지배하는 데 그쳤다. 그들도 힉소스처럼 이집트 문화에 동화하는 정책을 폈다.

중왕국이 사라진 곳에 세 조각으로 찢긴 이집트가 남았다. 남과 북은 오랑캐의 지배를 받았다. 중간의 테베인들은 강한 정통의식을 지녔다. 자신들만이 '진짜 이집트'였다. 그들은 절치부심해 새로운 왕조를 세웠으니 기원전 1650년에 시작된 17왕조다. 17왕조가 점차 힘을 키워 가자 북의 힉소스와 남의 누비아는 연합하여 테베를 협공했다. 외적을 쫓아내는 싸움은 지난했다. 세케넨라 타아(*Seqenenra Taa*)와 카모세(*Kamose*) 등의 파라오는 연합된 외적에 맞서 용감하게 싸웠다. 그들을 이어 아흐모세(*Ahmose*)가 기원전 1530년경 마침내 아바리스를 점령하고 다시금 이집트를 통일했다. 그리고 새로운 왕조를 열었으니 18왕조였다. 이집트는 통일국가의 가장 빛나는 시대를 예고했다.

한 시대가 저물다

기원전 2천 년대의 전반기가 이렇게 저물었다. 메소포타미아와 이집트는 문예의 부흥으로 공명했고 풍우신 신앙을 교류했다. 이런 간접적 교류의 시대는 다시 오지 않았다.

더 읽어보기 5

이집트 중왕국

1. 다음을 읽고 고대 이집트 제1중간기와 중왕국의 역사를 정리하라. 고왕국과 중왕국의 다양한 차이에 주의하라.

- M. van de Mieroop, *A History of Ancient Egypt*, Wiley-Blackwell, 2011, pp. 78-125.
- Toby Wilkinson, *The Rise and Fall of Ancient Egypt*, Random House Pub., 2010 (kindle edition), part I, chap. 6-8.
- 제임스 헨리 브레스테드, 『고대 이집트의 역사 1-태고부터 페르시아의 정복까지』, 김태경 옮김, 한국문화사, 2020, pp. 1-67.
- 클라이스 R. 빈호프, 『고대 오리엔트 역사-알렉산더 대왕 시대까지』, 배희숙 옮김, 한국문화사, 2015, pp. 91-97.
- 피터 A. 클레이턴, 『파라오의 역사』, 정영목 옮김, 까치, 2002, pp. 88-118.
- A. Kuhrt, *The Ancient Near East - c. 3000-330 BC, vol. I*, Routledge, 1995, pp. 154-172.

2. 다음을 읽고 고대 이집트 제2중간기의 역사를 정리하라. 힉소스에 대한 사료와 힉소스가 끼친 영향에 주의하라.

- M. van de Mieroop, *A History of Ancient Egypt*, Wiley-Blackwell, 2011, pp. 126-151.
- Toby Wilkinson, *The Rise and Fall of Ancient Egypt*, Random House Pub., 2010 (kindle edition), part I, chap. 9.

- 클라이스 R. 빈호프, 『고대 오리엔트 역사-알렉산더 대왕 시대까지』, 배희숙 옮김, 한국문화사, 2015, pp. 97-105.
- 피터 A. 클레이턴, 『파라오의 역사』, 정영목 옮김, 까치, 2002, pp. 119-125.
- A. Kuhrt, *The Ancient Near East - c. 3000-330 BC, vol. I*, Routledge, 1995, pp. 174-182.
- 제임스 헨리 브레스테드, 『고대 이집트의 역사 1-태고부터 페르시아의 정복까지』, 김태경 옮김, 한국문화사, 2020, pp. 271-296.

3. 다음을 읽고 고대 이집트와 고대 메소포타미아 지역의 종교와 신화의 특징을 비교해 정리하라. 사제, 신전, 신화, 사후세계 등이 각 지역에서 저마다 어떻게 다른지, 그 기초적 배경과 맥락에 유의하라. 아래는 최소한만을 가려 뽑은 것으로, 이 자료들의 차이들을 인식하는 것은 기원전 2천 년대 이후의 다양한 현상을 종합적으로 이해하는 데 필수적이다.

- M. Görg, *Ägyptische Religion - Wurzel, Wege, Wirkung, Religion in der Umwelt des Alten Testaments III*, Kohlhammer, 2007.
- Jacobus van Dijk, "Myth and Mythmaking in Ancient Egypt", *CANES III* & *IV*, pp. 1697-1711.
- Herman te Velde, "Theology, Priest, and Worship in Ancient Egypt", *CANES III* & *IV*, pp. 1731-1750.
- Leonard H. Lesko, "Death and the Afterlife in Ancient Egyptian Thought", *CANES III* & *IV*, pp. 1763-1775.
- Leonard H. Lesko, "Egyptian Religion - An Overview", Lindsay Jones ed., *Encyclopedia of Religion Vol 4*, pp. 2702-2737.
- W. G. Lambert, "Myth and Mythmaking in Sumer and Akkad", *CANES III* & *IV*, pp. 1825-1837.
- F. A. M. Wiggermann, "Theologies, Priests, and Worship in Ancient Mesopotamia", *CANES III* & *IV*, pp. 1857-1871.
- JoAnn Scurlock, "Death and the Afterlife in Ancient Mesopatamian Thought", *CANES III* & *IV*, pp. 1883-1895.

IV

기원전 2천 년대 후반기

히타이트
: 최초의 봉건제

기원전 2천 년대 후반기는 직접 교류의 시대였다. 고대근동 세계는 긴밀하게 연결되었다. 대국들과 소국들은 '하나의 세계'를 인식했고 서로 영향을 주고받았다. 대국들의 개성도 뚜렷하고 소국들도 본격적으로 무대에 등장했다. 이전 시대에 비해 문헌이나 고고학적 유물 등 사료가 풍부하기에 이 시대를 이해하는 일은 퍽 수월하다. 하지만 여전히 사료는 저마다의 의도를 지니고 있고 빈자리도 적지 않다. 여기서는 기원전 1274년 히타이트와 이집트가 대결했던 최초의 세계대전인 카데쉬(*Kadeš*) 대전 이전과 그를 이은 파괴와 단절의 12세기까지 살펴볼 것이다.

아시리아와 바빌로니아는 약체였다. 이 시기에 세계를 주도한 것은 이집트, 밋탄, 히타이트였다. 시리아 지역은 밋탄과 히타이트에 속했고 팔레스티나는 치열한 외교전의 무대였다. 이스라엘이 건국되기 이전이므로, 구약성경은 이 시대의 팔레스티나와 시리아 역사를 거의 전하지 않는다.

텔리피누 칙령, 최초의 왕위계승 원칙

히타이트에서 시작하는 것이 좋겠다. 히타이트 왕실은 암살과 내분으로 점철된 곳이다. 알레포와 바빌론을 무너뜨린 무르쉴리 1세가 매제 한틸리 1세에게 암살당했고, 한틸리도 그렇게 죽었다. 임금의 자리를 두고 싸움이 계속되자 외적들이 일어났고 왕국은 축소되어 결국 핫투샤 일대로 좁혀졌다. 이어 기원전 1550년경 텔리피누(*Telipinu*) 임금은 이른바 '텔리피누 칙령'을 남겨 과거를 반성하고 새로운 원칙을 세움으로써 왕가의 갈등을 영원히 해소하고자 했다. 세계 최초로 왕위계승 원칙을 성문화한 것이다.

> 임금은 임금의 첫째 아들 한 명만이 할 수 있다. 만일 첫째 아들이 없으면, 둘째 아들이 임금이 된다. 만일 임금이 아들이 없으면, 첫째 딸과 정식으로 혼인한 사람(=사위)이 임금이 된다. 훗날 나를 이어 임금이 되는 자는, 자신의 형제들과 자신의 아들들과 자신의 사위들과 자신의 씨족들과 자신의 군대들을 단결시켜야 한다. … 더욱이 임금이 되려는 자가 형제와 누이를 거슬러 악을 꾀하면 판쿠(*panku*)가 판결할 것이다.(*TUAT*, Bd. I, Lief. 5, pp. 468-469)

이 문헌은 장자계승을 원칙으로 삼지만, 아들이 없을 때는 맏사위가 임금이 된다고 명시했다. 히타이트어와 아카드어로 전하는 이 문헌에는 국방력 강화, 백성의 단결 등 임금의 의무가 명시되어 있다. 그리고 만일 동족을 죽이고 임금이 되려는 자가 있다면, 판쿠가 그를 임금의 자리에서 끌어내릴 수도 있다고 밝힌다. 히타이트어 판쿠는 '총회'라는 뜻이며 귀족들로 이루어졌을 것으로 추측하는데, 임금을 견제하는 장치로 볼 수 있다.

하지만 이런 원칙이 인간의 권력욕을 꺾을 수 있을까? 텔리피누 이후 80여 년간 히타이트의 암흑기가 이어진다. 끊임없이 이어지는 내분으로 자료가 생산되지 못한 것 같다. 텔리피누 칙령을 히타이트 고왕국의 마지막으로 친다.

강대국의 반열에 오르다

기원전 15세기에 투드할리야 1세(*Tudḫaliya I*)는 주변 민족을 정리하고 다시금 아나톨리아 반도를 통일했다. 이 시기를 히타이트 중왕국이라고 하는데, 동서남북으로 크고 작은 나라들을 눌러야 했던 시기다. 특히 북쪽으로 흑해 주변에 살던 카스카(*Kaska* 또는 *Gasga*) 부족과의 전투가 치열했던 것 같다. 중왕국의 기록도 풍부하지 않다.

히타이트를 강대국의 반열에 올려놓은 것은 신왕국을 열어젖힌 슙필루리우마 1세(*Šuppiluliuma I*, 기원전 1355-1321년경)였다. 그는 핫투샤를 중심으로 아나톨리아 반도를 평정했고, 시리아 지역으로 남진했다. 그 결과 알레포, 알랄라흐, 우가릿, 카트나, 카데쉬 등의 도시국가들이 히타이트와 봉신조약을 체결했다. 이 소국들은 그 전에는 이집트나 밋탄(*Mittan*)에 조공을 바쳤지만, 이제 히타이트의 임금을 태양으로 섬기기 시작했다.

당시 시리아 지역은 밋탄이 지배하고 있었기에 밋탄과 히타이트의 전쟁은 불가피했다. 히타이트는 동부 산악지방을 돌아서 밋탄을 때리는 기발한 전략으로 밋탄을 꺾었다고 전한다. 밋탄은 서부 영토를 거의 잃었고 메소포타미아 북부로 축소되었다(밋탄은 다음 절에서 자세히 보겠다). 운도 따라 주었다. 이집트는 이 당시 아마르나 개혁, 곧 유일신 개혁으로 국내 사정이 어지러웠기 때문에 외부로 눈을 돌릴 수 없었다. 시리아 지역은 히타이트의 독무대가 되었다.

결국 슙필루리우마의 통치 말기에 히타이트는 고대근동의 대국(大國)으로 인정을 받았다. 그래서 히타이트 신왕국은 '히타이트 제국'이라고 표현한다. 고대 이집트의 왕비가 편지를 보낸 사건은 당시 히타이트 신왕국의 위상을 단적으로 보여 준다. 그녀는 히타이트의 왕자를 청해 이집트의 임금으로 삼고 싶다고 했다. 슙필루리우마는 저의를 의심해 일단 거절했지만 거듭되는 청에 못이겨 이집트로 왕자를 보냈다. 그러나 그 왕자는 결국 암살당했다. 이 이야기는 이어지는 이집트 신왕국 부분에서 다시 보겠다.

최초의 봉건제

인도유럽어를 쓰는 히타이트는 내부적으로 귀족의 총회로 임금을 견제하는 장치도 만들었고, 외부적으로는 작은 도시국가들과 봉건계약을 맺어서 통치했다. "히타이트의 정치 구조는 종종 중세 서부 유럽의 봉건제도와 비교된다"(미에룹 2010, p. 241). 이 시대 국가 간에 이루어진 이런 계약문서가 상당히 많이 남아 있다.

> 히타이트인은 대제국을 통합하고 조직하는 데 이러한 종류의 계약을 아주 체계적으로 이용했으며, 이에 상응하게 후대의 계약문헌은 이전의 계약문헌으로 소급하고 있다. 대왕은 자신의 봉신에게 도시와 땅을 수여한 봉건군주였으며 그래서 그는—예상할 수 없는 상황을 제외하고—왕권의 계승을 보장했다. 군주 교체가 일어나면 지금까지의 계약의 다시 효력을 발휘하거나 새로운 계

[그림 35] 히타이트 쐐기문자 청동판(기원전 13세기)

히타이트의 투드할리야 4세와 소국 타르훈타샤(*Tarḫuntašša*)의 쿠룬타(*Kurunta*) 사이에 체결된 조약의 원본이다. 1986년에 발견된 이 청동판은 35×24센티미터의 크기에 무게가 5킬로그램이나 되어 육중한 느낌을 준다.

클렝겔에 따르면 투드할리야 4세 시대에 제작된 직접적 기록이 25점, 후대의 전승에서 언급하는 간접적 문헌이 5점 남아 있다. 이런 사료들과 이 청동판의 내용을 비교하면 이 시대의 일을 비교적 소상히 알 수 있다(Klengel 1999, pp. 273-297). 앙카라 히타이트 박물관.

약문을 작성했다. 문서는 통상 모든 세부사항까지 두 개의 언어로 작성되었으며 게다가 당시 외교언어였던 히타이트어와 아카드어로도 작성되었다. 가끔 지방에서 예를 들면 우가릿에서 사용하기 위해 번역이 되기도 했다.(빈호프 2015, p. 198)

하지만 히타이트 신왕국이 제국의 모든 영토를 봉건제로 통치한 것은 아니다. 카르케미쉬와 알레포는 직접 통치해서 시리아 지역의 행정 중심도시로 삼았다. 간접 지배와 직접 지배를 적절히 섞은 것이다.

[그림 35]의 청동판은 이런 봉건 조약의 흥미로운 사실을 우리에게 전해 준다. 이 조약문에 따르면 핫투샤 남서쪽에 위치한 타르훈타샤는 본디 히타이트에 조공을 바치던 봉신국가였다. 투드할리야 4세의 부왕 핫투쉴리 3세는 타르훈타샤의 왕자 쿠룬타를 입양해 키웠다(볼모?). 투드할리야 왕자와 쿠룬타는 형제로 자랐고 특히 친밀했다고 강조되어 있다. 부왕 핫투쉴리는 쿠룬타를 깊이 신뢰했다. 그를 타르훈타샤의 임금으로 봉해 아나톨리아 반도의 서부를 일임할 정도였다. 그런데 투드할리야 왕자는 쿠룬타의 지나친 성장을 염려해 견제하려 했다. 하지만 쿠룬타가 더 빨랐다. 그는 핫투샤로 진격해 결국 핫투샤를 접수했다. 권력을 잡은 쿠룬타는 투드할리야와 맺은 과거의 조약을 수치스럽게 생각해 역사에서 지우려 한 것 같다. 그는 이 청동판의 일부 내용을 갈아 버리고, 핫투샤의 땅속에 깊이 묻어 버렸다. 그리고 그 위로 길을 닦았다. 그래서 [그림 35]의 청동판이 오래 보존될 수 있었던 것이다.

한편 투드할리야는 몇 년 후 핫투샤로 돌아와 쿠룬타를 몰아냈고 왕좌를 되찾았다. 그리고 타르훈타샤로 진격해 복수했으니, 쿠룬타의 반란은 짧았다.

최초의 무역봉쇄

히타이트가 봉건계약을 맺은 작은 나라들을 실제로 어떻게 활용했는지 알려 주는 사료가 있다. 기원전 13세기 투드할리야 4세 때 히타이트는 시리아 서부 지역을 통치하고 있었다. 메소포타미아와 지중해를, 이집트와 메소포타미아를 건너가려면 히타이트의 봉신국가들을 거칠 수밖에 없었다. 지정학적 요충지를 손에 넣고 있었던 셈이다. 히타이트는 이런 유리한 조건을 적극 활용해 세계 최초의 경제제재를 실행했다.

히타이트와 아시리아 사이에 긴장이 높아진 때 투드할리야 4세는 스스로를 태양으로 칭하며 소국 아무르의 임금에게 점토판을 보낸다. 해안가를 접하고 이집트로 통하는 길목에 자리 잡은 아무르가 대(對)아시리아 경제제재에 앞장서라는 것이다.

> 너의 상인들은 아시리아로 건너가서는 안 되며 아시리아의 상인들이 너의 나라에 넘어와서도 안 된다. 아시리아의 상인들이 너의 나라를 횡단하도록 허락해서도 안 된다. 그는 너의 나라를 통과하지 못할지니라. 그가 너의 나라에 들어오면 그를 잡아 태양에게 보내라.(미에룹 2010, p. 249)

앞에서 보았듯 히타이트 문명은 아시리아 상업식민지에서

시작되었다. 이제 제국이 된 히타이트는 문명을 가르쳐 준 상인의 나라에 무역봉쇄로 맞선 것이다. 상인의 나라 아시리아를 상대로 경제제재가 얼마나 유효한 전략인지 히타이트는 누구보다 잘 알았을 것 같다.

봉신국가의 의무는 여러 가지가 있었는데, 그 가운데 히타이트 편에서 전쟁을 치러야 한다는 것이 언제나 중요하게 명시되어 있었다. 그러므로 대국 히타이트에 속한 소국들은 히타이트의 군사적 동맹국이기도 했다. 이렇게 히타이트는 소국들을 활용해 밋탄과 이집트라는 강대국을 견제했다. 앞으로 보겠지만 밋탄과 이집트도 물론 그렇게 했다.

다시 보는 신명기

이렇게 이스라엘이 건국되기 전에 시리아-팔레스티나 지역은 치열한 외교전의 무대였다. 이스라엘이 건국하기 500여 년 전이지만 구약성경에서 이 시대의 흔적을 찾을 수 있다. 히타이트와 소국들이 맺은 조약문들은 작은 존재가 큰 나라의 대왕에게 충성을 표시하는 내용이고 문학적 형식도 거의 일관되어 있다. 이런 조약문의 문학적 형식이 모세오경을 마무리하는 신명기의 문학형식과 일치한다는 관찰이 널리 수용된다. 아마도 이스라엘이 건국되기 수백 년 전에 이미 그 지역에는 어떤 고정된 문학적 형식이 존재해 전승되었던 것일 수 있다. 이스라엘 사람들은 자신의 신앙을 드러내는 적절한 '문학적 양식'이 필요했을 것이다.

밋탄
: 전차(戰車)의 나라

밋탄은 기원전 15세기의 대국(大國)으로 전차의 보급에 상당한 역할을 했다. 하지만 운명의 상대인 아시리아와 겨루어 패했고 역사에서 잊혀졌다.

강들의 나라, 메소포타미아의 시작

최근의 연구들은 대개 밋탄의 이름을 상세히 나열하면서 시작하는데, 저자도 통례를 따르겠다. 다만 한국의 독자를 위해 조금 자세히 설명하겠다. 밋탄과 관련된 많은 이름을 살펴보면, 한편으로 기원전 2천 년대 전반기의 상황을 느낄 수 있고, 다른 한편으로 고대근동학이 이룬 성과와 한계도 볼 수 있다(이어지는 두 문단은 미에룹 2010, p. 224; 빈호프 2015, p. 186; Kuhrt 1995 I, pp. 283-284를 보라).

/**후_르**/(*Ḫurr*)는 민족의 이름이다. 니스바 어미를 붙여 '후리'(*Ḫurri*), 곧 '후르인'이라는 이름이 비교적 친숙하고, 구약성경에도 '호리인'(창세 36,20)으로 나온다. 후르인들은 자기 나라의 이름을 /**마잇탄**/(*Maittan*)이라고 불렀는데, 여기서 /**밋탄**/(*Mittan*)이란 국호(國號)가 나왔다. 그러므로 '밋탄'이란 나라의 사람이나 속성을 '밋탄니'(*Mittani*. 참고: Israel → Israeli)라고 하겠다. 히타이트에서는 이

나라를 '밋탄인의 땅'(KUR URUMi-ta-an-ni)이라고도 했고 '후르인의 땅'(*Ḫurlili*)이라고도 불렀다.

이집트인들은 이 나라를 /**나흐리나**/(*Naharina*), 곧 '강들'이라고도 불렀다. 파라오 투트모세 3세의 군대나 외교사절은 유프라테스강 주변의 땅을 다스리는 나라를 이렇게 부른 것 같다. 구약성경에 나오는 /**나하라임**/(נַהֲרַיִם), 곧 '강들'이란 표현도 이와 관련 있다(창세 24,10 등). '강들'이란 지명(地名)은 훗날 그리스어를 거쳐 '메소포타미아'(두 강들 사이)란 지명으로 수용되었다. 그러므로 밋탄은 메소포타미아라는 이름의 시작이기도 하다(졸저 2018b, pp. 125-126 참조).

전차병의 나라, 북방의 나라

바빌론과 앗슈르에서는 독특하게도 밋탄을 /**하_니갈바트**/(*Ḫani-galbat*)라고 불렀다. 그런데 이 이름은 '전차병'(戰車兵)이란 뜻의 전문용어다(*terminus technicus*). 이 전문용어는 아카드어 /**타쉴리-슈**/(*tašlīšu*)와 동의어인데, 문자적 의미는 '세 번째(사람)'이다. 고대근동의 전차는 3명이 운영했기 때문에 이렇게 불렀다. 곧 말을 모는 병사(운전병), 활이나 창을 든 병사(공격병), 그리고 방패를 든 병사(방어병)다. 이런 '삼인전차'(三人戰車)는 메소포타미아는 물론 이집트에서도 표준형처럼 사용되었다(*CAD* Ḫ, p. 80; T, p. 293; *AHw* I, p. 321; III, p. 1339)(그림 36-38 참조). 그러므로 하니갈바트라는 이름은 '전차병의 나라'로 새길 수 있다.

아카드어로 전차(chariot)를 뜻하는 /**나르캅투**/(*narkabtu=gigir*)라는 낱말은 사르곤 시대에도 존재했다. 그러나 유독 '전차병'(타쉴리슈)이란 낱말은 밋탄이 멸망한 이후에 등장해 널리 사용되었으니 밋탄은 전차를 발명한 것이라기보다 전차기술의 발전을 이루었다고 이해할 수 있을 것이다(*CAD* N2, p. 353).

참고로 히브리어로 '3'은 /**샬-로쉬**/(שָׁלוֹשׁ)이고, /**샬-리-쉬**/(שָׁלִישׁ)는 '셋째'라는 뜻이다. 히브리어로 전차병을 샬리쉬라고 하니 이 용어도 외래어다. 히브리 백성이 이집트를 탈출하던 밤, 파라오는 히브리 백성을 잡으려 "군관이 이끄는 이집트의 모든 병거를 거느리고 나섰다"(탈출 14,7)고 한다. 이 구문은 샬리쉬를 살려서 이렇게 직역할 수 있다. "이집트의 모든 병거와 그 안에(=병거에 탑승한) 모든 샬리쉬들을 거느리고 나섰다." 곧 파라오는 세 명씩 태우는, 고대근동에 널리 보급된 표준형의 전차를 타고 백성을 쫓아온 것이다(그림 39 참조).

한편 밋탄이 망한 후에 이 지역을 /**수바루**/(*Subaru*)라고 일컬었는데, 이 말은 훗날 '북쪽'으로 쓰였다. 밋탄은 바빌론에서 볼 때 '북국'(北國)이었던 것이다. 다른 고대 문헌처럼 고대근동 문헌도 국명이나 지명을 시대와 맥락에 따라 다양하게 표현하기 때문에 밋탄의 호칭이 특별히 복잡한 것이라고는 말할 수 없다.

전차병 마리안누

사실 전차와 관련이 깊은 후르어는 따로 있다. 기원전 2천 년대 후반기 고대근동 전역에 아카드어 /**마리안누**/(*mariannu*)가 확산되었다. 이 말은 '전차병'이란 뜻으로 후르어(*marinnina*)에서 유래했다(*CAD* M2, p. 281). 하니갈바트는 아카드어 타쉴리슈로 번역되었지만, 마리안누는 'TV'나 '라디오'처럼 후르어 낱말이 직접 아카

[그림 36] 아시리아의 삼인전차 1

여러 마리의 말이 끄는 두 바퀴 전차는 기동성이 뛰어났을 것이다. 그림처럼 병사 세 명이 운전병, 공격병, 방어병의 역할을 하는 것이 일반적이다. 이런 삼인전차(三人戰車)의 형식은 밋탄에서 발전되어 고대근동 전역에 널리 퍼진 것 같다.

삼인전차는 고대근동의 전쟁에서 탱크와 같았다. 각국은 앞다투어 이런 선진기술을 원했다. 마리안누라는 전차병은 군사적으로나 사회적으로 대접받는 지위였다. 이런 첨단기술을 보급한 밋탄은 고대근동의 군사적 선진국이기도 했다.

[그림 37] 아시리아의 삼인전차 2

아시리아 임금의 행진을 묘사하는 부조로서 역시 세 명이 탔고 그중 한 명은 햇빛가리개를 들고 있다. 전차를 끄는 말이 화려하게 장식되어 눈길을 끈다. 런던 대영박물관.

[그림 38] 전차를 타고 사자를 사냥하는 아시리아 임금

창문을 통해 아시리아 임금이 전차를 타고 사자를 사냥하는 장면을 내다보고 있다. 역시 세 명이 전차에 타고 있는데 활을 쏘는 임금 뒤로 창을 든 병사가 보인다. 런던 대영박물관.

[그림 39] 고대 이집트 파라오의 전차
신왕국 투탄카톤(Tutankhaton)의 무덤에서 발굴된 실물 전차다. 이집트 신왕국의 파라오는 늘 혼자 전차에 탄다. 카이로 이집트 박물관.

드어로 음차된 것이다. 이 점에서도 밋탄이 전차기술의 발전과 깊은 관련을 지녔음을 알 수 있다. 이 시대에 마리안누가 확산되면서 고대근동의 전쟁에서 말(馬)이 큰 역할을 하게 되었다. 그 이전에는 전쟁에 당나귀나 나귀를 썼다(미에룹 2010, p. 190; 빈호프 2015, p. 187).

이집트는 마리안누를 가장 늦게 받아들였지만 자세한 기록을 남겼다. 대개 전차병은 훈련된 군인이고 부유했다. 왜냐하면 전차를 스스로 소유했기 때문이다. 그들은 일반 보병보다 무공도 더 많이 차지했고 사회적 지위도 높았다. 아마 이들은 직업군인으로서 장기복무했던 듯하다(Mieroop 2011, pp. 158-159). 우가릿에서도 마리안누는 정예부대로 인식되었다(빈호프 2015, p. 225). 이상의 낱말들은 고대근동의 전차가 밋탄에서 나왔다는 '언어적 증거'로 유력할 것이다.

기원전 15세기의 대국 밋탄

밋탄국의 수도 왓슈카니(*Waššukani*)는 시리아 북부의 텔 페케리예(Tell Fekherije)로 추정되지만, 아직 문서보관소 등 결정적 증거가 나오지 않았다. 앞서 여러 이름을 살펴본 것처럼, 밋탄에 대한 자료는 거의 외부의 것이다. 부족한 자료지만 밋탄의 역사를 대강 살펴보자.

밋탄은 기원전 15세기에 이미 시리아와 메소포타미아 북부를 중심으로 아나톨리아 반도 남쪽까지 지배하는 대국으로 성장했다. 밋탄은 이집트의 18왕조와 여러 번 충돌했는데, 카데쉬 대전(기원전 1274년)보다 앞서 세계대전을 치렀다고 볼 수도 있다. 다만 기록이 부족해 우리는 이 전쟁에 대해 자세히 알지 못할 뿐이다. 이집트 18왕조는 결국 밋탄을 시리아의 패권국으로 인정하여 동등한 외교상대로 교류했다. 밋탄과 이집트는 '형제의 나라'가 되었고 밋탄의 공주는 이집트로 시집갔다.

밋탄의 전성기를 무너뜨린 것은 기원전 14세기의 히타이트였다. 슙필루리우마가 밋탄에 큰 패배를 안겼음은 앞에서 보았다. 이후 밋탄은 서부의 영토를 대부분 잃고 동쪽으로 축소되어 내분을 겪은 것 같다. 카데쉬 대전 중 히타이트의 편에서 싸운 소국의 명단에 밋탄의 이름이 있다.

한편 이 기회를 놓치지 않고 아시리아가 밋탄의 동부에서 일어났다. 아시리아의 아다드-니라리 1세(*Adad-Nirari I*, 기원전 1295-

1263년경)는 밋탄과 싸웠고 결국 샬만에세르 1세(*Šalmaneser I*, 기원전 1263-1233년경)는 밋탄을 꺾었다. 그 결과 밋탄은 아시리아에 조공을 바치는 신세로 전락했다. 기원전 12세기 이후 밋탄은 역사에서 사라지고, 앞서 언급했듯 이 지역은 수바루로 불렸다.

서로를 죽여야 사는 밋탄과 아시리아

사실 밋탄과 아시리아는 숙적이었다. 양자 모두 메소포타미아 북부에 위치했기에 밋탄이 강성할 당시에 아시리아는 밋탄에 조공을 바쳐야 했고 아시리아가 흥하면 밋탄은 위축되어야 했다. 그들 사이에 대국과 소국의 운명이 교차했다. 그러므로 기원전 2천 년대 전반기의 메소포타미아 북부는 밋탄과 아시리아의 피말리는 경쟁의 장이었다. 이런 사정 때문에 메소포타미아 북부는 기원전 2천 년대 후반기를 주도하지 못했다.

이렇게 밋탄은 기원전 2천 년대 전반기가 저무는 암흑기에 등장해 2천 년대 후반기에 사라진 나라로서 기록으로는 비교적 희미하다. 하지만 이 나라는 종교, 문화, 기술 등에 인상적인 역할을 남겼다. 어쩌면 우리는 밋탄도 아시리아처럼 영역국가의 호칭인 '밋탄니아'(*Mittania*)나 '후리아'(*Ḫurria*)로 불러야 할지 모른다. 저자는 밋탄의 역사가 이렇게 철저히 지워진 이유가 숙명의 라이벌 아시리아의 '역사 지우기'와 관련 있지 않을까 추측해 본다.

치열한 외교전의 시대

이 시기 고대근동의 나라들을 크게 대국(大國)과 소국(小國)으로 나눌 수 있다. 서구의 학자들은 대국에 관심을 보이지만, 근대사의 격동의 세월을 겪은 약소국 출신이자 이스라엘에 관심이 많은 저자는 소국의 사정이 더 궁금하다. 수천 년 전 치열한 외교사를 돌아보며 소국 번영의 길도 참조해 보자.

강대국 클럽

미에룹은 기원전 2천 년대 후반기에 "강대국들의 클럽"(Club of the Great Powers)이 출현했다고 자주 표현한다(미에룹 2010, p. 195 등). 이 시대 강대국이라면 고대 이집트, 바빌로니아, 밋탄(또는 아시리아), 그리고 히타이트를 들 수 있다. 시대에 따라 두세 나라들이 천하를 호령하던 시기였다.

우선 [그림 40]을 통해 이 시기 대국들의 강역을 대강이나마 살펴보자. 맨 왼쪽부터 보자. 현대의 그리스 부근에 아카이아(Achaia) 문명이 있고 그 안에 미케네(Myken)가 속했다. 고대근동 세계의 서쪽 변방이다. 그 아래 크레타섬의 미노아인(Minoer)이 있다. 크레타는 기술이 발전했고 이집트 등과 활발히 교역했다. 이

[그림 40] 기원전 2천 년대 후반기의 고대근동 세계
이 지도는 기원전 2천 년대 전반기의 고대근동 세계를 잘 보여 준다. 경계선은 유동적으로 변했지만 대강의 위치와 영역을 이해하는 데 도움을 준다.

집트 신왕국은 18왕조를 맞아 전성기를 누리고 있었으니, 이 지도는 이집트의 최대 강역을 표시한다.

아나톨리아 반도 중심부의 하트(*Ḫatt*)는 히타이트가 스스로를 부르는 이름이었음을 앞에서 보았다. 히타이트는 서쪽의 아르자와(Arzawa)와 북쪽의 카스카인들(Kaskäer)들을 제압하는 데 공을 들였다. 그 아래 키프러스섬의 알라쉬야(Alašija)는 독립을 누리며 해상무역으로 번성했다.

메소포타미아는 복잡하다. 하트의 오른쪽에 밋탄이 보인다. 메소포타미아 북부의 경쟁자 아시리아는 밋탄에 조공을 바쳤기에 여기에 표시되지 않았다.

메소포타미아 남부에 약체 바빌론인 카쉬인들(Kaššiten)의 바빌론이 있고, 그 아래 바다나라(Meerland=Sealand)가 보인다. 한편 맨 오른쪽, 현대의 이란 지역에 엘람(Elam)이 있는데, 고대근동 세계의 동쪽 변방이다. 이 지역에서 훗날 페르시아가 발원한다.

이 가운데 히타이트, 밋탄, 이집트가 기원전 2천 년대 후반기를 지배한 3대 강대국(G3?)이다. 그런데 이 3대국이 교차하는 지역, 곧 시리아-팔레스티나 지역에 자리잡은 소국들이 있다. 킷주와트나(*Kizzuwatna*), 카르케미쉬(*Karkemiš*), 에마르(*Emar*), 알랄라흐(*Alalaḫ*), 우가릿(*Ugarit*), 카트나(*Qatna*), 카데쉬(*Qadeš*) 등은 지정학적 요충지에서 강대국 사이의 완충 역할을 했다. 소국들은 대국들의 이해관계에 휘둘렸다. 우가릿은 이집트를 섬기다가 히타이트가 강성하자 히타이트로 조공을 바쳤다. 킷주와트나는 본디 밋탄의 영향하에 있었지만 곧 히타이트의 수중에 떨어졌다. 500여 년 후 이런 지정학적 요충지에 이스라엘이라는 작은 나라가 건국된다.

대국들은 어느 날 홀연히 출현하지 않았다. 대개는 그 이전 시기부터 영역국가를 거쳐 영토국가로 발전한 나라들이었다. 이들은 종합적인 국력에서 소국들과는 비교가 되지 않았다. 대국들은 모두 주변의 작은 나라들을 제압했다는 공통점도 있다. 기원전 2천 년대 후반기에 대국끼리의 직접 접촉이 퍽 늘었고 상당히 활발했으며 오랫동안 지속되었다. 그들은 마치 사적 클럽의 회원들처럼 서로를 챙겼다.

대국들의 전략과 태도는 서로 달랐다. 이집트는 팔레스티나 지역으로 국경을 확장하고 시리아 지역으로 북상해 영토를 늘려 나가는 병합(annexation)을 추구했지만 열정적이지는 않았다 (Mieroop 2011, pp. 72-73 참조). 히타이트는 작은 도시국가를 봉신(vassal)으로 삼아 속국을 만드는 전략을 취했고 적극적이었다. 밋탄의 경우는 기록이 부족해 확언할 수 없지만 히타이트와 비슷했을 것으로 추측한다.

대국과 소국의 시대

소국 중에는 대국처럼 크고 화려하고 부유하지는 않지만 들꽃처럼 아름답고 반짝이는 보석 같은 나라들이 많다. 우가릿은 무력보다는 무역으로 번영한 도시였고 독자적 문자를 사용했다. 한편 이웃 아무루는 무력이 강했다. 히타이트는 우가릿이 경제적으로 번영하게 허락했지만 군대를 금지했고, 오히려 우가릿의 돈으로 아무루의 군대를 키웠다. 이런 식으로 우가릿과 아무루를 견제한 것이다. 기타 다른 소국들 사이에서도 비슷한 정책이 이루어졌는데, 행정 중심지 카르케미쉬와 알레포는 봉신국가들 사이의 이해관계를 조율하는 역할을 했다. 소국의 문헌인 우가릿어 『바알 신화』에는 자주권이 없는 약소국의 정서가 들어 있다. 바알은 자신의 신전을 짓기 위해서 멀리 있는 상왕(上王) 같은 엘에게 건축허가를 받아야 했는데, 결국 엘의 부인 아세라에게 뇌물을 주어 성공한다.

대국과 소국의 관계라고 일방적인 것은 아니다. 경제제재는 소국들이 동참해야 효과를 발휘할 수 있었다. 소국들이 이룬 문화적이고 종교적인 업적도 크다. 뒤에 보겠지만 작은 나라들이 발전시킨 알파벳은 인류 역사에 엄청난 영향을 끼쳤다. 이후 기원전

1천 년경 아람인의 언어는 아카드어를 이어 고대근동의 국제공용어가 된다. 그리고 훗날 팔레스티나의 소국 이스라엘의 믿음은 유다교, 그리스도교, 이슬람을 통해 전 세계적으로 확산되었고 현재에도 살아 있다. 그래서 저자는 이 시대를 '대국과 소국의 시대'로 보는 것이 더욱 균형잡힌 시각이라고 생각하게 되었다.

대국의 점잖은 외교문서

대국들과 소국들의 차이는 외교문서에서 볼 수 있다. 대국들은 서로를 '형제'로 칭했고, 소국들을 '종'으로 불렀다(미에룹 2010, p. 201). 대국들의 외교문서는 대개 점잖고 간접적인 어투로 쓰여 있다. 그들은 경제와 정치의 현안을 직접 언급하지 않고, 언제나 '경우와 예의'를 다루었다. 다만 선물에는 노골적이었다.

이를테면 바빌론의 임금이 새 왕궁을 지으면 이집트 임금을 초대한다. 이 시대에 이집트 임금이 나라를 비우고 몇 달을 걸려 바빌론으로 가는 것은 사실 불가능한 일이었다. 그런데 바빌론 임금은 거듭 초청장을 보낸다. 이집트 임금은 참석할 수 없어 유감이라며, 그 대신 값비싼 선물을 보내 축하한다. 대개 금은보석이나 그 나라에서 보기 힘든 귀물들이다. 그러면 편지의 주제는 갑자기 선물 목록으로 바뀐다. 어느 선물을 어떤 의미로 언제 어떻게 주겠냐는 것이 전면에 등장한다. 지난번에 주고받은 선물도 노골적으로 평가한다. 그리고 감사의 표시로 다음에는 특정한 선물을 보내겠다고 한다. 이렇게 관계가 맺어지면 선물을 주고받는 일은 정례화되고, 나중에는 공주를 보내 혼인이 이루어지는 식이다(Mieroop 2011, p. 188).

소국의 치열한 외교문서

하지만 소국들은 이런 편지를 보내지 못했다. 소국들의 편지는 대국의 임금을 주인이나 태양으로 부르고 충성을 맹세하며 시작한다. 소국은 자신들이 얼마나 충성스러운지 과장된 어조로 때로는 노골적으로 주장한다. 그리고 자주 이웃의 작은 나라 임금을 헐뜯는다. 그자는 속을 알 수 없고 거짓을 일삼으며 지금껏 다른 대국과 내통하고 있으니, 어서 군대를 보내 조사해 잡아가라는 것이다. 그리고 이 지역의 충성스런 신하는 자신뿐임을 알아 달라, 자신이 더 많은 영토를 다스리게 허락해 달라는 결론이 이어진다.

시리아-팔레스티나의 소국들이 이집트로 보낸 이런 편지가 엘-아마르나 문서(EA)에 퍽 많이 남아 있다. 히타이트의 임금도 이런 식의 편지를 받았다(Mieroop 2011, p. 189). 지정학적 요충지에 자리 잡은 시리아-팔레스티나 지역의 소국들은 강대국들의 이해관계가 충돌하는 곳에서 완충지대의 역할을 했기에 충성을 과장해 환심을 살 필요가 있었으며, 그래서 이 편지의 내용을 문자 그대로 믿으면 안 될 것이다. 예나 지금이나 외교문서에서 진의를 해독해 내는 일은 간단하지 않다.

소국들은 대국의 동의와 지지를 받아야 생존할 수 있었기에 주변 동향에 민감했다. 그리고 소국들은 그저 당하고 살지도 않았다. 대국들이 조금이라도 소홀하거나 내분으로 빈틈을 보이면 소국들은 독자적으로 행동했고 때로는 과감히 전쟁을 벌였다.

소국들의 주인은 자주 바뀌었다. 기원전 2천 년대 후반기에 시리아-팔레스티나 지역의 소국들은 본래 밋탄의 수중에 있었다. 그러다가 대략 투트모세 3세 이후로 남부는 이집트가, 북부는 밋탄이 나누어 점령했다. 히타이트의 숩필루리우마 이후 북부 밋탄의 영토는 히타이트에 속했고, 카데쉬 대전 이후에는 뚜렷한 패자가 없어서 이 지역에 힘의 공백이 발생했다.

소국의 번영이란

고대근동사 수천 년을 돌이켜 보면, 대국과 소국의 처지와 운명은 퍽 달랐지만 부국강병과 패권을 꿈꾸는 내면은 거의 같았음을 알 수 있다. 이런 면에서 소국은 대국과 다른 나라가 아니라 여러 가지 이유로 대국이 되지 못한 나라들이었다. 한편 이웃 소국들과의 전쟁으로 위축되는 대국도 있었다. 히타이트 중왕국이나 이 시기의 바빌로니아가 그랬다.

소국들의 번영이란 무엇인가? 소국은 대국들과의 '적절한 관계 형성'에 성공했을 때 번영했다. 대국의 군대와 맞서 싸우거나 대국에 점령당하는 것도 좋지 않았지만, 대국에게 무시당하거나 아예 관계가 단절되는 것도 바람직하지 않았다. 소국들은 자급(自給)할 수 없었기 때문이다. 대국이 사라져 버린 공간에서 소국들이 더욱 힘들어진 경우도 있었다. 하지만 대국들과 적절한 관계를 맺는 데 성공한 소국들은 이 시대의 우가릿처럼 경제와 문화가 발전했다. 우가릿은 독자적 문자를 쓰고 훌륭한 문학작품을 남겼을 뿐 아니라 무역으로 번성했다. 약 500년 후에 이곳에 나라를 세운 이스라엘은 선배국가들의 경험을 깊이 참고했을 것이다.

무력의 아시리아,
문화의 바빌로니아

대국이라고 늘 승승장구하는 것은 아니었다. 대국과 소국의 외교가 치열하게 교차하던 이 시대에 아시리아와 바빌로니아는 힘든 시기를 보냈다. 하지만 국제적으로 두 대국은 퍽 다르게 인식되었다. 아시리아는 무력이 강해도 국제적으로 인정받기 어려웠지만, 바빌로니아는 약체였는데도 문화의 힘으로 명성이 높았다.

클럽에 들고 싶었던 아시리아

메소포타미아 북부에서 밋탄이 우위였을 때 히타이트의 슙필루리우마가 밋탄의 서쪽을 쳤다. 아시리아에 기회가 찾아오자 샬만에세르 1세는 서진(西進)해 밋탄을 꺾었다. 이제 아시리아는 강대국 클럽의 일원이라고 생각했지만 클럽 명부에는 여전히 밋탄의 이름이 올라 있었다. 예나 지금이나 이런 종류의 클럽은 보수성이 강한 법이다. 그래서 아시리아의 아다드-니라리 1세는 히타이트 임금에게 외교문서를 보냈다. 이제 같은 수준의 나라로서, '대국의 형제애'를 나누자는 점잖은 편지였다. 그러자 히타이트 임금은 아래처럼 야멸찬 대답을 보냈다.

> 무엇 때문에 내가 너에게 형제애에 대해 편지해야 하는가? 너와 내가 같은 모태에서 나왔는가?(미에룹 2010, p. 269)

대국들은 자존심이 강했고 쉽게 자리를 내주지 않았다. 이런 식으로 대국을 자처하며 '나도 형제로 불러 달라'는 외교문서가 조금 더 남아 있다. 소국의 야심만만한 임금이 내민 도전장 같은 문서도 있다. 하지만 대개는 국제적으로 승인되지 못하고 무시되었다. 강대국 클럽은 함부로 들어갈 수 있는 곳이 아니었다.

결국 시간이 지나서 밋탄의 몰락이 확실해졌을 때야 아시리아는 형제의 나라로서 인정을 받았다. 이제 밋탄의 회원권은 아시리아로 갔다. 상인들의 나라였던 아시리아는 대국의 반열에 올라서는 것으로 만족하지 않았다. 이 나라는 실용적인 군국주의 국가로서 다음 시대를 준비하고 있었다.

약체였던 바빌로니아의 카쉬 왕조

바빌로니아의 사정은 달랐다. 우리는 기원전 16-15세기의 암흑시대에 카쉬인들이 바빌론을 점령했음을 보았다. 카쉬인들의 왕조는 500여 년이나 지속되었는데(기원전 1576-1155년경) 문화적으로 바빌론의 정체성이 흔들리지 않고 오히려 번성했다. 마치 중국의 원나라나 청나라처럼 지배하는 민족이 동화되어 버린 것에 가깝다.

하지만 카쉬인의 바빌로니아는 역사상 가장 약체였다. 카쉬인들은 과거의 영토를 지키지도 못했다. 카쉬 왕조 시기에 메소포타미아 남부를 '바다나라'(Sealand)에 빼앗겼는데, 이들은 수메르 문화를 크게 존경했고 딜문과 관련 있다는 것 외에는 거의 알려져 있지 않다.

수난은 영토가 줄어든 것에서 그치지 않았다. 지난 시대에 히타이트의 무르쉴리 1세가 기원전 1595년 바빌론을 점령해 고대 근동 세계를 경악시킨 사건을 보았다. 그런데 이 시대에 바빌론의 성벽은 두 번이나 더 무너져야 했다. 이를 바빌론의 3대 국치(三大國恥)라고 부를 수 있을 것이다.

아시리아의 바빌론 점령

히타이트에 이어 바빌론에 치욕을 안겨 준 나라는 아시리아였다. 이미 아다드-니라리 1세가 남쪽으로도 진출해 바빌로니아와 자주 충돌했고, 샬만에세르 1세는 밋탄을 완전히 굴복시킨 다음 계속해서 바빌로니아를 압박했다. 이어 등극한 투쿨티-닌우르타 1세(*Tukulti-Ninurta I*, 기원전 1233-1197년경)가 정점을 찍었다.

기원전 1200년경 아시리아와 바빌로니아는 큰 전쟁을 치렀는데, 이때 투쿨티-닌우르타는 드디어 도시 바빌론을 점령했다. 그는 임금 카쉬틸리아쉬 4세(*Kaštiliaš IV*)를 폐위시키고 마르둑 신상을 빼앗았으며 바빌로니아 주민을 강제로 끌고 갔다. 이어 시리아 지방도 점령하고 스스로를 가장 명예로운 칭호, 곧 '수메르와 아카드의 임금'으로 선포했다(빈호프 2015, p. 217). 그러나 바빌론의 치욕은 오래 가지 않았다. 카쉬인들은 엘람의 도움을 받아 아시리아를 몰아내고 바빌론으로 돌아왔으니 이이제이(以夷制夷) 전략인 셈이다. 투쿨티-닌우르타는 고향 아시리아에서 암살되었다. 하지만 바빌로니아에 더욱 힘든 일이 기다리고 있었다.

엘람의 바빌론 점령

카쉬인을 도와 아시리아를 몰아낸 엘람은 바빌로니아가 얼마나 약체였는지 직접 눈으로 확인했던 것 같다. 바빌론 탈환 5년 후 이번에는 엘람이 직접 쳐들어왔다. 엘람 임금 슈트루크-나훈테 1세(*Shutruk-Nakhunte I*, 기원전 1184-1155년경)는 바빌로니아로 진격하여 바빌론뿐 아니라 일대의 도시들을 점령했고 수많은 전리품을 획득했다. 엘람인들은 마르둑 신상도 빼앗고 함무라피 석비도 수도 수사로 옮겨 왔다. 기원전 18세기 함무라피 시대에 제작된 이 석비는 기원후 1901년 발견될 때까지 3천 년 넘게 수사에 있었고, 현재는 파리의 루브르 박물관에 보존되어 있다(그림 27).

엘람에 지배당한 사건은 바빌론의 자존심에 큰 상처를 냈다. 수메르 이후 메소포타미아의 적통을 자처하는 바빌론은 엘람인들에 대해 문화적 우월의식을 지니고 있었다. 먼 옛날 바빌론의 조상들이 엘람에 글과 문화 등을 가르쳐 주지 않았던가. 바빌론은 엘람에 맞서 분연히 일어났지만 잔인하게 진압당했다. 그리고 카쉬 왕조가 바빌론에서 막을 내렸다.

문화대국 바빌로니아

나라의 부강함과 국제적 인정이란 무엇일까? 아시리아는 대국 미탄도 물리쳤고 주위 소국들도 평정했지만 국제적으로 인정받는 과정이 지난했다. 한편 바빌로니아는 아시리아에도 점령당했고 소국 엘람에도 무릎을 꿇었지만 대국의 지위를 잃지 않았다. 바빌로니아의 무기는 무엇보다 말과 글이었다. 이 시기에도 고대근동 세계의 국제공용어(lingua franca)는 여전히 아카드어였고, 그 표준은 바빌로니아의 언어였기 때문이다. 세계의 중심이라 자처한 이집트도 외교문서는 아카드어, 곧 바빌로니아의 언어로 작성했다. 히타이트나 밋탄이 바빌로니아의 언어로 소통한 것은 물론이다. 대국들이 이러하니 아람, 이스라엘, 우가릿 등의 소국들도 아카드어를 익혀야 했을 것이다. 아카드어로 기술된 문학, 철학, 과학 등은 고대근동 전역에 영향을 끼쳤다. 이스라엘의 경전인 구약성경에도 큰 자국을 남겼음은 물론이다. 그러므로 현대의 고대근동학자들도 아카드어를 익히지 않을 도리가 없다. 대국이란 그저 무기나 돈이 많아서는 이룩할 수 없는 것이었다. 바빌로니아는 문화대국이었고 그 문화적 성취와 영향력은 사라지지 않을 것이다.

더 읽어보기 6

대국과 소국의 시대

1. 다음을 읽고 기원전 2천 년대 후반기 고대근동 세계의 전반적 상황을 파악하라. 대국과 소국의 상황에 유의하라.

   - 마르크 반 드 미에룹, 『고대근동의 역사』, 김구원 옮김, CLC, 2010, pp. 195-222.
   - 클라이스 R. 빈호프, 『고대 오리엔트 역사-알렉산더 대왕 시대까지』, 배희숙 옮김, 한국문화사, 2015, pp. 160-163.
   - 조르주 루, 『메소포타미아의 역사 2』, 김유기 옮김, 한국문화사, 2013, pp. 1-24.

2. 다음을 읽고 기원전 2천 년대 후반기 아나톨리아 반도와 시리아-팔레스티나 지역의 역사를 정리하라. 밋탄, 히타이트 등과 대국들이 교류하거나 충돌하는 사건에 유의하라.

   - 마르크 반 드 미에룹, 『고대근동의 역사』, 김구원 옮김, CLC, 2010, pp. 223-253.
   - 클라이스 R. 빈호프, 『고대 오리엔트 역사-알렉산더 대왕 시대까지』, 배희숙 옮김, 한국문화사, 2015, pp. 184-219, 222-229.
   - A. Kuhrt, *The Ancient Near East - c. 3000-330 BC, vol. I*, Routledge, 1995, pp. 225-331.
   - 이희철, 『히타이트-점토판 속으로 사라졌던 인류의 역사』, 리수, 2004, pp. 97-108.

- 비르기트 브란다우, 하르트무트 쉬케르트, 『히타이트』, 장혜경 옮김, 중앙M&B, 2002, pp. 111-225.
- H. Klengel, *Geschichte des Hethitischen Reiches*, Brill, 1999, pp. 85-17-84.

3. 다음을 읽고 기원전 2천 년대 후반기 메소포타미아의 역사를 정리하라. 바빌로니아, 아시리아 그리고 엘람의 공통점과 차이점에 유의하라.

- 마르크 반 드 미에룹, 『고대근동의 역사』, 김구원 옮김, CLC, 2010, pp. 255-280.
- 클라이스 R. 빈호프, 『고대 오리엔트 역사-알렉산더 대왕 시대까지』, 배희숙 옮김, 한국문화사, 2015, pp. 220-221.
- 조르주 루, 『메소포타미아의 역사 2』, 김유기 옮김, 한국문화사, 2013, pp. 25-55.
- A. Kuhrt, *The Ancient Near East - c. 3000-330 BC, vol. I*, Routledge, 1995, pp. 332-381.
- D. O. Edzard, *Geschichte Mesopotamiens - Von den Sumerern bis zu Alexander dem Großen*, C.H.Beck, 2009, pp. 141-180.

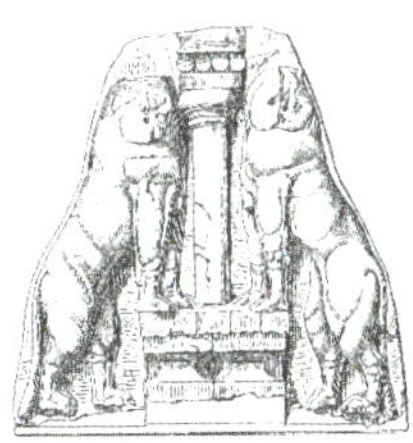

이집트 신왕국
: 파라오 모세

기원전 2천 년대 후반기의 이집트는 18-20왕조로 이어지는 신왕국의 절정기를 맞이한다(기원전 1550-1080년경). 신왕국은 고대근동의 가장 강성한 국가였고 전쟁의 나라였다. 그리고 유독 '모세'라는 이름의 파라오가 많았다.

해방전쟁으로 세운 나라

외적 힉소스에 맞서 테베의 17왕조는 해방전쟁에 나섰고, 파라오 세케넨라 타아도 카모세도 모두 전사했다. 카모세의 동생 아흐모세가 기원전 1530년경 아바리스를 점령하고 새롭게 시작한 나라가 18왕조였다. 그러므로 이 신왕국의 유전자에는 적어도 두 개의 코드가 들어 있다. 첫째는 해방과 전쟁의 코드다. 중왕국과 가장 크게 다른 점이라면 임금들이 원정에 적극 나섰다는 점이다. 신왕국의 임금은 대개 전사요 영웅이었다. 신왕국의 파라오에는 전쟁의 DNA가 심어져 있다. 남쪽으로 누비아와 서쪽으로 리비아를 쳤지만, 힉소스의 기억 때문인지 시리아-팔레스티나 지역에 관심이 집중되었다.

둘째 코드는 진정한 이집트라는 자부심이다. 해방전쟁 시기부터 테베인들은 '외적을 몰아내고 진정한 이집트를 재건한다'는 의식이 강했다. 이런 충만한 자의식은 한편으로 아문 신을 다시 최고신으로 세우는 식으로 드러나기도 했지만, 힉소스 등 외적의 뿌리를 뽑겠다는 잔인한 태도로 드러나기도 했다. 아흐모세는 아바리스의 거주지를 완전히 파괴했고, 팔레스티나로 진격해 오늘날 가자지구 남부에 위치한 샤루헨(Sharuhen) 등 힉소스 성채를 유린했다. 고고학적으로 수많은 파괴의 흔적을 확인할 수 있다고 한다.

정복자 모세

신왕국의 파라오들의 이름에는 유독 '모세'가 많다. '모세'에 해당하는 이집트어 어근(*mes*)은 '-의 아들' 또는 '-가 낳았다'는 의미인데, 신명(神名)과 함께 쓰여 '-신이 낳았다' 또는 '-신의 아들'이란 뜻을 이룬다. 이를테면 람세스(=라메세스)는 '(태양신) 레의 아들'이란 뜻이고 투트모세는 '(지혜와 글자의 신) 토트가 낳았다'는 식으로 새길 수 있다. 로빈(Robin)의 아들(son)이나 존(John)의 아들(son)이 로빈슨(Robinson)과 존슨(Johnson)이 되는 것과 비슷한 경우인데, 이런 식의 명명은 세계사에 드물지 않다.

우선 18왕조의 파라오를 보자. 해방전쟁의 영웅인 아흐모세(기원전 1525-1504년경)의 이름과 17왕조에 속한 그의 형 카모세의 이름에도 '모세'가 있다. 아흐모세의 왕위는 아들 아멘호텝 1세(*Amenhotep I*, 기원전 1504-1492년경)가 이었는데, 그가 아들이 없자 사위 투트모세 1세(*Thutmose I*, 기원전 1492-1479년경)가 임금에 올랐다. 그리고 18왕조에서 투트모세는 4세까지, 아멘호텝도 4세까지 이

[그림 41] 누비아를 치는 람세스 2세

스코틀랜드 고고학자이자 수집가인 로버트 헤이(Robert Hay)는 일종의 '고대 유물 모사(模寫) 프로젝트'를 실천했다. 그는 1824-1834년 이집트를 여행하며 다양한 유물을 베껴서 영국으로 가져왔다. 사진술이 막 태동하는 시대였다. 그는 이탈리아인 화가 조세프 보노미(Joseph Bonomi) 등을 고용해, 여행 중에 여러 유물을 있는 그대로 그리게 했다. 보노미는 왕가의 계곡 가운데 베이트 엘-왈리(Beit el-Wali) 신전의 부조를 맡았다. 그런데 안타깝게도 베이트 엘-왈리 신전은 보존상태가 좋지 못해 오늘날 원본이 퍽 훼손되었다. 그래서 보노미가 직접 눈으로 보고 그린 이 작품은 그 가치가 무척 높아졌다. 200여 년 전에 직접 눈으로 본 느낌을 그대로 우리에게 전해 주는 유일한 작품이기 때문이다. 그래서 이 그림은 복제품임에도 런던의 대영박물관에 당당히 걸려 있다(Room 65). 헤이가 생산한 작품들 가운데 이렇게 새롭게 조명받는 것이 많다고 한다. 누비아 원정에 나선 파라오 람세스 2세는 [그림 42]의 청관을 쓰고 있다. [그림 39]의 전차도 참조하라.

어진다. 이렇게 투트모세와 아멘호텝이 교차하는 것은 중왕국의 순환왕권을 연상시킨다. 18왕조는 대략 절반의 파라오의 이름에 모세가 들어 있다.

19왕조 파라오의 이름은 제각각이다. 8명의 임금 가운데, 잘 알려지지 않은 아멘메세(*Amenmesse*, 기원전 1203-1200년경)와 람세스

1세, 2세(그림 41)의 이름에 모세가 들어 있다. 20왕조는 10명의 임금 가운데 세트나크트(기원전 1186-1184년경)를 제외하면 9명이 모두 람세스 3-11세라는 이름을 쓰니, 90%의 이름에 모세가 들어 있는 셈이다. 신왕국(18-20왕조) 전체적으로 '모세'가 들어간 파라오가 17명, 그렇지 않은 파라오가 12명이다. 이런 '모세 파라오들'이 대개 대외원정에 열심이었으니, 조금 과장되게 이른다면 신왕국은 정복자 모세들이 이끈 나라였다고 할 수 있다.

투트모세 1세와 3세

이런 모세들 가운데 원정에 특출난 임금이 투트모세 1세와 3세였다. 투트모세 1세는 본디 군인이었는데, 아멘호텝 1세의 치하에서 원정의 책임자였던 듯하다. 그가 고안한 원정의 계획은 이후 18왕조의 전체적인 전범이 되었다.

흔히 '고대 이집트의 나폴레옹'으로 불리는 투트모세 3세는 신왕국의 정복왕이었다. 그는 가장 자주, 가장 멀리, 그리고 가장 활발히 원정했고 대부분 성공했다. 그는 치세 첫해(기원전 1458년 또는 1457년)부터 팔레스티나로 원정을 나갔고 작은 도시국가들의 임금들은 그와 맞섰다. 투트모세 3세는 므기또(Megiddo)에서 승전을 거두었고 이 전투는 그의 이름을 고대근동 전역에 울려 퍼지게 했다. 이 므기또 전투는 구약성경이 전하는 므기또 전투(2열왕 23,29-30), 곧 요시야 임금이 전사한 전투보다 거의 1천 년 정도 앞선 것이며, 이후 바빌로니아와 히타이트 등이 이집트에 사신을 보내 선물을 전하는, 이른바 대국 외교가 시작되는 계기가 되었다(Mieroop 2011, p. 165).

임금이 원정을 나가면 국내 행정은 관료들의 손에 맡겨졌다. 신왕국은 상·하 이집트로 행정구역을 나누어 저마다 재상을 두었는데, 이들은 임금의 부재 시에 큰 역할을 했고 평상시에도 권력이 컸다. 왕족을 제외하면 이런 공무원들과 군인과 사제가 이집트의 전통적 엘리트 계급이라고 할 수 있다.

팔레스티나의 슬픈 운명

투트모세 3세는 밋탄과 겨루었고 밋탄의 실체를 인식했다. 그 사건 이후 시리아-팔레스티나 지역에 대한 이집트의 인식이 바뀌었다. 그 전까지 이집트는 이 지역을 레테누(*Retenu*)라고 불렀다. 그런데 투트모세 3세 이후부터는 후르(*Ḫurr*)로 바꿔 불렀다(빈호프 2015, p. 170). 후르인의 땅임을 인식한 것이다. 투트모세 3세는 연전연승해 카데쉬까지 이집트의 영토를 넓혔다. 그를 이은 아멘호텝 2세도 원정에 열심이었고 역시 밋탄과 경쟁했다. 그리고 투트모세 4세에 이르러 밋탄의 공주가 이집트로 시집을 오니, 이집트와 밋탄은 군사적 경쟁을 멈추고 외교의 시대로 돌입한다. 전쟁을 통해 평화의 시대가 열린 것이다.

하지만 대국들의 평화가 소국들에게 반드시 기쁜 소식은 아니었다. 이집트는 이제 누구의 눈치도 보지 않고 팔레스티나와 시리아 남부를 마음껏 약탈했다. 고고학자들에 의하면 이 시기 팔레스티나는 대단히 크게 파괴되었다고 한다. 이런 면에서도 신왕국은 외적에게 대단히 잔인했던 것 같다. 다시는 힉소스 같은 일이 재발되지 않도록 하려고 했을까? 시리아-팔레스티나 지역에서 아예 반란의 싹을 자르려고 한 것일까? 이후 팔레스티나에서는

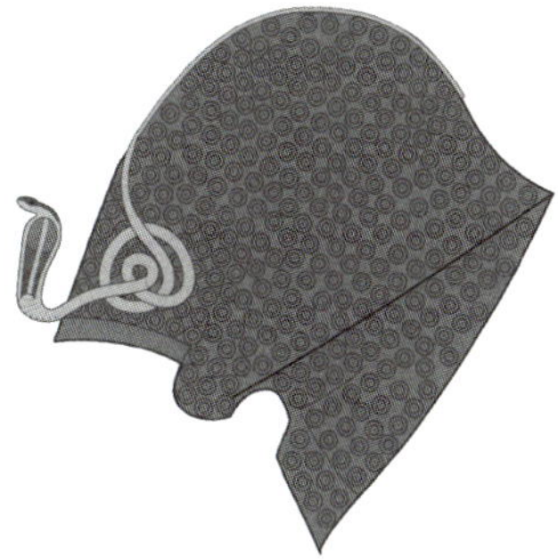

[그림 42] 파라오의 청관

신왕국 시대부터 파라오가 쓰는 관이다. 케프레쉬(*Khepresh*)라고 하며 색깔에 따라 청관(靑冠)으로 옮긴다. 전투에서 승리하는 모습 등 파라오를 영광스러운 모습으로 묘사할 때 사용한다. [그림 41]의 람세스 2세도 청관을 썼다. 고왕국의 백관(白冠)과 적관(赤冠)을 묘사한 [그림 11]을 참조하라.

신왕국 내내 비슷한 일이 반복된다. 한편 이 시기 팔레스티나의 파괴를 다른 시각으로 볼 수도 있다. 강대국의 질서가 사라진 곳에서 팔레스티나의 작은 도시국가들끼리 서로 패권 전쟁을 벌였기 때문이라는 것이다. 고고학자들의 연구를 더 경청해야 할 일이다. 어쨌든 이 시기에 팔레스티나 지역의 파괴는 대단했고, 이후 복구된 도시는 절반도 채 되지 않는다고 한다(Mieroop 2011, p. 160).

남부 누비아에서도 비슷한 일이 일어났다. 누비아는 계속해서 이집트의 관습을 흉내내어 중왕국과 비슷한 나라를 만들었지만, 이집트인들은 누비아를 동류로 생각한 적이 없다. 그들은 오직 누비아의 광산만 탐을 냈다. 그들은 누비아도 짓밟았다.

외부에 눈을 돌리다

신왕국의 이집트는 무엇보다 외부에 적극적으로 눈을 돌렸다. 특히 시리아-팔레스티나 지역으로는 영토를 계속해서 넓혀 갔다. 신왕국은 병합주의(annexation)의 제국이었다. 본디 성문법의 전통이 약한 이집트는 히타이트처럼 계약서에 기반한 봉건제를 실시하지 않았다.

다른 한편 신왕국은 열려 있었다. 시리아의 발전된 기술과 문화를 받아들였다. 핫셉수트는 현대의 아프리카의 뿔, 곧 소말리아 지역인 푼트(*Punt*)로 진격해 사하라 이남의 진귀한 물건을 실어 왔고, 멀리 지중해의 도자기나 공예품도 들여왔다. 외부의 진귀한 물건들은 국내 엘리트들에게 흘러들어 갔고, 국가와 귀족의 내외적 지위를 확인해 주는 역할을 했다. 기술뿐 아니라 종교적 교류도 활발했다. 바알의 특징을 받아들인 세트는 완전히 이집트의 신이 되었고 다른 신들도 많이 들어왔다.

지하무덤의 시대

이 밖에도 신왕국에서 달라진 것들이 많다. 우선 신왕국은 더 이상 피라미드를 건설하지 않는다. 비용이 많이 들고 도굴에도 약한 피라미드를 만들기보다는 '왕가의 계곡'에 바위산을 깎아서 지하무덤을 건설하기 시작했다. 외진 곳에 건설하고 지하무덤의 입구를 봉해 버리면 도굴꾼이 위치를 찾기 힘들 것이라 계산한 것이다(하지만 결국 거의 다 도굴당했다). 물론 지하무덤 외에도 큰 건축물을 이집트 곳곳에 많이 지었다.

핫셉수트
: 성탄(聖誕)의 딸

이집트 왕실에는 근친혼이 다반사였다. 이런 왕실 근친혼의 배경에는 독특한 전승과 정치적 현실이 있다. 그리고 신왕국의 정치를 주물렀던 비범한 여성들이 있다. 핫셉수트는 그중에서도 군계일학이다.

근친혼의 이유와 여성 권력자들

고왕국부터 이집트 왕실 여성들은 왕위계승에서 완전히 배제되지 않았다. 왕위는 원칙적으로 임금의 첫째 부인에게서 탄생한 장남이 계승했다. 그러나 첫째 부인이 아들이 없으면 둘째 부인의 아들이 이었는데, 그마저도 없으면 첫째 공주의 남편이 왕위를 계승했다. 곧 아들이 없으면 사위가 왕위를 이었다. 본디 왕비나 공주가 왕위계승 과정에 참여할 수 있는 작은 가능성이 없지 않았던 것이다. 중왕국에서는 여성 파라오도 존재했다.

그런데 중왕국부터 공동통치제가 시행되었음을 기억할 것이다. 임금이 죽기 전에 태자를 왕위에 올려 공동으로 통치해 왕권의 계승을 보장하는 정책이었고, 실제로 중왕국 내내 효율적으로 작동했다. 그런데 만일 임금이 죽고 태자가 아직 어리면 어떻게 할까? 신왕국에서는 이 경우 임금의 어머니가 공동통치를 시행했다. 대비의 섭정이 이루어진 것이다. 대비는 임금의 최측근으로서 임금의 심중을 잘 알고 있는 존재이기에 자연스레 그렇게 되었던 것 같다. 이런 섭정이 꽤 자주 이루어짐으로써 이미 여성이 정치에서 능동적 역할을 하는 관례가 정착되었다. 신왕국에서 실질적으로 이집트를 통치했던 '섭정의 대비들'이 즐비하다.

이런 관례가 정착될 때 왕자들은 누이들과 결혼했다. 왜 그랬을까? 혹시 이런 결혼은 왕위계승을 더욱 확실하게 보장하기 위한 전략이 아니었을까? 만일 섭정을 이끄는 대비가 태자를 치는 일이 일어나면, 대비 자신의 딸까지 죽여야 되니 더 확실한 안전 보장을 받는 셈이요, 태자는 왕자일 뿐 아니라 사위도 되니 왕위계승의 명분은 더 높아진다. 어쨌든 이런 근친혼으로 여성의 역할이 더욱 중요해졌다. 공주로 태어나 임금의 누이이자 아내가 되고, 종국에는 미래의 대비가 되는 여성들은 여성 권력자나 여성 정치인으로 불러야 할 것이다.

한편 근친혼의 결과 왕실의 구성원은 더욱 늘어나 관계는 난해할 지경이 된다. 남매와 부부가 교차하니, 촌수를 헤아리는 것은 더욱 어렵다. 게다가 '임금의 딸' 같은 표현은 그저 명예로운 호칭이기도 했기 때문에 기록으로는 더욱 알기 어려운 지경에 이른다(이 소절의 내용에 대해서는 다음을 참조하라. Mieroop 2011, pp. 170-171).

여성 권력자의 이름들

신왕국의 왕실에는 유독 공주와 왕비의 이름이 자주 등장한다. 18왕조를 열어젖힌 아흐모세부터 할머니 티티셰리(*Titisheri*)를 특별히 기렸고, 어머니 아흐호텝 1세(*Ahhotep I*)의 섭정을 받았다. 이런 식으로 18-20왕조의 임금 곁에는 누이요 아내이자 섭정을 맡은 여성들의 이름들이 무척 많다. 그 가운데는 아멘호텝 4세의 아내 티예(*Tiye*)처럼 왕위계승뿐 아니라 최초의 유일신 개혁에서도 일정한 역할을 담당했던 사람도 있고, 아케나톤의 아내 네페르티티(*Nefertiti*)처럼 대중적으로 잘 알려진 인물도 있다.

이런 여성 권력자들의 이름을 이 자리에서 일일이 거론할 수가 없다. 너무 많기(!) 때문이다. 다만 이런 여성의 이름에 '네페르' 또는 '노프레' 같은 단어가 유독 자주 등장하는 것이 눈에 띈다. 이 이집트어 어근은(*nfr*) '곱다, 좋다, 기쁘다'를 뜻한다.

여성 파라오 핫셉수트

권력을 휘두른 여성 가운데 으뜸은 핫셉수트(*Hatshepsut*, 기원전 1473-1458년경)다. 그녀는 공주로 태어나 왕비가 되었고 섭정의 대비에 올랐고 결국 파라오가 되었다(그림 43).

핫셉수트와 투트모세 2세는 배다른 남매이자 부부였다. 투트모세 2세는 후궁에게서 낳은 아들 투트모세 3세를 후계자로 선포했다. 그런데 투트모세 2세는 젊은 나이에(30대?) 죽었고 아들 3세는 너무 어렸다. 그래서 대비 핫셉수트가 섭정을 했다. 공주였고 왕의 아내였고 드디어 섭정의 대비가 되었다. 여성 권력자로서 모든 것을 이룬 핫셉수트였다. 여기까지는 관례에 따른 것이었고 아무 문제가 없었다. 하지만 그녀는 전통을 깼다.

섭정이 시작되고 7년 후, 그녀는 의붓아들의 왕위를 찬탈했다. 그녀는 스스로 파라오가 되었고 파라오의 호칭을 썼다. 그리

[그림 43] 핫셉수트

왼쪽의 남성과 오른쪽의 여성은 동일한 인물이다. 여성 파라오 핫셉수트는 국가의 공식 제사에서 왼쪽 그림처럼 남성으로 묘사되었다. 나라를 대표해 봉헌물을 단지에 담아 신에게 바칠 때 그녀는 어깨가 떡 벌어지고 당당한 근육질 몸에 수염이 달린 남성 지배자의 모습이었다. 하지만 내실의 실제 모습은 오른쪽 그림처럼 좁은 어깨에 수염이 없고, 가슴과 둔부 등이 평범한 여성의 모습이다. 여성 파라오 핫셉수트는 보통 인물이 아니었다. 그는 스스로 왕위를 찬탈했고 비범한 탄생 설화를 퍼뜨렸다. 거대한 왕국 이집트를 잘 다스렸고 원정에도 성공적이었다. 성공한 파라오였지만 후대의 기억에서는 체계적으로 지워졌다.

고 나라를 실질적으로 통치했다. 하지만 그녀는 '여성'을 드러낼 수 없었다. 핫셉수트가 공식적으로 드러내는 모습은 남성의 것이었다. 그녀의 상을 보면 어깨가 벌어졌고 수염도 달았다. 15년 동안 그렇게 핫셉수트는 '정상적 파라오'로서 이집트를 다스렸다.

그녀의 통치는 안정적이었고 이집트는 부강했다. 핫셉수트는 성공적인 지도자였다. 앞에서 말한 대로 그녀는 누비아를 넘어 푼트(*Punt*), 곧 현대의 소말리아까지 원정해 사하라 이남의 진귀한 물건도 가져왔다. 그녀는 통치의 정당성을 적극적으로 드러내기 위해서인지 몰라도 힉소스 통치의 기억을 더 적극적으로 지웠다고 한다.

신의 딸의 성탄

따져보면 이전에 여성 파라오가 없었던 것은 아니었다. 고왕국 제1왕조 때 메르네이트의 기억은 희미했다. 중왕국의 소베크네페루는 여성으로서 왕위에 올랐지만, 여성이라는 약점을 극복하지 못하고 그녀에게서 12왕조가 끊어졌다. 아들이 없던 18왕조의 아멘호텝 1세가 딸이 아닌 사위 투트모세 1세를 후계자로 삼은 것도 핫셉수트는 유심히 보았을 것이다. 여전히 여성 파라오는 드문 존재였고, 그만큼 불안하게 느꼈을지 모른다. 그녀는 가만히 있으면 안 된다고 생각했을 것 같다. 뭔가 '완전히 새로운 것', 비범하게 왕권을 정당화하는 신학, 여성 통치자 그 자체를 전면적으로 수긍하는 서사가 필요했다.

데이르 엘-바흐리(Deir el-Bahri)에 있는 핫셉수트의 무덤신전에는 그녀의 새로운 이야기가 부조로 적혀 있다. 어느 날 그녀의 어머니가 잠들었을 때, 테베의 아문 신이 아버지 투트모세 1세의 모습으로 다가와 동침했다. 그리고 태어난 자식이 핫셉수트라는 것이다. 이렇게 그녀의 탄생은 그 자체로 거룩한 일이며, 그녀는 성탄(聖誕)의 신비를 간직한 존재로서 '신의 딸'이 된다(어머니가 동정이라는 말은 없으므로 '동정탄생'은 아니다).

사실 신왕국의 파라오는 모두 아문의 명을 받아 나라를 다스렸다. 그러므로 아문의 딸이 되는 것은 더 적극적인 왕권의 합리

화라고 할 수 있다. 더 나아가 무덤 신전의 이런 서사는 여성 파라오를 긍정하게 만든다. 남성 파라오들은 아문의 신탁을 받을 뿐이었지만 그녀는 아예 아문의 딸이 되었으니, 그녀의 마음과 몸에 천명(天命)이 새겨진 것이다. 이런 새로운 신화를 만들어 낸 핫셉수트는 세계 정치사뿐 아니라 세계 종교사에서도 뚜렷한 발자국을 남긴 인물이다.

역사 지우기

여성 파라오의 역사에서 두 명의 남성이 상반된 역할을 했다. 첫째는 재상 세넨무트(*Senenmut*)다. 그는 핫셉수트의 치하에서 최고의 관직을 섭렵하며 여성 권력자를 적극적으로 도왔다. 둘째는 투트모세 3세였다. 왕위를 빼앗긴 그는 장성해 결국 대비의 기억을 지웠다. 투트모세 3세 등극 22년째, 곧 핫셉수트 재위 15년째에 그녀는 죽은 것 같다. 그리고 고대 이집트의 나폴레옹은 그녀의 기록을 삭제하기 시작한다.

후대의 왕명록에서도 그녀는 삭제된다. 후대의 이집트 지식인들은 그녀를 너무도 예외적 현상으로 이해한 듯하다. 재위 시절 그녀는 성공적인 임금이었다. 내치와 원정을 모두 잘 했고 비범한 통치 이데올로기로 왕권도 안정을 꾀했다. 하지만 신의 딸도 역사의 편견까지는 바로잡을 수는 없었다.

그럼에도 핫셉수트의 유산은 지워지지 않았다. 아들 투트모세 3세는 정복왕으로 이집트의 강역을 최대로 넓혔고 이어지는 임금들은 계속해서 이집트를 강성대국으로 이끌었다. 이집트는 나날이 발전했다.

아멘호텝 3세
: 태평성대, 태양원반의 독립

이집트 신왕국의 아멘호텝 3세(*Amenhotep III*, 기원전 1390-1352년)는 강성대국 이집트를 이끌고 태평성대를 구가했다(그림 44). 이집트 신왕국의 황금기에 그는 최초로 스스로를 태양원반(sun disc)과 동일시했다.

태평성대

힉소스를 몰아낸 해방전쟁도 100년이 넘게 지났다. 투트모세 1세, 핫셉수트, 투트모세 3세 등의 파라오는 적극적으로 원정했고 그 결과 외적들은 잠잠했다. 아멘호텝 3세는 대외원정을 거의 하지 않았는데, 그 이유는 주변의 민족이 고요했기 때문이다.

선왕들은 강성대국의 기틀을 충실히 마련해 주었다. 아멘호텝 3세의 증조부 투트모세 3세는 고대 이집트의 나폴레옹으로서 재위 내내 원정해 '모든 오랑캐들'을 잠재웠다. 증조부가 죽고 잠시 주변 민족이 반란을 도모했지만, 할아버지 아멘호텝 2세가 짓눌러 버렸다. 아버지 투트모세 4세도 무공이 대단했다. 증조부 투트모세 3세는 밋탄과 무력으로 겨루었지만 아멘호텝 3세 때는 밋탄의 공주가 시집을 와서 평화로운 외교관계가 이어졌다. 39년이

[그림 44] 아멘호텝 3세와 티예

위 그림은 아멘호텝 3세와 그의 아내 티예(*Tiye*)다. 그들의 자녀들이 아래에 작게 묘사되어 있다. 티예의 부모는 유야(*Yuya*)와 투야(*Tuya*)인데, 이집트의 왕비 가운데 부모의 이름이 모두 전하는 드문 경우라고 한다. 그만큼 티예는 아멘호텝 3세 시대는 물론 4세 시대에도 큰 역할을 한 것 같다. 가장 부강한 시대를 이끌었던 이 부부는 카이로의 이집트 박물관 중앙을 당당하게 차지하고 있었다.

나 통치한 아멘호텝 3세는 가장 많은 건축사업을 지원한 임금이기도 하다.

태평성대였다. 세상에 우뚝 선 이집트였다. 그런데 이집트가 세계의 중심이요 최고의 나라라면, 이집트의 임금은 최고의 존재가 되어야 하지 않을까? 그래서인지 아멘호텝 3세는 스스로 신이 되었다. 그는 누구보다 신성화에 적극적이었던 임금으로 알려져 있다. 그런데 과연 어떤 신이 되었을까? 바로 태양원반의 신이다.

태양신의 다양한 모습들

잠시 태양신을 보고 가자(그림 45). 레(*Re*)는 고왕국 이전부터 이집트를 대표하는 신이요 수많은 문헌에 등장하는 가장 대중적 신이었다. 그래서 이름도 많고 현현의 방식도 다양하며 다른 신과 융합하는 형태도 풍부하다. 레의 이름과 속성은 다채롭다. 태양신의 아침의 이름은 케프리(*Khepri*)고, 한낮의 이름은 레이며 저녁의 이름은 아툼(*Atum*)이다. 임금이 죽으면 오시리스가 되지만 살아 있

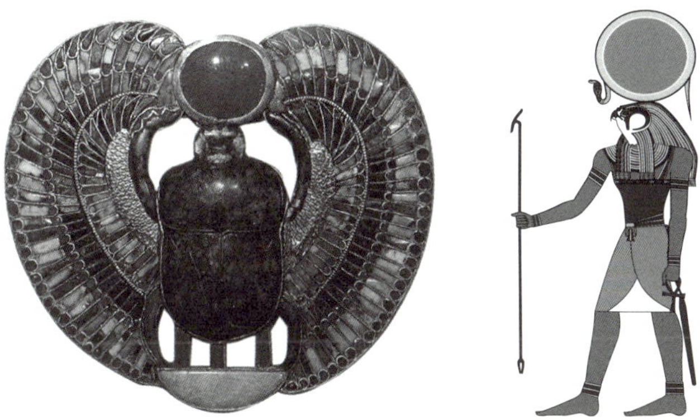

[그림 45] 태양신의 모습, 케프리와 레-호라크티

왼쪽 풍뎅이 모양의 장신구는 투탄카문의 무덤에서 발굴한 유물이다. 케프리라고 하는데, 태양신의 아침의 모습이다. 오른쪽은 레-호라크티의 도상으로 호루스(=매의 얼굴을 한 신)가 태양원반을 이고 있고, 우래우스(=왕권을 상징하는 코브라)가 태양을 감싸고 있다.

태양신의 이름과 현현은 퍽 다양하지만, 이렇게 붉은 원반으로 그 속성을 표현하는 경우를 쉽게 볼 수 있다. 신왕국에서는 이 태양원반을 따로 아톤으로 부르며 섬겼다.

는 임금은 레로 섬겨졌다(Bunson 2002, p. 340). 테베의 아문과 융합된 '아문-레'는 중왕국을 다스렸다.

레의 대표적 현현 가운데 '레-호라크티'(*Ra-Horakhty*)가 있다. 아침에 지평선에서 떠올라 어둠을 가르는 강한 햇살을 상징한 것이다. 호루스와 동일시되었기에 '레-호루스'(*Re-Horus*)라고도 하는 레-호라크티는 호루스가 태양원반을 머리에 이고 있는 모습이다.

태양원반이 독립하다

아멘호텝 3세는 이 태양원반과 자신을 동일시했고 스스로 신이 되었다. 태양원반은 이제 레의 특정한 요소나 하나의 현현에서 그치지 않고 독립된 신으로 이해되었고 아톤(*Aton* 또는 *Aten*)으로 불렸다. 그리고 임금은 스스로 독립한 태양원반의 신 아톤이 되었다. 그의 시대에 신을 섬기는 의례가 인간을 섬기는 의례와 같았다. 임금이 태양원반의 신이 되니 왕비 티예(*Tiye*)도 신이 되어야 했다. 티예는 하토르(*Hathor*)가 되었다(Mieroop 2011, p. 194, 201).

이런 종교적 현상을 현대인이 어떻게 이해할 수 있을까? 비유를 들어 설명해 보겠다. 무릇 종교적 대상이나 절대자는 여러 이름으로 불린다. 그리스도인들은 예수님을 구세주, 독생자 등으로 부르고 하느님도 창조주, 절대자, 주재자 등으로 칭한다. 부처님의 호칭도 퍽 다양하다고 알고 있다. 게다가 자비, 깨달음, 사랑, 정의, 은총, 자선 등의 거룩한 속성이나 영향을 따로 부르며 찬미하거나 기도한다. 이렇게 빗대 보면, 태양원반은 태양신 레의 어떤 속성이나 측면에 가깝다. 그런데 태양원반이 하나의 속성에 머물지 않고 마치 독립된 신처럼 여겨져서, 임금과 동일시된 것이다. 아멘호텝 3세의 시대에 그런 일이 일어났다.

여기까지는 아무 문제가 없었다. 이렇게 신들이 융합하거나 속성이 분화하는 것은 이집트 종교에서 낯선 일이 아니었다. 고왕국부터 레가 무척 다양한 이름과 속성을 지니게 된 것도 이런 분화와 융합이 빈번하게 일어났기 때문이다. 아멘호텝 3세 시대의 신앙은 다른 시대와 비교해도 크게 다를 것이 없게 보였다. 사실 아톤이라는 이름도 그가 발명한 것은 아니었다. 투트모세 4세 때에도 아톤의 존재는 알려져 있었다(Bunson 2002, p. 58).

그의 태평성대는 테베의 전성기이기도 했다. 아문의 신관들은 저항하지 않았다. 이집트가 가장 융성한 시대에 그는 삼신론을 극복하고 다시 태양신 중심의 유일신 시대로 복귀하려고 시도한 것일지 모른다. 하지만 그의 아들은 유일신 개혁으로 치달았다.

아케나톤
: 유일신 개혁의 실패

아멘호텝 3세의 아들은 최초의 유일신 개혁을 이끈 파라오다. 그의 치세를 미에룹에 따라 세 시기로 나누어 보겠다(이 절의 내용은 다음을 참조하라. Mieroop 2011, pp. 200-203).

아멘호텝 4세

첫째 시기는 재위 1-5년이다. 그의 첫 이름은 아멘호텝 4세였다. 그의 탄생명 아멘호텝(*Amun+ḥtp*)은 '아문 신이 기뻐하다'라는 뜻이었으니 이름에서 아문 신을 볼 수 있다. 그는 부왕을 이어 테베에서 다스렸다. 그런데 그는 일찍이 '새로운 사고'에 푹 빠져 있던 것 같다. 그의 즉위명은 '레의 변신은 완벽하다'는 '네페르케페루레'(*Neferkheperuré*)와 '레의 유일자'라는 뜻의 '왠-레'(*Waˀenˀre*)였다(Bunson 2002, p. 18). 이 즉위명은 그의 새로운 믿음을 함축적으로 보여 주어, 유일신 개혁의 슬로건으로 이해된다.

재위 3-5년에 생각은 더욱 확고해졌다. 태양신의 현현도 달라졌다. 이제 매의 얼굴을 한 신(=호루스)의 모습은 사라지고 태양 원반 자체만 남았다. 그런데 정말 고대 파라오의 마음에 '유일신의 믿음'이 있었는지 수천 년 후에 어떻게 알까? 혹시 그저 아톤을 향

[그림 46] 아케나톤과 그의 가족

1912년 엘-아마르나에서 발견된 이 유물은 본디 왕가의 제단에 설치된 부조였다. 왼쪽에 아케나톤 임금이, 오른쪽에 네페르티티(*Nefertiti*) 왕비가 앉아 있고 그 사이에 왕손들이 놀고 있다. 하늘에 떠 있는 태양원반은 이제 독립된 신으로 묘사된다([그림 45]와 비교하라). 아톤은 이 왕족에게 은총(=햇살)을 내려 주고 있다. 사람들의 묘사는 전형적인 아마르나 스타일을 보여 준다. 임금의 가족을 묘사하는 자체가 이전 시대에는 퍽 드문 일이었다. 43.5×39cm. 카이로 이집트 박물관.

한 임금의 정성이 대단했던 것이 아니었을까? 유일신 개혁이라는 것을 후대에 증명할 수 있을까? 이 질문의 답은 의외로 쉽다.

첫째, 아톤 신은 부인이 없다. 이는 이집트 다신교의 최고신으로는 퍽 드문 것이다. 아톤 신은 "그분 앞에 아무도 없는" 신이었다(Mieroop 2011, p. 203). 둘째, 임금이 태양신 외의 다른 신앙을 금지한 것이다. 아문을 포함해서 전통적 신전이 폐쇄되었고 신관들은 새 신학을 공부해야 했다. 레를 모시던 헬리오폴리스의 사제는 환호했을 것이다. 하지만 테베의 아문 신관들은 불만을 터뜨렸다. 임금은 테베를 떠나기로 결단을 내린다. 새로운 수도는 테베에서 먼 북쪽으로 정했다.

아멘호텝 4세에서 아케나톤으로

이렇게 둘째 시기(재위 5-12년)가 열린다. 그는 재위 5년에 탄생명을 아케나톤(*Ahk-en-aton*)으로 바꿨다(그림 46-47). '아톤이 쓰는 자', '아톤의 강한 영(靈)' 등으로 새길 수 있다. 임금의 이름에서 아문이 사라지고 아톤이 들어왔다. 허허벌판에 신도시를 건설해 새 수도로 삼았다. 새 서울의 이름은 '아톤의 지평선'이란 뜻의 아케타텐(*Akhetaten*)인데, 현대 아랍어 지명으로 엘-아마르나(el-Amarna)다.

새 수도에서 임금을 말릴 수 있는 사람은 없었다. 그는 종교개혁을 마음껏 단행했다. 도시 한가운데는 아톤의 대신전을 지었다. 그런데 다른 이집트의 신전과 달리 지붕이 없고 노지에 제단을 세운 것이었다. 그것은 태양신이

[그림 47] 아케나톤 상

카르낙에서 발견된 아케나톤 임금의 상으로 그의 재위 초기 시절에 제작된 것이라고 한다. 이 상 역시 아마르나 스타일을 보여 준다. 아케나톤은 최초의 유일신 개혁을 추진한 임금으로 이집트 역사는 물론 세계 종교사에 큰 자욱을 남겼다. 그의 개혁은 부왕 아멘호텝 3세에서 시작된 일련의 흐름으로 이해할 수 있다. 카이로 이집트 박물관.

내려 주시는 은총의 햇살로 한없이 채워지는 공간이었다.

개혁의 성격

괴르그(M. Görg)는 여러 학자들의 견해를 종합해 이 개혁의 다양한 성격을 묘사했다. 여기서는 그의 요약을 재인용하면 충분할 것 같다. 아케나톤의 개혁은 "새로운 태양신 신학"(Assmann)이자 "위로부터의 개혁"(Hornung)이었다. 이 개혁은 "종교사적으로 최초의 유일신론"(Schneider)이었기에, 아케나톤은 "종교의 창시자"(Assmann)로 평가할 수 있다. 이 유일신적 개혁에서 파라오는 "무성(無性)의 태초의 신의 모습"(Schneider)으로 스스로를 드러냈다(Görg 2007, pp. 104-105).

갈등의 심화

위로부터의 배타적 유일신 개혁은 격렬한 저항을 불렀다. 특히 기득권을 지닌 테베의 아문 신관들이 강하게 거부했다. 그들에게 아톤 신의 유일신 개혁은 '반(反)테베'요 '반(反)아문'의 시도일 뿐이었다.

다시 한번 비유를 들어 이 종교적 논쟁을 설명해 보겠다. 그리스도교 교리에 따르면 그리스도 예수라는 존재에 인성과 신성이 모두 온전히 들어 있다. 예수는 온전히 신의 아들이면서 온전히 인간이라는 말이다. 그런데 이 가운데 한 속성을 지나치게 절대화해 다른 견해를 부정하면 이단이 된다. 곧 예수가 오직 인간이라고 믿거나(아리우스 등) 또는 예수가 오직 신이라고 믿으면(가현설 등) 이단이 된다. 아문 신관들은 새 임금의 종교를 어떻게 받아들였을까? 태양신의 한 속성을 독립시켜 절대화하고, 그것을 유일신으로 선포하고, 다른 모든 신을 금지하는 임금의 믿음을 이단으로 받아들였을 것이다. 그러므로 아케나톤은 흔히 '이단적 파라오'(the heretic pharaoh)라고 불린다.

이 갈등은 분명 정치적 갈등이었다. 빈호프는 이미 부왕 아멘호텝 3세 시대에 테베의 신관들의 힘이 너무도 커져서 "전제군주를 압도할 수 있었기"(빈호프 2015, p. 179) 때문에 그의 아들이 종교개혁을 일으켰다고 해석했다. 다시 말해 사제의 권력을 견제하기 위해서 임금이 새로운 유일신 개혁 프로그램을 추진했다는 것이다. 해석이야 어찌되었든, 이 개혁은 이집트 역사에 큰 후유증을 남겼다. 남부(=테베)의 사제와 북부의 임금이 대립하는 씨앗을 뿌렸고, 이는 다음 시기 이집트 분열의 패턴이 된다.

혼돈의 시대

아케나톤의 치세 말년(재위 12-17년)은 격랑과 혼돈의 시대였다. 임금은 늙었고 개혁은 힘을 잃었다. 소강상태가 이어졌다. 임금이 유일신의 믿음을 저버린 것 같지는 않지만, 새로운 신앙은 아마 새 수도와 왕족 중심으로만 유지되었고 남쪽 테베의 아문의 신관들은 늙은 임금이 그저 죽을 때만 기다리고 있던 듯하다. 그가 왕가의 계곡에 묻혔는지조차 확실치 않다.

복귀의 시대: 투탄카톤에서 투탄카문으로

아케나톤은 아들의 탄생명을 투탄카톤(*Tutankh-aton*, 기원전 1336-1327년경)으로 지었다. 임금이 죽자 이번에도 대비가 섭정을 했다.

하지만 어린 임금은 오랜 세월 절치부심한 테베의 신관들을 배겨낼 수 없었다. 아케나톤의 아들은 이름을 투탄카문(*Tutankh-amun*)으로 바꿔야 했으니, 아톤의 자리에 다시 아문이 들어선 것이다. 그는 부왕이 닦은 수도도 포기하고 고왕국의 수도 멤피스로 천도해야 했다. 그의 황금 마스크(그림 48)를 보면, 앳된 얼굴의 소년임을 알 수 있다. 소년왕의 죽음에 대해서도 석연치 않은 구석이 많다.

이제 아톤은 유일성을 잃었다. 게다가 아톤은 다시 아문의 현현으로 이해된다. 독립된 신에서 이제 하나의 속성으로 돌아온 것이다(Mieroop 2011, p. 207). 그런데 '레'의 현현이 아닌 '아문'의 현현이다. 이미 중왕국에서 아문-레를 섬겼기에 이를 이해할 수 없는 것은 아니지만, 이런 신학에는 분명 아문 신관의 승리가 서려 있다. 이로써 제국에서 유일신 개혁이 실패했다. 위로부터의 개혁은

[그림 48] 투탄카톤의 황금 마스크

투탄카톤은 부왕이 내려 준 이름도 바꾸고 부왕이 건설한 수도도 포기해야 했던 비운의 어린 임금이다. 무덤이 도굴되지 않은 채 발견되어 고대의 부장품이 엄청나게 출토되었다. 비교적 짧은 기간을 다스린 약체 임금이었는데도 부장품의 양과 질에서 놀라움을 금할 수 없다. 이 황금 마스크를 실견할 때 고대 이집트의 파라오가 누린 부귀영화를 짐작할 수 있었다. 투탄카문의 모습에서 아마르나 스타일을 찾을 수 없다. 카이로 이집트 박물관.

후계자를 찾지 못했고, 다시 아문이 이겼다.

개혁의 영향

개혁은 끝났다. 본격적인 개혁의 시기는 불과 10여 년 남짓이지만 그 영향은 거대했다. 이 개혁은 미술과 문학 등에 큰 영향을 끼쳤다. 이른바 '아마르나 스타일'의 회화와 조각 등이 이 시대의 대표적 특징이다. 언어에도 영향이 크다. 중왕국의 언어가 아닌 새로운 스타일의 문체가 사용되기 시작했다. 이 개혁의 모든 것을 종합하는 문헌이 이른바 『아톤 찬미가』다. 이 아름다운 노래는 이 시기 이후에도 대중적으로 불렸는데, 우리말로 번역되었다(*ANET-K*, pp. 615-621). 유일신 신앙을 최초로 집대성한 『아톤 찬미가』는 구약성경의 시편 104편과 주제와 문체가 무척 비슷하고 일부 구절은 거의 똑같이 병행한다. 『아톤 찬미가』를 읽고 시편 104편을 읽어 보시길 추천한다.

아마르나는 버려졌고 역사에서 잊혀졌다. 훗날 그곳에서 엄청난 외교문서가 나왔으니 '아마르나 문서'(EA)라 칭한다. 기원전 14-13세기의 후기 청동기 시대 외교문서의 보고다. 투트모세 4세에서 투탄카문에 이르는 이집트의 공식 외교문서들인데 아카드어 문헌이 가장 많지만, 이집트어, 후르어 등의 문헌도 있다.

아케나톤 시대는 내분의 시대였다. 이집트는 외부에 신경을 쓸 수 없었다. 이 시기 강성대국 이집트의 위세는 변방에서 조금씩 허물어져 갔고, 멀리 북쪽의 히타이트는 차근차근 성장하고 있었다. 우가릿 등 소국들은 재빨리 히타이트로 조공을 바치기 시작했다. 고대근동 세계에 전운이 감돌았다.

람세스 2세
: 새로운 전성기

유일신 개혁을 추진한 18왕조의 아케나톤 시기에 이집트는 분열했다. 19왕조는 분열된 나라를 하나로 묶어 다시 일어섰다. 이제 람세스 2세는 밖으로 눈을 돌렸다. 히타이트와의 대결은 피할 수 없었다. 대국이 직접 충돌하는 새 시대가 열렸다.

분열을 극복한 새로운 전성기

갈갈이 찢긴 이집트를 추스르고 혼란을 수습한 주역은 호렘헤브(*Horemheb*, 기원전 1323-1295년경)였다. 그런데 아들이 없던 호렘헤브가 친한 장군이자 재상이었던 람세스에게 왕위를 물려주니 그가 19왕조를 연 람세스 1세다(*Rameses I*, 기원전 1295-1294년경). 이집트는 곧 과거의 영화를 재현하기 시작했다. 왕위는 람세스 1세의 아들 세티 1세(*Sety I*, 기원전 1294-1279년경)와 손자 람세스 2세(기원전 1279-1213년경)로 이어졌다(그림 49-50).

67년이나 재위한 람세스 2세는 이집트 최고의 태양왕으로 유명하다. 실상 그의 군사적 활동은 투트모세 3세를 능가하지 못했고 건축도 아멘호텝 3세보다 많고 크다고 할 수 없다. 하지만 그가 치른 원정은 훨씬 흥미진진했고 그가 남긴 건축 가운데 인상

[그림 49] 람세스 2세의 반신상

태양왕으로 유명한 람세스 2세의 치세는 흥미진진한 이야깃거리가 많다. 상반신만 높이 2.66미터, 너비 2.03미터에 달하는 이 거대하고 정교한 람세스 2세의 석상은 현재 런던 대영박물관에 있다(EA 19).

적인 것이 많다. 게다가 그의 시대에 히브리인들이 이집트를 탈출했다. 람세스 2세는 이야깃거리를 많이 남긴 임금이다.

개방적이고 종합하는 시대

람세스 2세는 멤피스보다 북쪽에 '피-라메세스'(*Pi-Rameses*), 곧 '람세스의 집'이라는 새 수도를 지었다. 이미 아버지 세티 1세가 여름 별장을 지은 곳으로서 1천 헥타르가 넘는 대도시였다. 북천(北遷)의 새 수도는 외부세계에 열려 있었고 국제적 스타일의 도시였다. 지중해의 보석들과 진귀한 외국 물건들도 흔했고 아마르나 양식의 외교문서도 많이 나왔다(Mieroop 2011, pp. 217-218).

새 수도는 힉소스의 아바리스와 퍽 가깝다. 아시아 계통의 유리 공예품이 출토되는 등 아시아계 주민들의 흔적이 많다. 기록에 따르면 궁정에는 아시아계 '집사들'(butlers)이 있었는데, 아시아계 이름을 그대로 쓴 사람들도 있었고, 궁정 막후 실력자의 요직을 차지한 사람도 있었다(Mieroop 2011, p. 226). 새 수도는 구약성경 창세기의 요셉 이야기에서 탈출기로 이어지는 서사의 배경으로 퍽 잘 어울린다. 히브리인들의 조상이 '라메세스'를 지었다는 구약성경의 기록은 결정적이다(탈출 1,11).

시리아-팔레스티나의 신들도 많이 들어왔다. 피-라메세스의 동쪽에는 아스타르테 신전이 지어졌다. 전쟁을 자주 치렀던 람세스 2세는 우가릿의 『바알 신화』에서 용맹한 여신으로 나오는 아나투(*Anatu*)를 특히 좋아했던 것 같다. 그는 장녀의 이름을 '아나투의 딸'이라는 뜻의 "빈트-아나트"(*Bint-Anat*)로 지었다(Mieroop 2011, p. 227). 공주의 이름이 셈어적, 곧 비이집트적이라는 점은 이 시대의 개방성을 잘 보여 준다. 람세스 2세는 아나투를 '어머니'로 불렀으며, 자신의 칼에도 아나투의 이름을 새겼다(Day, "Qnat", *DDD*, pp. 36-43). 한편 바알화된 세트는 이제 이집트를 대표하는 신의 하나로 자리를 잡았다. 이밖에 리비아의 신들도 많이 들어왔다. 람세스 2세는 외래 요소를 모두 끌어모아 이집트를 중심으로 종합하려 했던 것 같다.

분열과 침체를 극복하다

람세스 2세는 나라를 분열에 빠뜨린 아케나톤의 유일신 개혁을 역사에서 지우려고 했다. 이미 호렘헤브부터 아케나톤의 건축물 일부를 해체하고 재사용했기에 이는 19왕조 전반적인 흐름이기도 했다. 하지만 그는 태양원반을 폐기하지 않고 오히려 스스로를 아톤과 동일시했다(Mieroop 2011, p. 217). 우리는 앞에서 아멘호텝 3세가 태양원반을 독립시켜 임금과 동일시했고 그 흐름에서 아케나톤이 유일신 개혁을 수행했음을 보았다. 람세스 2세는 태양원반을 다시 다신교 체제로 복귀시켰다. 그럼으로써 아케나톤의 잔존 세력을 흡수한 것이 아닐까 추측할 수 있다. 아문 신관은 이제 임금에 저항하지 않았다.

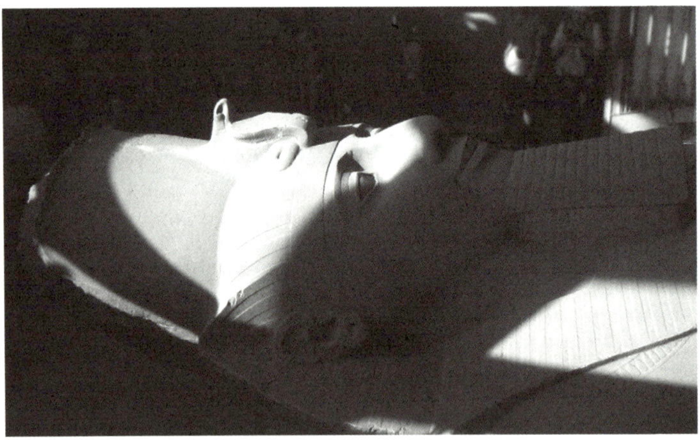

[그림 50] 멤피스의 람세스 2세 석상

2004년 저자가 멤피스의 '람세스 2세 박물관'을 방문했을 때 누워 있는 람세스 2세의 석상의 머리에 태양빛이 강하게 내리쬐고 있었다. 이 석상은 2024년 봄 개관 예정인 '대이집트 박물관'에 옮겨질 것이라고 한다. 람세스 2세는 이런 거대한 유물을 많이 남긴 임금이기도 하다.

유일신 개혁의 시기에 이집트의 외교는 초라했다. 이집트가 분열할 때 히타이트의 슙필루리우마와 그의 아들 무르쉴리 2세(*Muršili II*, 기원전 1321-1295년경)는 소국들을 착실히 봉건제에 편입시키며 남쪽을 향하고 있었다. 국제정세에 민감했던 우가릿 등의 소국은 재빨리 조공의 상대를 히타이트로 바꾸었다. 계속해서 무와탈리 2세(*Muwatalli II*, 기원전 1295-1273년경)는 더욱 시리아 지역에 집중했다. 정신을 차린 이집트의 19왕조는 이제 히타이트의 남진(南進)을 실력으로 막으려 했다. 시리아-팔레스티나 지역을 두고 두 대국 사이에 크고 작은 충돌과 마찰이 늘었다. 결국 두 대국은 전면적 충돌을 피할 수 없었다.

최초의 세계대전
: 파괴와 단절

카데쉬(*Kadeš*/*Qadeš*) 대전은 역사의 계절이 바뀌었음을 드러내는 상징적 사건이었다. 이제 대국들이 팔을 걷고 직접 충돌하는 시대가 도래한 것이다. 기원전 1275년 람세스 2세는 결전에 나섰다. 그는 과거 18왕조의 투트모세 3세와 19왕조의 부왕 세티 1세가 차지했던 오론토스(Orontos)강 근처의 카데쉬를 향해 출병했다. 지금은 비록 히타이트의 수중에 있지만, 본디 이집트의 땅이므로 이집트에 귀속시켜야 한다는 명분을 내걸었다.

카데쉬: 최초의 세계대전

재위 5년이었다. 람세스 2세는 이집트의 군대를 아문, 레, 프타, 세트의 네 부대로 나누었다(그림 51). 각 부대는 5천이었다. 2만 대군의 위용과 사기는 기원전 13세기의 하늘을 찔렀다. 임금은 아문 부대를 이끌었으니 세상은 이제 다시 아문으로 돌아왔음을 알 수 있다. 이집트의 2만 대군에 맞서 카데쉬를 수호해야 하는 무와탈리 2세는 히타이트의 봉신국가들에서 차출한 연합군으로 3만 5천의 부대를 꾸렸다(빈호프 2015, p. 231, 수 93).

카데쉬 대전의 경과는 어떠할까? 이 전쟁에 대해 이집트 측

[그림 51] 이집트 네 부대의 이름이 된 신들

카데쉬 대전에 참전한 이집트 2만 대군은 네 부대로 편성되었다. 이 부대는 저마다 (왼쪽부터) 레(레-호라크티의 모습이다), 프타, 아문, 세트를 따라 이름이 붙었다. 레와 프타는 고왕국부터 섬기던 신이었고 아문은 중왕국부터 이집트를 대표했다. 한편 세트는 힉소스 시기부터 풍우신의 성격을 얻으며 최고신의 반열에 올랐다.

람세스 2세가 이집트의 네 부대의 이름을 이렇게 지은 것은 그가 전승을 종합해 이집트 사회를 통합하려는 의지를 드러내는 것 같아 인상 깊다. 한편 고대 이집트의 큰 신들을 내세워 대군(大軍)을 꾸렸음에도 카데쉬를 탈환하지 못한 것에서 신왕국이 쇠락하는 전조를 읽을 수도 있을 것이다.

의 전쟁 기록만이 비교적 풍부하다. 람세스 2세가 전쟁의 경과를 여러 곳에 공들여 남겼기 때문이다. 그런 정보를 종합해 현대의 소설 등에도 등장하는 흥미진진한 이야기의 골자는 이렇다. 람세스 2세 임금이 출병하고 얼마 지나지 않아 히타이트의 병사를 사로잡았는데 뜻밖에 고급 정보를 얻었다. 바로 히타이트 임금의 본진이 멀지 않은 곳에 있다는 것이다. 그는 자신의 부대만을 이끌고 서둘러 히타이트 임금을 치러 떠났다. 그 와중에 히타이트 병사를 또 사로잡았는데, 그에게서 진실을 들었다. 바로 첫 번째 사로잡힌 병사는 일부러 거짓 정보를 알려준 것이고, 오히려 람세스 2세가 본진에서 고립되어 위험에 처했다는 것이다. 곧이어 히타이트 병사들이 급습했다. 사면초가의 상황에서 이집트 임금은 초인적 무공으로 히타이트의 정예 병사를 무찌르고 위험에서 당당히 빠져나왔다(Mieroop 2011, p. 220).

실제 전쟁의 결과

이 이야기는 그 자체로 극적이고 흥미로우며 임금의 영웅적 행위가 돋보인다. 그런데 곰곰히 생각해 보면 '패전을 합리화하는 이야기'로 해석될 수 있다. 이집트가 카데쉬를 다시 쟁취하고자 일으킨 전쟁이었다. 하지만 전쟁 후에 카데쉬는 여전히 히타이트의 수중에 남았다(빈호프 2015, p. 231). 그러므로 이 전쟁 자체를 놓고 보자면 '히타이트 연합군의 방어승'으로 평가할 수 있다. 이집트는 카데쉬를 탈환하지 못했고 이후에 람세스 2세가 원정한 곳은 카데쉬보다 훨씬 남쪽으로 제한되었다.

하지만 장기적으로 보면 이집트가 패한 것도 아니었다. 예나 지금이나 기초 체력이 강한 나라가 최후의 승리를 거머쥐는 법이다. 히타이트는 카데쉬 방어에 성공했지만 그 이후 제국이 기울었다. 히타이트 신왕국은 계속되는 내부의 혼란과 외적의 침입으로 기원전 1180년경 멸망한다. 그래서 다음 시기, 곧 기원전 1천 년대에 '히티이트 제국'은 소멸하고 몇몇 소국들이 난립하며 히타이트의 적통임을 주장하는 시대가 오는데 이를 '도시국가 히타이트'

시대라고 한다. 이집트는 결국 히타이트를 무너뜨린 것이다. 하지만 그 이집트도 조금 더 지탱하는 데 그쳤으니 기원전 1069년 신왕국이 무너지고 제3중간기가 시작한다. 그래도 이집트는 멸망하지 않았고 대국의 면모를 오랫동안 유지했다. 심지어 중간기에도 주변국을 상대로 원정을 벌였으니 역시 대국 이집트였다.

최초의 평화조약

전쟁이 끝나고 3년 후, 무와탈리 2세의 왕위는 우르히-테슙(*Urhi-Tešub*)으로 넘어갔다(기원전 1272년). 우르히-테슙은 무와탈리 3세라는 이름으로 등극했지만 불과 재위 7년만에 삼촌 핫투쉴리 3세(*Ḫattušili III*, 기원전 1266-1240년경)에게 왕위를 빼앗기고 추방당했다. 조카의 왕위를 찬탈한 핫투쉴리 3세의 시대에 밋탄이 멸망했고 아시리아가 부흥했다. 그는 새로 등장하는 아시리아를 견제하고 불안한 왕위를 안정화하기 위해 이집트와의 외교에 힘썼다. 그리하여 두 대국은 평화조약을 맺었다(기원전 1259년). 이를 흔히 '카데쉬 조약'(Kadesh Treaty) 또는 '이집트-히타이트 평화조약'(Egyptian-Hittite Peace Treaty)으로 일컫는다. 세계 최초의 평화조약이다(그림 52).

히타이트가 이집트로 보낸 평화조약문은 카르낙의 아문 신전 벽에 쓰여 있다. 이 조약의 골자는 간단하다. 앞으로 이집트 왕실과 히타이트 왕실은 서로 동맹이 되어 외적을 함께 막는다는 것이다. 만일 반란자가 도망치면 잡아서 서로 송환해 주기로 했다. 핫투쉴리 3세는 여기에 자신의 후계자를 람세스 2세가 특별히 승인해 줘야 한다는 조항을 삽입했다. 그는 정변으로 정권을 잡았기에 왕권을 국제적으로 인정받으려는 욕구가 컸던 것 같다. 참고

[그림 52] 카데쉬 조약문

기원전 1259년에 히타이트의 핫투쉴리 3세와 람세스 2세가 맺은 조약이다. 히타이트에서 발견된 아카드어 판본(왼쪽, 앙카라)은 토판으로 전하고, 이집트어 판본(오른쪽, 카르낙)은 신전 벽에 새겨져 있다. 기원후 1970년 튀르키예는 최초의 국제적 평화조약의 복제품을 UN에 기증했다.

로 핫투쉴리 3세의 아들이 앞의 히타이트 청동판(그림 35)에서 언급한 투드할리야 4세였다.

두 나라의 평화조약은 실제로 작용해 히타이트의 군대 일부가 피-라메세스에 주둔하기도 했고, 람세스 2세의 군대 일부도 히타이트 영토를 지나가기도 했다(Mieroop 2011, pp. 222-223). 이 조약은 다시 14년이 지나 람세스 2세가 히타이트 공주와 결혼식을 올리며 재확인된다(기원전 1245년).

힘들었던 소국들

결과적으로 최초의 세계대전은 최초의 국제적 평화조약으로 이어졌다. 하지만 군사적 충돌이 완전히 멈춘 것은 아니었다. 람세스 2세는 재위 8년과 10년에도 출병한 기록이 있다. 이미 그의 아버지 세티 1세부터 따지자면 시리아-팔레스티나 지역은 기원전 13-12세기에 거듭되는 대국의 전쟁터였던 셈이다. 히타이트가 남진하는 과정도 평화롭지만은 않았다. 크고 작은 전쟁이 이어졌다.

소국들은 힘든 시기를 버텨야 했다. 대국들의 진의를 파악하고 그들의 요구를 들어주는 것도 쉽지 않았지만, 전장(戰場)을 제공하는 측의 고통은 특히 컸다. 그들은 늘 '외교의 묘수'를 찾도록 내몰렸다. 우가릿은 이집트에서 히타이트로 충성의 상대를 바꾸어 카데쉬 대전에는 히타이트의 편에서 싸웠지만, 반대로 이웃 아무루는 히타이트에서 이집트로 갈아탔다(빈호프 2015, p. 230). 큰 전쟁으로 일시적인 힘의 공백이 발생하면, 소국들 간의 국지적 긴장과 충돌은 더욱 늘어났고 격화되었다. 여러모로 국제적 무역과 외교의 체제가 안정되기 힘들었다.

기원전 12세기의 파괴와 단절

때맞춰 결정적 파괴가 일어난다. 기원전 14-12세기에 수수께끼 같은 바다민족(Sea People)이 고대근동 세계를 선택적으로 파괴한다. 이들에 대해서는 거의 알지 못한다. 스스로 남긴 기록이 거의 전해지지 않기 때문이다. 단일한 민족도 아니고, 바다와 육지를 자유롭게 이동했고, 여러 나라들이 이들과 전쟁을 치른 기록이 있고, 대부분의 기록에서 야만인으로 폄하된다는 것 정도만 확실히 말할 수 있다. 미케네와 관련 있을 것 같은 이들은 메소포타미아, 시리아, 팔레스티나, 그리스, 키프로스, 이집트, 우가릿 등을 대부분 공격했다. 우가릿처럼 이때 멸망한 도시국가가 많지만(클라인 2017, pp. 185-240) 이 시기의 파괴와 단절에 대해서 자연재해설 또는 국내분쟁설 등 다양한 견해가 존재한다(미에룹 2010, pp. 291-296). 그만큼 신뢰할 만한 자료가 적다.

거듭되는 전쟁과 파괴는 결과적으로 시리아-팔레스티나의 판도를 완전히 바꾸어 놓았다(빈호프 2015, p. 260). 거대한 파괴와 단절의 역사가 일어난 것이다. 비블로스, 시돈, 티로 등은 살아남았지만(그래서 이들은 구약성경에 등장한다), 우가릿, 알랄라흐, 아무르 등은 파괴되었다(이들은 구약성경에 나오지 않는다). 파괴된 곳 일부는 역사에서 아예 사라졌다. 시리아-팔레스티나의 '도시문화'도 이제 '촌락문화'로 퇴보했다(미에룹 2010, p. 287). 우리는 앞에서 기원전 2천 년대의 전반기가 암흑시대로 마무리되었음을 보았다. 이제 기원전 2천 년대의 후반기도 거대한 파괴와 단절의 시대로 저문다. 그렇지만 삶은 계속 이어졌다. 기존의 질서가 무너진 곳에 새로운 민족들이 이주해 주인행세를 하기 시작했다.

더 읽어보기 7

이집트 신왕국

1. 다음을 읽고 고대 이집트 신왕국의 전반적 역사를 정리하라. 고왕국과 중왕국의 연속성과 단절에 주의하라.

   - M. van de Mieroop, *A History of Ancient Egypt*, Wiley-Blackwell, 2011, pp. 151-183.
   - Toby Wilkinson, *The Rise and Fall of Ancient Egypt*, Random House Pub., 2010 (kindle edition), part III, chap. 10-12.
   - A. Kuhrt, *The Ancient Near East - c. 3000-330 BC, vol. I*, Routledge, 1995, pp. 185-194, 211-224.
   - 클라이스 R. 빈호프, 『고대 오리엔트 역사-알렉산더 대왕 시대까지』, 배희숙 옮김, 한국문화사, 2015, pp. 164-174.
   - 제임스 헨리 브레스테드, 『고대 이집트의 역사 2-태고부터 페르시아의 정복까지』, 김태경 옮김, 한국문화사, 2020, pp. 3-119.
   - 에릭 클라인, 『고대 지중해 세계사-청동기 시대는 왜 멸망했는가』, 류형식 옮김, 소와당, 2017, pp. 39-133.

2. 아케나톤의 유일신 개혁과 관련된 역사를 정리하라. 부왕부터 2대에 걸친 역사적 맥락과 경과에 주의하라.

   - M. van de Mieroop, *A History of Ancient Egypt*, Wiley-Blackwell, 2011, pp. 151-183.
   - Toby Wilkinson, *The Rise and Fall of Ancient Egypt*, Random House Pub., 2010 (kindle edition), part III, chap. 13-14.
   - A. Kuhrt, *The Ancient Near East - c. 3000-330 BC, vol. I*, Routledge,

1995, pp. 185-204.

- 클라이스 R. 빈호프, 『고대 오리엔트 역사-알렉산더 대왕 시대까지』, 배희숙 옮김, 한국문화사, 2015, pp. 174-184.
- 제임스 헨리 브레스테드, 『고대 이집트의 역사 1-태고부터 페르시아의 정복까지』, 김태경 옮김, 한국문화사, 2020, pp. 120-223.

3. 람세스 2세와 관련된 국제적·국내적 역사를 정리하라. 카데쉬 대전과 바다민족의 침입 이후 신왕국 몰락의 맥락과 경과에 주의하라.

- M. van de Mieroop, *A History of Ancient Egypt*, Wiley-Blackwell, 2011, pp. 151-183.
- Toby Wilkinson, *The Rise and Fall of Ancient Egypt*, Random House Pub., 2010 (kindle edition), part IV, chap. 15-18.
- A. Kuhrt, *The Ancient Near East - c. 3000-330 BC, vol. I*, Routledge, 1995, pp. 204-211.
- 클라이스 R. 빈호프, 『고대 오리엔트 역사-알렉산더 대왕 시대까지』, 배희숙 옮김, 한국문화사, 2015, pp. 229-241.
- 에릭 클라인, 『고대 지중해 세계사-청동기 시대는 왜 멸망했는가』, 류형식 옮김, 소와당, 2017, pp. 135-181.
- 제임스 헨리 브레스테드, 『고대 이집트의 역사 1-태고부터 페르시아의 정복까지』, 김태경 옮김, 한국문화사, 2020, pp. 225-357.

4. 다음을 읽고 기원전 2천 년대에 본격적으로 등장한 히타이트, 엘람, 시리아-팔레스티나 지역의 종교와 신학의 특징을 비교해 정리하라. 사제, 신전, 신화, 사후세계 등이 각 지역에서 저마다 어떻게 다른지, 그 기초적 배경과 맥락에 유의하라.

- Lené Lebrun, "From Hittite Mythology: The Kumarbi Cycle", *CANES III & IV*, pp. 1971-1980.
- Gregory McMahon, "Theology, Priest, and Worship in Hittite Anatolia", *CANES III & IV*, pp. 1981-1995.
- Heidemarie Koch, "Theology and Worship in Elam and Achaemenid Iran", *CANES III & IV*, pp. 1959-1969.
- Mark Smith, "Myth and Mythmaking in Canaan and Ancient Israel", *CANES III & IV*, pp. 2021-2030.
- Karel van der Thoorn, "Theology, Priests, and Worship in Canaan and Ancient Israel", *CANES III & IV*, pp. 2043-2058.

V

기원전 1천 년대

시리아-팔레스티나 : 달라진 세상

고대근동 3천 년의 마지막 시대, 기원전 1천 년대가 열렸다. 이 시기는 그 이전과 단절된다. 기원전 12세기경의 파괴와 단절이 고대근동 세계의 풍경을 완전히 바꿔 버렸기 때문이다. 특히 기원전 11세기 이후에 시리아-팔레스티나 지역에는 새로운 민족들이 정착했다. 기원전 12세기 전후의 달라진 풍경을 비교해 보자.

하비루와 히브리

기원전 2천 년대에 쓰인 아카드어 '하비루'(*ḫabiru* 또는 *ḫapiru*)는 '강도(떼)', '쫓겨난 사람들', '무법자', '달아난 노예들' 등을 의미했다. 인종이나 부족의 이름이 아니라 "경멸적인 뜻을 함축하고 있는 사회적 보통명사"다(빈호프 2015, p. 202). 이 시대에 나온 대국과 소국의 사료는 이들에 대한 언급이 가득하다(미에룹 2010, p. 293). 대개 도적떼로 나오지만, 일부에서는 교화해 하급관리로 쓰거나 용병으로 고용했다는 내용도 있다.

히브리인을 히브리어로 /ˁ**이브리**-/(*ˁibrī*)라 하는데, 니스바 어미를 떼면 그 어원을 '하비루'로 볼 수 있다. 확실히 둘 사이에는 "언어적으로, 사회학적으로 이론의 여지가 없는 어떤 연관성이 있다"(빈호프 2015, p. 207). 이런 추론은 광범위하게 수용된다. 그렇다면 히브리는 "사회적 보통명사가 부족과 민족의 이름이"(빈호프 2015, p. 203, 205) 된 경우다. 한편 이집트는 이 말을 쓰면서도, 시리아-팔레스티나의 작고 보잘것없는 무리를 /**샤수**/(*Š3sw*)라고 일컬었다.

이드리미가 세운 하비루의 첫째 나라

이스라엘은 하비루들이 세운 첫째 나라가 아니었다. 12세기의 파괴와 단절 이전에 이미 하비루의 나라를 세운 인물이 있었다. 기록상의 첫째는 이드리미(*Idrimi*, 기원전 1460-1400년)였다(그림 53). 15세기 밋탄의 지배를 받던 알랄라흐에서 나온 문헌과 그의 석상에 쓰인 자서전을 종합하면 흥미진진한 그의 이야기를 들을 수 있다. 이드리미는 알레포의 임금 일림-일림마 1세(*Ilim-Ilimma I*)의 막내아들로 태어났다. 그러나 그는 왕궁에서 편안하게 성장하지 못했고 풍운아의 운명을 짊어져야 했다. 석연치 않은 이유로(살인? 반란? 모함?) 그는 알레포를 등지고 에마르(*Emar*)로 피신했다. 고향을 떠나 방랑하던 그는 그곳에서도 편치 못했고 다시 가나안으로 탈출하여 성 밖의 '하비루 무리'를 규합했다. "즉 사회에서 소외된 반유목민들의 우두머리가 되었다"(미에룹 2010, p. 226). 그는 자신의 무리를 이끌고 바다와 광야를 지나고 큰 산을 넘었다. 시리아-팔레스티나 일대를 떠돌던 그는 결국 고향을 무력으로 정복했다. 그리고 7년 후 밋탄의 임금은 그를 알랄라흐의 군주로 인정했다.

알랄라흐는 현대의 튀르키예 남부 끝자락에 있는 텔 아트차나(Tell Atchana)인데, 이곳에서 예루살렘까지는 대략 평양에서 부

[그림 53] 이드리미 신상과 자서전

알랄라흐의 임금 이드리미의 신상으로 어깨와 몸통에 그의 자서전이 적혀 있다. 그는 왕궁에서 쫓겨나 하비루들을 규합해 가나안 광야를 떠돌다가 정권을 잡은 최초의 인물로서 모세보다 200년 정도 이르다. 이런 종류의 자서전 문학은 고대근동 세계에서도 드문 것이다. 울리 경(Sr. L. Woolley)이 발굴했고 현재 런던 대영박물관에 있다(BM 130738). 본디 눈에는 유리를 박아 넣었는데 많이 해져서 지금은 반짝거리지 않는다. 104.14×59.69×48.26 cm.

산 정도의 거리에 불과하다(약 528km). 이스라엘이 건국되기 500여 년 전에 하비루의 무리를 규합해 시리아-팔레스티나 지역을 방랑하다가 정권을 잡은 역사가 있었다는 사실을 알아 두자.

우가릿의 『바알 신화』

우가릿(*Ugarit*)은 기원전 12세기의 단절을 상징할 수 있는 도시다. 기원전 2천 년대 번영하던 도시국가였고 "모든 지역과 관계를 맺은 세계적 무역 도시"였다(빈호프 2015, p. 203). 우가릿은 독자적인 쐐기문자 알파벳을 썼고, 상당히 많은 양의 우가릿 문헌이 출토되고 해독되었다. 특히 우가릿 3대 문학이랄 수 있는 『바알 신화』, 『키르타 이야기』, 『아크하투 이야기』는 그 자체로 수려하지만 구약성경에도 큰 영향을 주었다.

훗날 이 지역에 나라를 세운 이스라엘인들의 건국서사는 이드리미와 비슷하지만 실제 국가 운영에서는 우가릿을 깊이 참조했던 것 같다. 독자적 글자와 언어를 사용하고 경제와 문화의 수준이 높았던 우가릿은 충분히 후대의 모범이 될 만한 나라였다. 문헌자료가 비교적 풍부하기에 우리는 12세기의 단절 이전에 우가릿이라는 한 소국의 역사와 종교에 대해서 비교적 소상하게 알 수 있다.

예루살렘을 다스린 압디-헤파

12세기의 단절 이전에 예루살렘도 번영했다. 당시 예루살렘을 다스리던 임금이 남긴 문서는 '다윗 이전의'(vordavidisch) 예루살렘에 대한 직접 증거다. 그 임금의 이름은 '압디-헤파'(*Abdi-Ḫepa*)였다. 키일(O. Keel)에 따르면 압디-헤파가 이집트로 보낸 토판이 7점 남아 있으며, 그 문헌들에서 "예루살렘"(*URUú-ru-sal-limKI*)은 두 번, "예루살렘의 땅"(*māt URUú-ru-sal-limKI*)은 세 번, "예루살렘 땅의 도시"(*URU KURú-ru-sal-limKI*)는 한 번, "예루살렘의 땅들(=나라들?)"(*mātāt*

^{URU}*ú-ru-sal-lim*^{KI})이 한 번 등장한다. 그밖에도 토기 조각 등에 이 도시의 이름이 더 나온다(Keel 2007, pp. 50-52).

그가 이집트로 보낸 서신의 내용은 당시 소국의 치열한 외교전을 드러내는 것이었다. 구약성경은 다윗이 여부스인들에게서 예루살렘을 얻었다고 하므로(2사무 5,6 등), 혹시 압디-헤파가 여부스인이 아니었을까 질문할 수 있다. 하지만 그에 대해서는 확실하게 답할 수 없다. 어쩌면 '여부스 이전'(vorjebusitisch)의 역사일 수도 있다.

훗날 다윗은 예루살렘을 '야훼의 도성'으로 만들었고, 이 도시에서 유일신 신앙이 발전했다. 그런데 본디 예루살렘은 다신교의 도시였고, 그곳에서 섬기던 신들의 이름을 우리는 적어도 두 개는 안다. 첫째는 살렘(*Šlm*)이다. 창세기의 멜키체덱이 '살렘의 임금'이고(창세 14,18) '예루살렘'(*Jrūšālam*)이라는 이름에도 이 살렘 신이 들어 있다. 살렘은 시리아-팔레스티나에서 자주 발견되는 신명(神名)이고, 인명(人名)에도 흔하게 쓰였다. 다윗의 두 아들, 곧 압살롬(*Abšālōm*)과 솔로몬(*Šlomoh*)의 이름은 모두 살렘과 관련이 있다(*DDD*, p. 756).

둘째는 앞에서 언급한 헤파다. '압디'는 '…의 종'이란 뜻이므로 압디-헤파는 '헤파의 종'이란 뜻이다. 헤파는 헤파트(*Ḫepat*) 또는 헤바트(*Ḫebat*)라고도 하는데 본디 후르인의 신이었지만 히타이트에서도 섬겼다. 앞의 [표 6]에서 언급한 풍우신 테슙의 아내가 바로 헤파(헤바트)였다. 헤파는 히타이트 인명에도 즐겨 쓰여, 카데쉬 조약을 체결했던 핫투쉴리 3세의 아내의 이름도 푸두헤파였다(빈호프 2015, p. 232). 다윗의 부하 가운데 '엘야흐바'(*ˀelyaḥbaˀ*)라는 이가 있는데, '헤파는 나의 신'이라는 뜻으로 새길 수 있다(2사무 23,32; 1역대 11,33; *DDD*, p. 392). 어쩌면 그는 다윗에게 아내 밧 세바를 빼앗긴 장수 우리야처럼 히타이트 사람이었을지 모른다(2사무 11,6).

파괴와 단절 이후의 세상에서

기원전 12세기, 곧 파괴와 단절의 시대에 시리아-팔레스티나 지방에서 번성하던 기존의 도시국가 체제는 무너졌고 촌락문화로 퇴보했지만 그저 어둡기만 한 것은 아니었다. 이 시기에 낙타를 길들이는 등 여러 혁신도 일어났다. 이런 상황에서 이 지역에 새로운 민족들이 들어와 살게 된다. 여기서는 (이들 외에 다른 민족도 있지만) 대표적인 네 민족을 간단히 살펴보자. 이들은 한 민족이 여러 국가를 이루며 살았고 알파벳의 발전에 참여했고 기원전 12세기 이전에는 뚜렷한 기록을 찾기 힘들다는 공통점이 있다.

성 밖의 아람인

'아람인'(*Aramu*)은 "기원전 1100년 이전에는 매우 적게 나타난다"(빈호프 2015, p. 256). 빈호프는 브링크만(J. A. Brinkman)을 인용하여 아람인의 기원을 세 가지로 추측했다. 첫째는 본디 성 밖의 사람들이었던 아무르의 후손이라는 설, 둘째는 (불분명한) 다른 지역에서 온 이주민이라는 설, 셋째는 본디 기원전 800년 이후에 민족이 형성되었다는 설이다. 이 세 추론의 공통점은 이들이 본디 성 밖의 무리들로서 그 조상의 기록이 분명치 않다는 것이다. 하지만 이어지는 역사에서 이들은 상당히 인상적 역할을 한다. 기원전 1천 년대에 이스라엘은 아람인들과는 비교적 우호적 관계를 유지했다.

바다의 필리스티아인과 페니키아인

페니키아인들은 바다를 지배했다. 이들은 주로 시리아 지역, 곧 티로와 시돈 등 북쪽의 항구를 차지하고 번성했다. 알파벳을 발전시켰고 외교에도 능했다. 페니키아와 가나안인은 가까운 친척이다. 이스라엘은 페니키아의 항구 도시들과 친하게 지냈다.

필리스티아인들은 페니키아인들처럼 바다에서 온 민족이지만 기원이 확실하지 않다. 아마 12세기의 파괴와 단절을 일으킨 바다민족의 일파였다가 이 지역에 자리잡은 듯하다(빈호프 2015, p. 246). 이들은 가자, 아스돗, 아스클론, 가드, 에크론 등 팔레스티나 지역의 남쪽 도시들을 차지했다. 이 도시들은 거의 다 구약성경에 나온다. 구약성경은 필리스티아인들이 자리잡은 곳에 이스라엘이 들어온 것처럼 묘사하지만, 실상 필리스티아인도 이곳에 들어온 지 얼마 되지 않았다. 지리적으로 인접했고 일부 영역이 겹쳤기 때문인지 이스라엘은 이들과 분쟁이 잦았고 구약성경은 이들을 적대적으로 묘사했다.

독특한 믿음의 이스라엘인

12세기의 단절 이후에 등장한 이스라엘은 독특한 믿음을 지닌 민족이었다. 수메르-아카드의 수많은 신들을 대개 두 부류로 나눈다. 도시와 신전을 지닌 '큰 신'(major god, 主神)과 그렇지 못한 '작은 신'(minor god, 從神)이다. 엔릴, 엔키, 이쉬타르 등 큰 신들은 신화에서 주인공을 맡거나 제의문헌 등에서 제물을 받는다. 승리와 치유 등을 주는 역할도 대개 큰 신들의 몫이었다. 작은 신들은 전령, 문지기 등 보조적 역할을 맡거나 아예 성 밖을 배회하는 불길한

[그림 54] 메르넵타 승전비(Victory Stele of Merneptah)(위)

이른바 '이스라엘 비문'(Israel Stele)으로도 알려진 비문이다. 람세스 2세의 아들 메르넵타(*Merneptah* 또는 *Merenptah*, 기원전 1213-1203년경)는 부왕을 이어 10년간 다스렸는데 그의 승전비에 '이스라엘 민족'이 등장한다. 1896년 페트리(F. Petrie) 경이 테베에서 발견했다.

[그림 55] 최초의 '이스라엘' 기록(아래)

메르넵타 승전비의 일부로서 상자로 표시한 부분이 역사상 최초로 이스라엘을 언급하는 기록이다.

신이다.

이런 신학을 믿은 고대근동인이라면 히브리인들의 야훼를 작은 신으로 이해했을 것이다. 그리고 그런 하비루의 작은 신에 불과한 존재가 이집트의 파라오를 이기고 백성을 탈출시켰다는 서사는 놀랍다 못해 차라리 황당했을 것이다. 이집트의 신학에서 파라오가 어떤 존재인가. 레의 화신이고 마아트의 의지였다. 중국의 천자에나 견줄 수 있는 파라오가 그저 맥없이 당하고 있었다는 서사는 작은 백성에게는 통쾌하고 어마어마했을 테지만, 사실 누구도 믿기 힘든 내용이다. 이집트 탈출 사건이라는 서사는 그래서 역사에서는 확실한 흔적을 찾을 수 없을 것이다. 이런저런 역설로 가득한 전복의 서사는 다만 이스라엘의 독특한 믿음의 눈으로만 체험되고 전승될 수 있을 것이다.

그래서 이스라엘 탈출 서사의 핵심은 그 독특한 신관이다. 이드리미의 이야기에는 하비루가 있지만 야훼가 없다. 이드리미의 기록은 반란군이 정권을 잡은 이야기라면 구약성경의 탈출 사건은 종교적 세계관의 전혀 새로운 차원이 드러나는 서사다. 어쩌면 고대근동 종교에 대한 정확한 지식에 기반한 비교종교학적 성찰이나 신학과 인문학을 넘나드는 서술만이 이런 차원을 드러낼 수 있을 것이다.

강대국의 부재

이상의 네 민족은 '강대국의 부재'라는 역사상 절묘한 기회를 누렸다. 기원전 12세기의 파괴와 단절 직후 시리아-팔레스티나에는 '태양'으로 부를 만한 대국이 없었다. 신히타이트 제국은 내분과 외침으로 소멸하는 과정이었고 이집트 신왕국도 몰락하고 서서히 제3중간기로 접어들었다. 그리고 이어지는 기원전 9세기경 신아시리아 제국이 확산하기까지 시리아-팔레스티나는 소국들에게 비교적 '열린 공간'이었다. 그리고 이런 자유로운 시기는 이후에 다시 찾아오지 않았다.

이제 독자들은 고대 이스라엘과 구약성경의 성격을 조금 더 깊게 이해할 수 있을 것이다. 구약성경은 12세기의 파괴와 단절 이후의 사건에 충실한 책이다. 그 이전 시기에 번영했던 우가릿이나 히타이트 대제국이 서술되어 있지 않고, 이드리미도 압디-헤파도 등장하지 않는다. 민수기나 여호수아기 등을 보면 이집트에서 탈출한 히브리 백성이 마치 텅 빈 광야를 유랑하다가 주인 없는 땅에 들어가는 듯하게 묘사되어 있는데, 이는 시리아-팔레스티나 지역의 도시국가 체제가 파괴된 상황에 잘 맞는다.

신아시리아
: 제국주의의 본격적 발전

기원전 1천 년대에 제국주의는 새로운 차원으로 발전했으니, 제국의 시대라고 할 수 있다. 12세기의 파괴와 단절 이후에 드러나는 사료에 따르면 "이미 근동 세계는 제국의 시대로 넘어가고 있었다"(미에룹 2010, p. 303). 하나의 제국만으로도 책을 내기 충분할 정도로 사료가 풍부하지만 여기서는 각 제국의 특징만을 간단히 살펴보겠다. 더 깊은 공부는 "더 읽어보기"로 미루겠다.

연속하는 네 제국

기원전 1천 년대는 순서대로 '신아시리아-신바빌로니아-페르시아-그리스'의 시대였다. 신아시리아는 고대근동 전역을 통일하며 첫 장을 열었다. 기원전 9세기부터 본격적으로 확장했지만 기원전 612년 수도 니네베가 함락되자 패권은 신바빌로니아 제국으로 넘어갔다. 그로부터 채 100년이 지나지 않은 기원전 539년, 수도 바빌론은 페르시아 군대에게 문을 열어 주었다. 페르시아 제국은 200년 정도 지속했고 기원전 330년부터는 그리스의 세상이 열린다. 그리스 제국은 기원전 31년 악티움 해전에서 로마에 패권을 내주었으니 300년 정도 지속된 셈이다.

고대근동학은 앞의 세 제국만 다루지만, 잠시 네 제국의 특징을 비교해 보자. 신아시리아와 신바빌로니아는 공통점이 크다. 모두 셈어인 아카드어를 사용했고, 수메르-아카드 문명의 후예로서 메소포타미아에서 발원했다. 반면 페르시아와 그리스는 인도유럽어족에 속했고 고대근동 세계의 동쪽 끝(페르시아)과 서쪽 끝(그리스)에서, 곧 변방에서 중앙으로 진출한 공통점이 있다. 앞의 세 제국은 모두 메소포타미아를 중심으로 번영했다. 한편 이집트는 네 제국 시대 내내 약체였다. 그래서 고대 이집트의 역사책에서도 이 시기를 아예 빠뜨리거나 상당히 짧게 기술하기도 한다. 기원후 시대까지 보면, 그리스의 지배는 역시 인도유럽어를 사용하는 로마 제국으로 이어졌고 이슬람 시대에 들어서야 셈어(아랍어)가 다시 패권을 잡았다.

경제를 위한 전쟁

신아시리아 제국에는 그 이전 시대와 다른 '도약'이 있었다. 이 시기에 제국주의는 새로운 단계로 발전했다. 우선 상인들의 나라 아시리아는 '경제'를 위해 전쟁을 했다는 서술이 넘친다. "아시리아 제국은 영토를 늘리려는 욕심에 이끌리지 않았다. 제국 제도는 아시리아 본토를 위한 자원 획득을 최대화하는 목적을 이루기 위한 수단이었다"(미에룹 2010, p. 365). 왜 그랬을까? "아시리아 팽창 정책의 배후에는 무엇보다 경제적 동기가 있었다"(빈호프 2015, p. 285). "군사원정의 결과, 아시리아인들은 근동 전역으로부터 엄청난 양의 자원들을 획득하였다"(미에룹 2010, p. 338).

식민지: 제국이 실현한 공간

경제적 목적을 위해 제국은 상상의 공간을 실현했다. 이미 기원전 2천 년대부터 아시리아인들은 세계를 '두 개의 공간'으로 나누어 인식했다. 첫째는 앗슈르 본토, 곧 '앗슈르의 땅'이고 나머지는 '앗슈르의 멍에 아래 있는 땅'이었다. 앗슈르 신의 신전은 제국의 핵심부 앗슈르 시에만 존재할 수 있었고, 세계의 나머지 공간은 앗슈르 신의 땅을 위해 봉사하고 희생해야 하는 운명이었다. '앗슈르의 멍에 아래 있는 땅'은 아시리아의 일부가 될 필요도 없었고 같은 종교를 믿을 필요도 없었다(미에룹 2010, pp. 354-355. 그래도 아시리아의 종교와 문화가 확산되는 일은 피할 수 없었다).

기원전 2천 년대에도 이런 '왕권신학'은 어쩌면 특이할 것이 없었다. 하지만 아시리아인들이 그런 인식을 기원전 1천 년대에 실현한 것은 대단한 일이었다. 아시리아인들이 구현했던 '앗슈르의 멍에 아래 있는 땅'은 어쩌면 인류가 최초로 사용한 '식민지'의 이름일 것이다.

이런 인식은 이집트와도 달랐다. 이집트는 본토 밖의 땅을 이제페트, 곧 혼돈과 사악한 땅으로 인식했지만 아시리아는 본토에 필요한 것을 제공할 수 있는 유용한 땅으로 보았다. 이집트인들에게는 본토가 가장 풍요로웠고, 무지한 이제페트의 민족은 방어하거나 교화할 대상일 뿐이었다. 그러나 아시리아인들은 옳고 그름의 명분보다는, 필요와 거래와 이익을 밝혔다. "(아시리아의) 군대는 사방에서 재물을 주워 담는 대상(隊商)이 되어 마침내는 엄청난 노략물을 가득 싣고서 귀향했다"(빈호프 2015, p. 285). 그리하여 "모든 종류의 금속, 가축, 전차가 대량으로 본토에 들어왔다."(빈호프 2015,

p. 290). 상인들의 군대는 이익에 충실했다.

소국들이 순순히 멍에를 멜 리가 없었다. 실제로 신아시리아는 정복한 땅을 세 단계로 나누어 다스렸다. 조공을 순순히 바치면 토착 임금이 정치적 독립을 인정받는 '속국'이 된다. 반란 등이 일어나면 신아시리아 임금이 직접 꼭두각시 왕을 세워 '괴뢰국'으로 격하시킨다. 더욱 저항하면 아예 총독을 파견해 다스리는 '직할통치'로 삼았다. "이스라엘의 역사는 이 정책이 어떻게 운영되었는지를 보여 주는 좋은 예이다"(미에룹 2010, pp. 361-365. 인용은 p. 364). 히타이트처럼 소국들과 봉건계약문을 쓰기도 했지만(빈호프 2015, p. 279) 실제로는 소용이 없었다. 속국이냐 괴뢰국이냐 직할통치냐는 근본적으로 아시리아 본국의 의지와 필요에 따라 수시로 뒤바뀌었다.

제국의 시간과 기록

제국은 시간과 기록도 새롭게 정의했다. 임금은 해마다 원정을 나가야 했다. 그것은 앗슈르 신이 임금에게 지운 거룩한 의무였다. 그리고 임금은 해마다 원정을 나갔다는 기록을 주로 석비의 형태로 남겨 제국의 변방 곳곳에 세웠다. 원정 기록은 거룩한 의무를 수행했노라고 신에게 응답한 '섬김의 표현'이었다.

> 일 년에 한 번 있는 군사 원정은 신아시리아 시대를 규정하는 근본적인 개념으로 왕의 연호를 이루게 된다. 예를 들어 연대기에서 아시리아 왕은 '나의 즉위 5년에'라고 말하지 않고 '나의 다섯 번째로 원정하던 때에'라는 말로 시간을 표기한다.(미에룹 2010, p. 347)

거룩한 임무를 자각한 상인들은 새로운 종류의 역사기록을 남겼다. 그들은 건축물의 부조 등에도 원정 기록을 꼼꼼히 남겼고, 원정과 관련되어 주고받은 편지나 기록도 수천 통이나 남아 있다. 후대에 세운 석비는 과거 석비의 내용을 요약하거나 세부사항을 보충하는 경우도 많다(빈호프 2015, p. 278). 그리하여 신아시리아 시대의 기록은 넘쳐난다. 그 이전 시기는 물론이요 다음 시기(신바빌로니아)와 비교해도 훨씬 풍부할 정도다.

이런 기록들과 주변 민족의 기록을 대조해 현대 학자들은 '기원전 910년에서 649년에 이르는 기간의 모든 연호와 사건을' 알고 있다. 게다가 기원전 763년 6월 15일에 발생한 일식을 기준으로 절대연도를 정확히 환산할 수 있다. 그리하여 기원전 1천 년대의 사건은 예루살렘 함락 사건처럼 해와 달과 날짜마저 정확히 계산될 수 있다(미에룹 2010, p. 347). 새로운 시간관과 기록문화는 '아시리아의 평화'(Pax Assyriaca)와 제국의 이익을 극대화하는 것이었다(빈호프 2015, p. 348).

유배: 제국이 창조한 시공간

유배는 제국이 창조한 새로운 시공간이요 멍에였다. 사실 이집트에도 강제이주가 있었다. 그러나 그것은 주로 변방에서 중앙으로 노동력이나 자원을 가져오는 것이었다. 하지만 신아시리아는 자신의 필요에 따라 변방에서 중앙으로 데려오기도 하고 그저 변방끼리 뒤섞기도 했다. 신아시리아의 임금은 여러 번 수도를 옮겼고 새로운 도시와 요새를 활발히 건설했다. 그들은 노동력뿐 아니라 기술과 자본이 필요했고, 거대한 신도시에 거주할 백성도 다수 필요했다(미에룹 2010, pp. 340-342). 유배는 처음에 '경제적 동기'로 시작되었다.

하지만 상인의 나라는 유배의 '전략적 이득'을 곧 깨달았다. 민족을 뒤섞으면 멍에를 진 백성이 반란을 일으키기도 어려웠고, 이주한 백성을 볼모로 잡아 위협하거나 진압하기도 쉬웠다. 경제와 정치의 이익을 위해서 유배는 더욱 활발히 시행되었고 갖가지 이유를 들어 민족들을 더욱 복잡하게 뒤섞었다. 유배는 제국을 안정화하는 효율적 수단이었다. 티글랏-필에세르 3세(*Tukultī-apil-Ešarra III*, 기원전 744-727년) 때에만 "서로 다른 40가지 계기로 50만 명 이상이 강제이주된 것으로 추정된다"(빈호프 2015, p. 312). "제국의 처음 300년 동안 이동된 사람은 450만으로 추정된다"(미에룹 2010, p. 340). 뒤섞인 민족은 서로 언어와 관습을 교류해 새로운 문화를 창조하는 역설적 결과를 낳았다. 유배를 통해 고대근동 세계의 크고 작은 민족들이 서로 직접 마주치게 된 것이다.

제국의 계산된 공포

신아시리아는 동서남북 정벌에 열심이었다. 전쟁을 많이도 했지만 전쟁의 기술도 발전시켰다. 그 가운데 "계산된 공포"(미에룹 2010, p. 338) 전술이 있다. 어떤 도성을 공격할 때면 필요 이상으로 큰 군대를 동원한다. 목표로 삼은 도성을 포위한 다음에는 시간을 끌어 지치게 만들다가 주변의 작은 마을 하나를 선택해 잔인하게 공격한다. 본보기로 고문과 강간 등을 보란 듯이 저지르고, 과수원을 망치고 밭에 소금을 뿌리기도 했다. 심지어 머리를 자르거나 피부를 벗겨 공개적으로 내걸었다. 이런 식으로 위협하면 도

[그림 56] 앗슈르나시르팔 2세의 북벌도(일부)

신아시리아의 임금 앗슈르나시르팔 2세(*Ašurbanipal II*, 기원전 883-859년)의 북쪽 궁전 벽화 일부로, 재위 2년과 5년에 일어난 우라르투(*Urartu*) 원정을 묘사하고 있다. 부조 아래에 쐐기문자가 쓰여 있어 마치 현대의 그래픽 노블이나 영화를 보듯 생생하고 세련되게 느껴진다.

왼쪽에 아시리아 병사들이 물리치는 부족은 나이리(*Nairi*)로, 오늘날 튀르키예, 아제르바이잔, 이란 일부 지역에 살던 사람들을 통칭하는 이름이다. 지리적으로 아시리아의 북쪽이므로 이 부조는 아시리아의 북벌도(北伐圖)인 셈이다.

가운데 둥근 성벽은 아시리아인들이 지은 공격요새다. 높은 성벽과 성탑으로 견고하게 방어되고, 성벽에 작은 창문을 내 밖으로 공격도 할 수 있다. 가운데 십자 모양은 요새 안의 길을 나타내고 맨 아래에 트여 있는 곳이 성문이다. 요새 내부는 구역을 나누어 식량과 무기 등을 생산하고 비축했다. 그러므로 아시리아의 병참요새라고 할 수 있다.

오른쪽 문 위에 아시리아인들이 "이 공격성벽을 꼭대기부터 기초까지" 건설했다고 쓰여 있다. 오른쪽의 아래의 말은 투쉬카(*Tushka*)인들이 바친 조공품인데, 북벌에 동원되었다. 한쪽에서 받은 조공품을 다른 곳을 공격하는 데 사용했음을 알 수 있다.

런던 대영박물관이 소장한 님루드(*Nimrud*) 부조의 일부로, 설화석고로 만들었다(WA 124548).

성 안에서는 고통이 증가하고 '항복이 낫다'는 생각을 지닌 자들이 발생하기 마련이다. 도성에 내분이 일어나면 상황은 침략자에게 유리해진다.

이런 전술로 신아시리아는 '잔인한 제국'이라는 이름을 얻었다. 실제로 구약성경의 역사서나 예언서 등에는 아시리아에 대한 공포가 그득하다(빈호프 2015, p. 287). 소국들에게 아시리아는 경제적으로나 정치적으로는 물론이고 군사적으로도 '악의 제국'이었던 것이다. 멍에는 무거웠고 신아시리아 시대 내내 소국들의 반란은 끊이지 않았다. "실제로 정복한 영토에 대한 아시리아의 약탈자적인 태도(유배와 무거운 세금)는 사람들로 하여금 기회만 생기면 반란하도록 만들었다." 그리하여 결국 기원전 612년 수도 니네베

[그림 57] 앗슈르나시르팔 2세의 왕궁 수호신

아카드어 압칼루(*apkallu*)는 '현인', '사제', '전문가' 등을 뜻하며 반신적(半神的) 존재를 일컫는 데도 쓰인다. 이 부조는 앗슈르나시르팔 2세의 북서 왕궁의 문을 지키는 반신적 압칼루인데, 대개 수호신(protective deity)으로 옮긴다. 오른손을 들고 왼손에는 나뭇가지(생명수?)를 쥔 채 오른쪽을 보고 있다. 이것과 거의 같은 크기와 모습의 부조가 짝을 이루어 양쪽 문을 대칭으로 지키고 있다.

수호신인 압칼루는 다양하게 표현되는데, 여기서는 날개 달린 남자의 모습이다. 몸과 의상과 각종 장신구 등은 당시 아리시아의 이상적 성인 남성의 것이다. 이렇게 이상적 남성의 몸에 날개가 달린 압칼루는 천사(angel)의 가장 초기 형태에 속할 것이다.

실제 2미터가 넘는 천사는 웅장하고 압도적이다. 고대에 아시리아 왕궁을 드나드는 사람이라면 누구나 경외감을 느꼈을 것이다. 한편 부조 중간에 흐르는 텍스트는 앗슈르나시르팔 2세의 업적, 승전, 재위, 공식 칭호 등을 기록한 이른바 '표준 명문(銘文)'(standard inscription)이다.

두 부조를 비교하며 인류가 남긴 글과 그림을 성찰해 보자. 앞의 [그림 56]은 북벌의 역사적 장면을 생동감 있게 묘사하지만(외향, 역사, 묘사), 이 부조는 지엄한 궁전에 들어가는 자 스스로 몸과 마음을 삼가고 살필 것을 유도한다(내면, 현재, 태도). 앞의 것은 글과 그림이 분리되어 있지만 뒤의 것은 그림 위로 텍스트가 흐른다. 아시리아인들이 텍스트와 그래픽을 얼마나 수준 높게 다루었는지 능히 짐작할 수 있다. 228.6×106.68cm. 런던 대영박물관(WA 118803).

가 함락된 사건을 '신의 형벌'로 해석하는 것은 이스라엘만이 아니었다(미에룹 2010, p. 388). 이런 면에서 구약성경은 제국주의에 대한 소국의 공통적 인식을 드러내는 문헌이기도 하다.

여섯 임금의 황금기

기원전 1천 년대의 네 제국 가운데 가장 오래 패권을 유지한 나라는 신아시리아 제국이었다. 거의 400년간 지속된 신아시리아를 미에룹은 1기와 2기로 나누어 서술했다. 그는 두 시기는 물론이요 기원전 2천 년대부터 이 상인의 나라는 시종일관 내부적으로 "군국주의"(미에룹 2010, p. 338) 체제였다고 보았다.

신아시리아 제국의 1기는 티글랏-필에세르 1세(기원전 1114-1076년)가 열었다. 그는 바빌론을 점령했고 아람인의 위협을 막아냈으며 제국의 기틀을 잡았다. 전성기는 제국의 2기였다. 전성기의 신아시리아는 메소포타미아는 물론이요 아나톨리아 반도, 이란(엘람), 이집트까지 모두 정복한 최초의 세계 제국이었다. 다음의 '여섯 임금(六王)의 시대'에 고대근동 전역은 아시리아의 지배를 받았다(아래 내용에 대해서는 다음을 보라. 졸저 2016, p. 24).

기원전 744년 이후 아래 여섯 임금이 차례로 군사·정치·경제적으로 유능한 역할을 해 제국은 안정기를 맞이하고 최전성기를 누렸다. 이들은 내부를 정비했고 주변 강대국들을 제압했고 작은 나라를 정복해 영토를 광대히 넓혔다. 또한 이 여섯 임금은 모두 성경에 등장한다는 공통점이 있다. 여섯 임금의 구약성경에 등장하는 이름과 아카드어 이름과 재위연도 등은 다음과 같다.

[그림 58] 앗슈르나시르팔 2세의 어좌 배경 부조

가운데 위에는 날개를 단 샤마쉬(태양신)가 생명의 나무 위로 날고 있다. 양옆에는 임금이, 그 뒤로는 반신적 존재인 압칼루가 시중을 드는 모습이 대칭을 이룬다. 앗슈르나시르팔 2세의 어좌 뒷편에 있었을 것으로 추정되는 부조이므로 신아시리아판 '일월오봉도'(日月五峰圖)인 셈이다. 런던 대영박물관.

티글랏-필에세르 3세(*Tukultī-apil-Ešarra III*)

: 기원전 744-727. 2열왕 15,29; 16,7.10 등

살만에세르 5세(*Šulmanu-ašarid V*)

: 기원전 726-722. 2열왕 17,3; 18,9

사르곤 2세(*Šarru-ukīn II*)

: 기원전 721-705. 이사 20,1

산헤립(*Sîn-ahhī-erīb*)

: 기원전 704-681. 2열왕 18,13; 19,16.20 등

에사르 하똔(*Aššur-aḥa-iddina*)

: 기원전 680-669. 2열왕 19,37; 에즈 4,2; 이사 37,38 등

앗슈르바니팔(*Aššur-bāni-apli*)(그림 56-57)

: 기원전 668-627. 에즈 4,10(아스나파르)

제국의 종말

중앙집중적인 군국주의 체제는 그 성과와 한계를 여실히 드러내었다. 신아시리아는 최초의 본격적인 제국주의 시대를 열었지만, 중앙이 무너지자 한 번에 와르르 무너져 내리고 다시 일어나지 못했다(미에룹 2010, p. 387). 전반적으로 무력이 앞선 인상이지만 신아시리아 제국이 이룬 문화적 성취가 폄하되어서는 안 될 것이다. 어마어마한 규모의 앗슈르바니팔 도서관은 인류 문화의 보고이기도 하다.

신아시리아의 희생자들

신아시리아 제국은 동서남북으로 확장했고 소국도 대국도 정복했다. 제국의 그늘에서 힘들게 버티며 소국들은 합종연횡하거나 한 민족이 여러 나라를 이루어 살기도 했다. 독자적 문화와 종교를 꽃피운 소국들은 신아시리아 제국의 희생자기도 했다. 이 시기에는 이집트도 힘을 쓰지 못했다.

한 민족 여러 국가: 아람인들과 이스라엘

기원전 1천 년대에 가장 인상적 소국이라면 분명 아람인들일 것이다. 우리는 이들이 성 밖의 사람들로서 기원전 12세기의 파괴와 단절 이후에 나라를 세웠음을 보았다. 이들은 시리아와 팔레스티나 북부에 걸쳐 삼알(*Samʾal*), 아르파드(*Arpad*), 하맛(*Hamath*), 다마스쿠스(*Damascus*), 비트-아디니(*Bit-Adini*), 비트-바히아니(*Bit-Bahiani*), 비트-할루페(*Bit-Halupe*), 비트-자마니(*Bit-Zamani*) 등 여러 국가를 세웠다(빈호프 2015, p. 255). 아람인들의 도시국가에 자주 등장하는 '비트-X'는 'X의 집(=신전)'이란 뜻으로 대개 그 도시의 설립자나 신의 이름을 썼다. 이들 도시는 서로 경쟁하고 협력하며 경제가 번성했고 문화가 꽃피었다.

신아시리아는 서쪽의 아람인들을 위협적으로 인식했고 아람인들도 떠오르는 제국을 경계했다. 신아시리아 제국의 1기를 열어젖힌 티글랏-필에세르 1세부터 아시리아 군대는 아람인들의 나라로 거듭 원정했다. 결론부터 말하면 아람인들은 제국의 군대에 맞서 싸웠지만 중과부적이었다. 결국 기원전 732년 티글랏-필에세르 3세가 다마스쿠스를 정복하며 아람인들의 나라는 사라졌고 아람인들은 유배의 멍에를 메어야 했다(빈호프 2015, pp. 253-255).

아람인들보다 조금 남쪽에 자리잡은 이스라엘도 비슷했다. '다윗과 솔로몬의 영화'는 신아시리아 제국이 아직 충분히 강성하지 않을 때에 가능했다. 사울, 다윗, 솔로몬의 3대가 지나자 이스라엘도 남북이 분단되어 아람인들처럼 '한 민족 여러 나라'를 이루었다. 사료에 따르면 아람인들은 남유다를 '비트-다윗'(다윗의 집)으로, 아시리아는 북이스라엘을 '비트-오므리'(오므리의 집)로 불렀다. 둘 중에서 북이스라엘이 훨씬 강성했으니 "유다는 이스라엘보다 작고 약했다"(미에룹 2010, p. 329; 빈호프 2015, p. 295). 하지만 북왕국도 결국 신아시리아에 짓밟혀 유배를 가야 했다.

아람 연합군에 참가한 이스라엘

이 시기의 역사는 구약성경에 비교적 자세히 실려 있다. 그런데 성경이 전혀 전하지 않는 이야기도 있다. 기원전 853년에 일어난 카르카르(*Qarqar*) 전쟁이 대표적이다. 신아시리아의 살만에세르 3세(*Šulmānu-ašarēd III*, 기원전 858-824년)는 통치 6년째에 아람인의 땅으로 쳐들어왔다(그림 61 참조). 이번이 처음이 아니었기에 아람인들은 또 한 번 연합군을 꾸려 제국의 군대에 맞섰다.

[그림 59] 쿠르크 석비

북이스라엘이 아람인들과 연합해 신아시리아의 침략을 물리친 카르카르 전쟁을 전한다. 이 전쟁은 구약성경에 나오지 않는다. 매년 치른 원정 기록을 남기는 것은 신아시리아의 임금의 신성한 의무였다. 이런 풍부한 기록들은 역사를 정확히 파악하는 데 큰 도움이 된다. 런던 대영박물관.

'쿠르크(*Kurkh*) 석비'(그림 59)에 따르면, 이때 아람 연합군에 12개의 소국이 참여했다(이 가운데 11개 나라의 이름만 전한다). 첫째는 아람인의 리더 격인 다마스쿠스로서 전차 1,200대, 말 1,200마리, 보병 2만 명을, 둘째는 하맛으로서 전차 700대, 말 700마리, 보병 1만 명을 대었다. 세 번째는 놀랍게도 북이스라엘이었다. 아합 임금은 이 전쟁에 전차 2천 대, 보병 1만 명을 제공했다고 기록되어 있다. 이 석비가 전하는 전차를 모두 합치면 4,040대이니, 이스라엘 혼자 절반의 전차를 댄 셈이다. 나머지 여덟 나라의 전차와 병사를 모두 합쳐도 이 세 나라의 하나 정도 밖에 되지 않는다. 이스라엘은 '반아시리아 아람 연합군'에서 주도적인 위치였던 것이 분명하다. 카르카르 전쟁은 아람인들의 방어승으로 끝난 것 같다. 쿠르크 석비의 내용은 우리말로 번역되어 있다(*ANET-K*, pp. 512-516; 졸저 2017, pp. 17-19; 미에룹 2010, p. 333 참조).

북이스라엘이 외세를 끌어들여 남유다를 치다

카르카르 전쟁 이후 약 100년간 아람인들은 아시리아에 맞서 버티고 있었다. 그런데 티글랏-필에세르 3세가 등장했다. 그는 이집트의 투트모세 3세나 아카드의 사르곤에 비할 수 있는 정복왕으로서 신아시리아 제국의 전성기를 열어젖힌 인물이다. 아람인들과 북이스라엘은 이번에도 '반아시리아 연합군'을 꾸렸고 남유다도 이에 동참하기를 원했다. 그런데 유다 임금 아하즈는 신아시리아에 도움을 청했다. 그는 동족 북이스라엘과 생각이 달랐던 것이다. 소국들은 기원전 2천 년대에도 합종연횡하며 서로 독자적 외교를 펼쳤으니, 이런 일은 시리아-팔레스티나의 역사에서 별다른

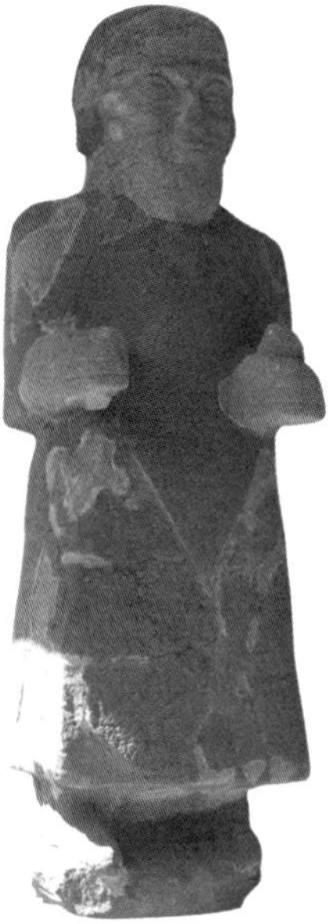

[그림 60] 카라테페의 석상

기원전 8세기 유적으로서 카라테페(Karatepe)의 도시국가를 다스리던 아자티와타(*Azatiwata*)의 상에 페니키아 문자가 쓰여 있다. 이렇게 임금을 닮은 상을 페니키아어로 찰무(*Ṣalmu*)라고 하니, 이 유적은 '카라테페를 다스리던 아자티와타의 찰무'라고 할 수 있다. 페니키아어는 히브리어와 퍽 가깝다. 페니키아어 찰무에 해당하는 히브리어 첼렘(*Ṣelem*)은 '모습' 또는 '모상'을 의미한다. "하느님께서는 이렇게 당신의 '모습'으로 사람을 창조하셨다"는 창세기 1장 27절에 이 단어가 쓰였다. 이 구절은 훗날 '하느님의 모상'(*imago dei*) 교리로 발전하여 인간의 보편적 존엄성을 주장하는 주요 근거가 되었다. 카라테페에서는 이 밖에도 다양한 유물이 출토되었고, 야외에 그대로 전시되고 있었다.

일은 아니었다.

하지만 아람-북이스라엘 연합군은 적과 내통하는 남유다를 뒤에 두고 신아시리아를 상대할 수 없었다. 결국 그들은 함께 남유다를 쳤다. 북이스라엘이 외세와 손잡고 동족을 친 것이다. 이것이 이른바 '시리아-에프라임 전쟁'(Syro-Ephraimite War)이다. 이 때 남유다의 아하즈 임금은 이사야 예언자의 권고를 듣지 않았다. 성경은 남이 북의 침략을 막아 냈다고 전한다.

> 우찌야의 손자이며 요탐의 아들인 유다 임금 아하즈 시대에, 아람 임금 르친과 르말야의 아들인 이스라엘 임금 페카가 예루살렘

을 치러 올라왔지만 정복하지는 못하였다.(이사 7,1)

결과적으로 소국들은 치열하게 노력했지만 어느 나라도 성공하지 못했다. 기원전 734-732년의 원정으로 티글랏-필에세르 3세는 시리아-팔레스티나 전체를 한 번에 정리했다. 이집트 국경까지 진군해 팔레스티나를 치고 돌아오는 길에 이스라엘과 다마스쿠스를 차례대로 쳤다. 이로써 시리아-팔레스티나의 모든 소국들이 아시리아의 수중에 들었다(빈호프 2015, p. 315 참조). 이때 다마스쿠스가 망했고 약 10년 후 샬만에세르 5세 때 북이스라엘이 멸망했다.

이런 배경을 염두에 두면, 이스라엘과 아람인들의 '끈끈한 관계'를 짐작할 수 있다. 두 민족은 공통점이 많다. 그들의 조상은 모두 성 밖의 민족이었고 12세기의 파괴와 단절 이전에 변변한 도시국가를 만든 적이 없었다. 나라를 세우고도 거대한 제국주의에 시달려야 했고 서로 함께 맞서 싸운 경험도 공유한다. 신명기에 따르면 고대 이스라엘인들의 신경(Credo)은 이렇게 시작한다. "저희 조상은 떠돌아다니는 아람인이었습니다"(신명 26,5). 이 표현은 이스라엘의 조상이 마치 아람인과 같았다는 뜻으로 새길 수 있으니, 두 민족의 친근한 정서가 반영되었을 것이다.

페니키아와 팔레스티나의 항구도시들

이처럼 기원전 12세기 이후 아람인들이 시리아 내륙 지방을 중심으로 팔레스티나까지 자리 잡았고 그 남쪽으로 이스라엘인들이 팔레스티나의 내륙에 나라를 세웠다. 한편 지중해 동쪽 해안가의 북부는 페니키아인들이(티로, 시돈 등), 남부는 필리스티아인들이 자리잡았다(가자, 아스돗, 아스클론, 에크론 등). 이들 지역에서도 동일한 민족이 여러 나라를 세우고 독자적으로 외교전에 참여했다.

페니키아와 이스라엘은 서로 사이가 좋았다. 솔로몬은 시돈의 신을 섬길 것을 허용했고(1열왕 11,5) 북이스라엘의 아합 임금은 시돈의 공주 이제벨을 아내로 맞았다(2열왕 16,31). 이런 우호적 관계의 이면에는 소국들의 지정학적 이해가 있었다. 다윗과 솔로몬 시대에 이스라엘이 주변의 암몬과 모압 등에 우위를 점하자 페니키아인들은 이스라엘을 내륙의 좋은 파트너로 인식한 듯하고(빈호프 2015, p. 269) 이스라엘 측에서는 페니키아인들의 항구가 필요했을 것이다. 이때 솔로몬은 페니키아를 통해 전차도 도입한 것 같다.

페니키아인들은 해상을 장악했고 모로코나 스페인까지 뻗어나갔다(미에룹 2010, p. 323). 그리고 페니키아 알파벳을 지중해 지역에 퍼뜨렸다. 동쪽의 변방에서 "그리스인들은 그들의 문자들을 페니키아의 것이라고 불렀다"(미에룹 2010, p. 326).

이집트 몰락의 시대

이집트는 이 시대부터 몰락했다. 이미 20왕조(기원전 1186-1069년경)에서 이집트는 내분과 부패로 흔들거렸다. 이 시기에 남부는 테베의 아문 사제들이 실질적 권한을 행사했고, 임금의 권한은 북부로 축소되었다. 사제권과 왕권의 대립으로 나라의 힘이 빠졌다. 20왕조의 람세스 6세(기원전 1143-1136년경)가 가나안 지역에 영향력을 행사한 마지막 파라오였다(빈호프 2015, pp. 248-250).

이어 제3중간기가 무려 300년 넘게 이어지는데(21-25왕조, 기원전 1080-664년경) 거의 신아시리아 제국의 시대와 겹친다. 21왕조는 자료가 적지만 여전히 남부는 테베의 사제가 북부는 임금이 다스리는 분열의 시대였다(기원전 1069-945년경). 22왕조는 리비아인들이 세운 왕조였다(기원전 945-715년경). 이에 맞서 일어난 23왕조는 델타마저 완전히 점령하지 못했다(기원전 818-715년경). 그리고 24왕조는 임금의 이름이 두 명밖에 전하지 않는다(기원전 727-715년경). 22-25왕조는 마치 전국(戰國) 시대처럼 어지러이 다투었기에 서로 연대도 겹친다.

그래도 이집트는 대국이었기에 중간기에도 때때로 원정을 했다. 이스라엘이 남북으로 분열하자마자 22왕조의 임금 쇼생크 1세(*Šušinqu I* 또는 '시삭', 기원전 945-924년경)가 팔레스티나를 급습했다(기원전 925년). 그는 자신이 보호해 준 예로보암이 드디어 나라를 세우자 그를 지원하고 속국으로 삼으려고 한 것 같다(1열왕 11,40; 14,25; 2역대 12,2 등). 제3중간기에 약화된 이집트는 외국의 왕자를 데려와 교육시킬 힘이 없었고, 그 대신 이집트 공주를 외국에 시집 보냈다. 솔로몬도 이집트 공주와 결혼했다(1열왕 3,1 등). 때때로 이집트는 시리아-팔레스티나의 소국들을 자극해 신아시리아에 맞서 반란하도록 유도하기도 했다(빈호프 2015, p. 321 참조).

식민지 이집트 시대

25왕조의 샤바코(*Shabaqo*, 기원전 715-656년경)가 전국시대를 끝냈다. 잠시 이집트는 희망에 부풀었지만 더 큰 일이 기다리고 있었다. 기원전 712년 신아시리아의 군대가 델타에 나타난 것이다. 사르곤 2세의 대군은 팔레스티나를 점령하고 남하해 이집트를 위협했고 파라오 샤바코는 아시리아의 요구를 들어주어 간신히 직접 충돌을 피했다.

하지만 이후로도 아시리아의 군대는 마아트의 땅에 계속해서 출몰했다. 급기야 기원전 667년 앗슈르바니팔은 델타는 물론 남부 테베까지 진격해 모욕을 주며 이집트를 점령했다. 그는 군대를 주둔시켰고 네카우 1세(*Nekau I* 또는 '느코 1세')를 델타의 대영주로 봉했다. 이후에도 아시리아의 군대는 지속적으로 이집트로 진군했다. 26왕조의 프삼테크 1세(*Psamtek I*, 기원전 664-610년)도 이 당시에 앗슈르의 "일개 총독에 지나지 않았다"(빈호프 2015, pp. 324-327). 확실히 메소포타미아 우위의 시대였다. 상인들의 혁신과 발전은 서방의 중국을 무너뜨렸다.

신바빌로니아
: 수메르-아카드 문화의 절정

신아시리아 제국은 신바빌로니아로 이어졌다. 대국의 패권이 바뀌는 급변기에 대국들도 소국들도 모두 어지럽게 움직였다. 이집트는 기운을 조금 차렸지만 이스라엘은 나라가 망했다. 신바빌로니아는 문무(文武)를 골고루 발전시킨 진정한 문화대국이자 선진국이었다. 수메르-아카드 시대의 걸작들이 생산되었다.

떳떳한 바빌로니아

아시리아와 바빌로니아는 메소포타미아 북부와 남부를 대표하는 나라이자 오랜 이웃이었고 아카드어를 함께 사용하는 등 동질성이 높았다. 기원전 1천 년대가 시작하자 아시리아가 강성했고 남부 바빌로니아를 지배했다. 그런데 아시리아인들은 바빌로니아에 쩔쩔맸다. "어떻게 바빌로니아를 제어할 수 있는가는 아시리아인들이 한 번도 해결하지 못한 문제다"(미에룹 2010, p. 366).

근원적인 이유는 바빌론이 수메르-아카드 문화의 적통으로서 자존심이 드높았고, 아시리아는 남부의 문화와 종교를 동경했기 때문이다. 아시리아는 지배자이면서도 존경심 또는 열등감을 표출했고, 바빌로니아는 피지배자인데도 '빳빳한 태도'를 감추지 않았다. 지배자를 오랑캐로 치부하는 그런 종류의 자부심은 일찍이 신수메르 왕국이나 이집트 중왕국에서 볼 수 있던 종류였다. 이런 문화적·종교적 정통의식 또는 우월의식은 바빌론과 이웃 도시들의 가장 큰 자산이었고, 아람인들이나 이스라엘 등이 지닐 수 없는 것이었다(빈호프 2015, pp. 329-330).

산헤립은 바빌로니아에 강압정책을 편 최후의 임금일 것이다. 그는 계속해서 남부로 원정했고 바빌로니아는 줄기차게 항전했다. 저항자들은 자연지형도 적절히 이용했다. 복잡한 강줄기를 따라 도시들이 이리저리 흩어져 있고 남부로 갈수록 늪지대가 펼쳐진 데다가 엘람으로 연결된 지형은 외부인에게 불리했다. 산헤립은 기원전 704년 바빌론을 점령하고 벨이브니(*Bel-ibni*)를 꼭두각시 임금으로 세웠다. 그리고 정세가 안정되자 그를 폐위하고 자신의 큰아들 앗슈르-나딘-슈미(*Aššur-nādin-šumi*)를 왕위에 앉혔다. 그러나 바빌론인들은 6년 후 산헤립의 아들을 생포해 엘람 임금에게 넘겨주었다. 큰아들을 잃은 산헤립은 미친듯 남부를 공격했고 바빌론을 궤멸시켰다(빈호프 2015, p. 331). 하지만 남부는 게릴라식으로 끊임없이 저항했다.

산헤립을 이은 에사르 하똔은 "부왕의 반바빌로니아 정책을 완전히 파기했다." 그는 바빌로니아 재건 사업을 승인했는데, 일종의 유화정책이었다. 아마도 바빌론의 문화를 존경하던 친바빌로니아파가 득세한 것 같다. 신전과 도시를 대대적으로 재건했고 경제는 안정되었다. 하지만 상황은 뜻대로 돌아가지 않았다. 에사르 하똔은 큰아들인 샤마쉬-슈마-우킨(*Šamaš-šuma-ukin*)을 바빌로니아의 임금으로, 둘째 아들 앗슈르바니팔을 아시리아의 임금으로 앉혔다. 실권이 없었고 동생에게 모든 것을 의지해야 했던 큰 아들이 칼데아인, 아람인, 엘람인 등을 규합해 기원전 652년 아시리아에 반란을 일으켰다. 이른바 "대반란"이었다. 앗슈르바니팔은 4년간의 힘겨운 싸움 끝에 형의 반란을 잠재웠다(빈호프 2015, pp. 343-344; 미에룹 2010, p. 369).

> 바빌로니아가 아시리아에 가까웠고 아시리아가 온갖 노력을 다해 바빌로니아를 다스리려 했지만 바빌로니아는 아시리아 제국에 한 번도 완전히 통합된 적이 없다. 아시리아는 바빌로니아의 문화와 종교에 대한 존중심 때문에 바빌로니아를 특별대우하였다. 그러나 또한 잊지 말아야 할 것은 바빌로니아의 근성과 저항 운동이다.(미에룹 2010, p. 370)

칼데아인 나보폴라싸르

기원전 627년 앗슈르바니팔이 죽자 후계싸움이 일어났고 제국이 혼란에 빠졌다. 이때 칼데아인 나보폴라싸르(*Nabopolassar*, 기원전 626-605년)는 바빌론의 왕위에 올랐고 크고 작은 전쟁을 치르며 신아시리아 제국의 멸망에 기여했다.

그는 기원전 625년경 스키타이를 쳐서 메디아인을 해방시켰고, 그 이후 메디아인들과 연합했다. 메디아인은 614년 앗슈르를 정복했고, 바빌론과 메디아 연합군은 기원전 612년 드디어 니네베를 함락시킴으로써 신아시리아 제국을 끝냈다. 이후 아시리아의 잔존세력이 하란으로 근거지를 옮겨 몇 년 더 유지했지만, 공식적으로 612년을 '아시리아의 평화'(Pax Assyriaca)가 소멸한 해로

친다(빈호프 2015, p. 347-348). 이후 "바빌로니아는 아시리아 제국이 다스렸던 영토의 대부분을 그대로 접수했다"(미에룹 2010, p. 399).

이후 역사에서 칼데아(Chaldea)라는 고유명사가 중요해진다. 이 이름은 아카드어로 '칼두(*kur*Kaldu) 지역 사람들'을 뜻하는데, 기원전 9세기 기록부터 바빌로니아 남부의 한 집단으로 나온다(빈호프 2015, p. 259). 칼데아인 내부에도 여러 소부족이 존재했던 것 같고 일부는 아시리아에 협조하기도 했었다. 그 기원에 관해서도 여러 추측이 경쟁한다. 그런데 신바빌로니아 제국 이후 칼데아는 바빌론과 동의어처럼 사용되었고 헬레니즘을 거쳐 그리스도교 시대로 전승되었다. 창세기에 아브라함은 "칼데아의 우르" 사람이라고 거듭 나오는데(창세 11,28.31; 15,7), 이 표현은 기원전 1천 년대, 곧 후대의 기억이 반영된 것이다.

이집트가 어제의 적과 손잡다

제국이 무너지자 동서남북의 민족들이 들썩거렸다. 나보폴라싸르는 이들을 잠재워야 했고 이집트는 가장 큰 도전이었다. 26왕조의 프삼테크 1세는 앗슈르바니팔이 죽기 전부터 기지개를 폈고, 거의 독립국의 지위를 회복했다. 그의 시대에 문화도 꽃피었으니 이른바 '사이스 르네상스'였다. 이집트는 신왕국의 영화를 회복하는 듯 보였다.

프삼테크 1세는 신왕국처럼 외부로 눈을 돌렸다. 그는 기원전 620년에 시리아로 진군했고 소국들을 자신의 휘하로 넣었다. 남부 누비아와 서쪽 리비아 그리고 페니키아의 항구도시들에도 영향력을 확대했다. 프삼테크 1세는 아시리아를 군사적으로 지원

[그림 61] 검은 오벨리스크

샬만에세르 3세(*Šulmānu-ašarēd III*, 기원전 858-824년)의 이른바 '검은 오벨리스크'(Black Obelisk)의 일부로서 북이스라엘의 예후가 조공을 바치는 장면이다. 예후는 재위 첫 해에 샬만에세르 3세에게 조공을 바쳤다. 그림 윗부분에 쐐기문자로 '오므리의 아들 예후'(*Ja-ú-a mār Ḫumuri*)라고 쓰여 있는데, 사실 예후는 오므리 왕조를 쿠데타로 쓰러뜨린 인물이다. 아시리아는 북이스라엘을 '오므리의 집'으로 불렀기에 예후도 이렇게 표현했을 것이다. 앞에서 본 대로 오므리 왕조는 '친아람 반아시리아 외교'를 추진했는데, 예후는 '친아시리아 외교'로 뒤집었음을 확인하는 유물이기도 하다(빈호프 2015, p. 295). 런던 대영박물관.

했고 그를 이은 네카우 2세(*Nekau II* 또는 '느코 2세', 기원전 610-595년)도 하란으로 집결한 아시리아의 잔존세력을 도우려 원정했다(Kuhrt 1995 II, pp. 642-643; 빈호프 2015, pp. 352-353).

그런데 이집트는 왜 정복자 신아시리아를 지원했을까? 정통의식과 자부심에 가득찬 이집트가 아니었던가? 과거 힉소스에 대한 태도를 고려하면 이때 이집트의 판단은 선뜻 이해하기 어렵다. 하지만 이집트는 제국의 이익에 충실할 뿐이었다. 아시리아보다 바빌로니아가 더 위협적이라고 인식하고 있었고(Mieroop 2011, p. 299), 아시리아가 쇠약해질수록 제국의 서쪽 지역, 곧 시리아-팔레스티나를 얻을 수 있다는 계산에 빨랐다. 대국이든 소국이든 국제 외교전에는 어제의 적이 오늘의 동지가 되는 일이 흔하다. 결국 이집트는 자신에게 치욕을 안긴 신아시리아와 한편을 이루어 떠오르는 신바빌로니아를 저지하려고 출병했다.

패권 전환기 소국의 운명

잠시 소국을 보고 넘어가자. 신아시리아 제국의 '1극 시대'에서 모든 소국은 신아시리아를 상대해야 했다. 신아시리아가 지우려는 멍에를 피하기 위해서 소국들의 외교는 폭이 퍽 좁아졌다. 사느냐 죽느냐의 외교였다. 신아시리아의 멸망은 '1극 시대'가 무너지고 여러 대국들이 다투는 시대로 진입했음을 의미했다. 기원전 2천년대 후반기와 비슷한 상황이 펼쳐진 것이다. 지정학적 요충지에 자리잡은 나라들의 셈법은 복잡해졌다. 이스라엘도 마찬가지였다. 기원전 609년 네카우 2세(=느코)가 하란의 잔존세력을 도우러 출병할 때, 유다의 요시야 임금은 이를 저지하려고 출병했다.

> 요시야 시대에 이집트 임금 파라오 느코가 아시리아 임금을 도우려고 유프라테스강을 향해 올라갔다. 요시야 임금이 그와 맞서 싸우러 나가자, 파라오 느코는 므기또에서 요시야를 보고 그를 죽여 버렸다.(2열왕 23,29)

요시야 임금은 떠오르는 제국 신바빌로니아 편을 들려고 한 것이다. 이 판단은 결과적으로 옳았지만 문제가 있었다. 이스라엘은 이집트를 당할 수 있는 나라가 아니었다. 용감한 요시야가 죽자 왕위는 그의 아들 여호아하즈에게 넘어갔다. 그런데 네카우 2세는 자신과 맞서 싸운 남유다를 그대로 둘 수 없었다. 그는 여호아하즈를 폐위시키고 남유다에 친이집트 정권을 세웠으며 조공을 강요했다.

> 그러고 나서 파라오 느코는 요시야의 아들 엘야킴을 아버지 요시야의 뒤를 이어 임금으로 세우고, 그의 이름을 여호야킴으로 바꾸게 했다. 그런 다음에 여호아하즈를 끌고 갔다. 여호아하즈는 이집트에 들어가 그곳에서 죽었다. 여호야킴은 파라오 느코에게 은과 금을 내주었는데, 파라오가 명령한 돈을 바치기 위해 나라에 먼저 세금을 부과해야만 했다. 그는 파라오에게 은과 금을 내주려고, 나라 백성에게서 각자의 형편에 따라 부과된 금액을 거두어들였다.(2열왕 23,34-35)

역사의 가정법은 소용없다지만, 만일 요시야의 시도가 성공했다면 남유다는 유배를 피할 수 있었을지도 모른다. 요시야는 훗날 신학적으로도 높이 평가받는 임금이다. 여러모로 판단력과 기백이 남다른 임금이었지만 현실은 냉혹했다.

카르케미쉬 전쟁과 이스라엘의 멸망

세 대국은 기원전 605년 카르케미쉬(*Karkemiš*)에서 맞붙는다(그림 62). 나보폴라싸르를 이은 네부캇네자르 2세(*Nabû-kudurri-uṣur II*, 기원전 605-562년)가 이 전쟁에서 아시리아와 이집트를 쳐부수고 승리했다. 카르케미쉬 전쟁의 여파는 컸다. 고대근동의 소국들이 모두 바빌로니아의 수중으로 들어왔다. 네부캇네자르 2세는 가는 곳마다 승리했다. 그는 기원전 601년부터 이집트로 진군했다.

하지만 이집트는 계속 맞섰다. 게다가 시리아-팔레스티나의 소국들을 뒤에서 부추겨 끊임없이 바빌로니아에 저항하게 유도했다. 그래서 네부캇네자르 2세는 이집트를 치면서 동시에 시리아-팔레스티나의 소국들을 정리하기 시작했다. 그것은 소국들에게 불행의 시작이었다. 구약성경은 이 당시 소국의 쓰라린 체험을 잘 전하는 책이다.

네부캇네자르 2세는 기원전 597년 3월 16일 예루살렘을 함락해 "온 예루살렘 주민과 모든 대신과 모든 용사 등 포로 일만 명과 모든 장인들과 대장장이들을 끌고 갔다. 그리하여 나라 백성 가운데 가난한 이들 말고는 아무도 남지 않았다"(2열왕 24,14). 여기서 끝이 아니었다.

이집트의 프삼테크 2세(*Psamtek II*, 기원전 595-589년)는 계속해서 소국들을 충동했고, 이스라엘은 여기에 휘둘렸다. 이스라엘의 임금 치드키야가 바빌론에 반기를 들자(2열왕 24,20) 네부캇네자르 2세는 더이상 참을 수 없었다. 그는 기원전 588년 1월 15일 예루살렘을 공격하기 시작했고 기원전 587년 7월 함락했다. 이듬해인 기원전 586년 8월 14일과 17일 사이에 예루살렘에 잔인한 파괴와

[그림 62] 오늘날의 카르케미쉬 언덕

카르케미쉬 전쟁이 일어난 곳으로 추정되는 현대 튀르키예의 카르케미쉬(*Karkemiš*) 언덕이다. 이곳은 오늘날 군사시설이 들어서 있어서 가까이 접근할 수 없다. 사실 고대근동의 큰 전쟁이 일어난 곳은 오늘날에도 지정학적으로 중요한 곳이 많다. 그래서 이따금 유적 근처에서 이런 정치적·군사적 긴장을 느낄 수 있다. 기원전 605년에도 신아시리아와 이집트의 연합군은 아마 이 언덕을 차지하기 위해 신바빌로니아의 군대와 치열하게 싸웠을 것이다. 신바빌로니아가 이 언덕을 차지하고 국제정세가 급격히 신바빌로니아의 편으로 기울었다.

약탈이 있었고 솔로몬의 성전도 무너졌다. 비슷한 시기에 티로 등도 독립을 잃었다. 예루살렘은 바빌로니아의 총독 그달야가 다스렸다(2열왕 25,22). 하지만 친이집트파는 다시 반란해 그달야도 죽여 버렸다(이상 두 문단은 빈호프 2015, pp. 353-354).

> 왕족 출신 엘리사마의 손자이며 느탄야의 아들인 이스마엘이 부하 열 명과 함께 찾아와서, 그달야를 쳐 죽이고 그와 함께 미츠파에 있던 유다 사람들과 칼데아 사람들도 죽였다. 그러고 나서는

칼데아 사람들이 두려워, 낮은 자에서 높은 자에 이르기까지 모든 백성과 군대의 장수들이 일어나 이집트로 갔다.(2열왕 25,25-26)

이런 식으로 친서방파(=친이집트파)와 친동방파(=친바빌론파)가 대국을 등에 업고 끊임없이 서로 죽고 죽이는 과정에서 소국 유다는 힘이 더욱 빠졌고, 바빌로니아로 다시 대규모 유배가 이루어졌다.

문화대국의 면모

신바빌로니아 제국은 신아시리아의 모든 것을 이은 세계제국이었다. 그러나 아시리아와 다른 점이 있었다. 바빌로니아의 임금은 아시리아만큼 호전적이지 않았다. 그들은 자세한 원정 기록을 남기지 않았다. 제국의 내부운영에 대한 기록도 부족하다. 신바빌로니아가 이집트를 얼마나 정복했는지도 불확실하다(빈호프 2015, pp. 356-357). 게다가 신아시리아는 400년이 넘게 지속되었지만 신바빌로니아는 채 100년이 되지 않는다. 그래서 신아시리아가 개척한 제국을 신바빌로니아가 '계승'했다고 보는 것이 타당할 것이다(미에룹 2010, pp. 400-401).

신바빌로니아는 훨씬 종교적인 나라였다. 그들은 신전을 짓고 바빌론의 종교와 문학을 계승하는 일에 열심이었다. 왕들은 "고대 바빌로니아 문화와 전통을 유지하고 복원하는 정책을 추구했다"(미에룹 2010, p. 411). 이미 사어(死語)가 된 수메르어 문헌을 필사하거나 아예 수메르어로 문헌을 작성하기도 했다. 해마다 첫 초하루에 지내는 아키투(*Akītu*) 축제에도 열심이었고, 주신 마르둑의 신전인 에상길라(*Ésaggila*)를 공들여 가꾸었다.

훌륭한 문학과 국제공용어

바빌론 문학의 수준은 드높았다. 『에누마 엘리쉬(*Enūma Eliš*)』, 『에라(*Erra*) 이야기』, 『길가메쉬(*Gilgāmeš*) 이야기』 그리고 『바빌론 신정론』 등은 바빌론 문학을 대표할 수 있는 작품이다. 네 편 모두 장편의 서사를 갖추고 있고 그 짜임새와 표현과 성찰이 인류 문학사의 높은 성취로서 손색이 없다.

우선 『에누마 엘리쉬』는 바빌론의 주신 마르둑이 단순히 최고신이 아니라 아예 다른 신보다 월등히 높은 신, 전혀 차원이 다른 신으로 드러나는 이야기로서 제국 신학의 극치라고 평할 수 있다(*ANET-K*, pp. 90-103). 구약성경의 창세기 1장과 여러 요소가 병행함은 널리 알려져 있다.

『에라 이야기』는 저승신 에라가 지상을 휩쓸어 버리는 서사인데, 아직 한국어 번역본이 없다(『에라 이야기』 요약본은 다음을 보라. 졸저 2020, pp. 18-21). 캅티-일라니-마르둑(Kabti- ilani-Marduk) 서기가 작성한 이 이야기는 현실의 부조리와 비참함을 담대하게 드러낸다. 이 이야기에서 놀랍게도 마르둑이 바빌론의 신전 에상길라를 포기하는 장면은 바빌론의 개방적 분위기와 지적 수준을 드러내기에 충분하다.

이상의 두 이야기가 신들의 이야기라면 『길가메쉬 이야기』는 인간의 이야기다(*ANET-K*, pp. 108-160). 신-레키-운닌니(*Sîn-lēqi-unninni*) 서기가 기록한 이 이야기는 인간과 신의 다양한 요소와 성찰, 그리고 영생의 신비를 묘사한다.

끝으로 『바빌론 신정론』은 마치 철학서처럼 깊은 성찰을 전해 준다(*ANET-K*, pp. 695-706). 상길-키남-웁빕(*Saggil-kīnam-ubbib*) 서기가 지은 이 작품의 주인공은 죄 없이 고통당하는 의인이다. 친한 친구 세 명이 나와서 주인공과 서로 대화를 주고받으며 신들의 정의와 세상의 부조리 등을 깊이 논의한다. 이 작품은 구약성경의 욥기와 풍부하게 병행한다.

바빌로니아의 언어는 당대의 국제공용어(lingua franca)인 아카드어였다. 이런 문학작품은 아카드어의 힘을 타고 고대근동 전역으로 퍼져 나갔다. 이 밖에도 높은 수준의 작품이 많이 남아 있다. 바빌론은 문화적으로도 이집트를 압도했다.

유배의 민족
: 아람인과 이스라엘인

신아시리아와 신바빌로니아에 나라를 잃고 유배를 떠난 소국의 백성들 가운데 아람인과 유다인은 저마다 언어와 믿음으로 후대에 어떤 대국보다 큰 영향을 끼쳤다. 두 민족의 병행하는 역사를 보자.

디아스포라의 아람인: 고대근동의 유다인

앞에서 아람인들과 북이스라엘이 연대해 아시리아에 맞섰지만 결국 중과부적임을 보았다. 티글랏-필에세르 3세가 아람인들을 뿔뿔이 흩어 버렸지만, 아람인들은 결과적으로 디아스포라 상황에 성공적으로 적응했다. 그들은 자신의 언어적·문화적 정체성을 잃기는커녕 아시리아 제국과 신바빌로니아 제국을 서서히 '아람화'했다(Aramization. 빈호프 2015, p. 286). 아람인들의 특징이 아시리아 문화에 스며들어 발생한 이런 현상은 신바빌로니아 시대 말기로 갈수록 더욱 뚜렷해졌다.

아람인들은 각자도생할 수밖에 없었다. 그들은 제국 곳곳에 흩어져 아시리아의 관직이나 군대에 진출했다. 또한 아람인들의 공동체는 긴밀하고 효율적인 네트워크를 이루어 방대한 제국의

[그림 63] 라키스 전투 1

예루살렘에서 남서쪽으로 40킬로미터 정도 떨어진 라키스(לָכִישׁ, *Lakiš*)는 여호수아가 정복한 성읍 가운데 하나였고(여호 10,31-35) 남유다에서 예루살렘 다음가는 중심지였다. 기원전 701년 신아시리아의 임금 산헤립은 라키스를 정복하고 그림과 같은 기록을 자랑스레 남겼다. 이 '라키스 전투'는 구약성경에도 나온다(2열왕 18,13-37 등). 본디 니네베 성전 벽화의 일부였던 이 부조는 현재 런던 대영박물관에서 볼 수 있다.

산헤립의 이 부조는 실제 전쟁의 순서에 따라 현실적으로 묘사한 것으로 유명하다. 전쟁의 준비, 주변 지역의 점령, 실제 전투, 도시의 접수, 그리고 백성의 유배라는 주제로 나뉘어 각 단계를 상세하게 알려 주는 귀중한 사료다. 그림 중앙 윗부분에 마지막까지 저항하는 병사가 보인다.

상권을 밑바닥부터 장악했다. 그래서 흔히 아람인들의 별칭이 '고대근동의 유다인'이다. 결국 아람인들의 언어는 '상인들의 언어'가 되어, 고대근동 전역에 보급되기 시작했다.

국제공용어의 변화를 이루다

아람어의 강점은 단순함이었다. 쐐기문자로 음절을 일일이 만들어 표기하는 아카드어는 정교하고 전통적이지만 익히기 어렵다.

[그림 64] 라키스 전투 2

라키스 전투를 묘사하는 장면의 일부로 유배를 떠나는 백성을 볼 수 있다. 살림살이를 챙겨 자녀들과 함께 고향을 등지는 사람들이다. 신아시리아와 신바빌로니아의 유배 정책은 작은 나라의 백성에게 큰 고통을 안겨 주었지만, 고통의 역사를 딛고 어느 대국 못지 않게 후대에 강한 영향력을 발휘한 소국도 존재한다. 아람인들과 유다인들이 좋은 예라고 할 수 있다.

간단한 문장을 하나 만들려고 해도 수백 개의 쐐기문자를 숙달해야 하며, 문법 자체도 복잡한 편이다. 하지만 아람어는 27개 남짓의 알파벳만 익히면 무엇이든 표기할 수 있었고 문법도 퍽 단순하다. 게다가 같은 셈어였기에 아카드어 사용자 등은 수월하게 아람어를 익힐 수 있었다. 그리하여 신아시리아와 신바빌로니아 제국에서 아람인들의 언어는 널리 확산되었고 페르시아 제국 시대에는 제국의 공식언어가 되었다. 아람어는 페니키아 알파벳의 적자로서 알파벳 확산의 가장 큰 주역인 셈이다.

여기서 잠시 고대근동의 국제공용어를 보고 가자. 고대근동 전역에서 국제공용어의 지위는 아카드어가 처음으로 획득했다. 물론 수메르어, 고대 이집트어, 히타이트어 등이 지역적 소통의 수단이 되긴 했지만, 아카드어야말로 최초로 메소포타미아와 이집트를 이어 주는 언어였다. 바빌론의 드높은 문화는 아카드어를 타고 고대근동 전역으로 확산되었다. 아카드어는 위로부터 확산된 대국의 언어였고, 아카드 제국부터 신바빌로니아 제국까지 거의 2천 년 정도 쓰였으니 가장 오래 사용된 국제공용어다.

아람어는 페르시아 제국 시대에 제국의 공식적 언어가 되었다. 하지만 알렉산드로스가 페르시아 제국을 무너뜨린 다음에는 그리스어가 국제공용어가 되었다. 아람어가 소국의 언어로서 아래로부터 확산되었다면, 그리스어는 아카드어처럼 대국의 언어로서 위로부터 확산된 면이 있고, 헬레니즘이라는 문화와 학문의 거대한 물결이 보급되는 매개의 역할을 했다.

아카드어를 대체한 아람어의 역사를 보면, 고대근동의 유다인인 아람인들의 영향력을 새삼 깨달을 수 있다. 이 점만 놓고 본다면 현대 세계의 유다인들보다 고대근동 세계의 아람인들이 더 성공적이었다고 평가할 수도 있을 것이다. 현대의 유다인들은 세계 경제에 영향력이 크지만, 자신들의 언어를 널리 보급하지는 못했으니까.

셋으로 갈라진 백성

이제 이스라엘을 보자. 나라가 망할 때 백성은 크게 셋으로 갈라졌다. 우선 이집트로 간 사람들이 있었다. 이들은 아마도 친서방파의 후손이었을 것이다. 시리아-필리스티아의 다른 소국들처럼 이스라엘의 정치도 친서방파(=친이집트파)와 친동방파(=친바빌론파)로 갈려 있었다. 소국들을 부추겨 신바빌로니아에 저항하도록 만드는 것이 이집트의 외교전술이었고, 이스라엘은 이집트와 지리적으로 가까웠기에 친이집트파 세력은 약하지 않았다. 이들은 다신교의 요소를 수용한 왕권신학파였을 것이다. 친서방파는 당연히 동방의 제국 신바빌로니아의 지배자들을 두려워했고, 예루살렘이 함락되자 이집트로 도피했다. 둘째는 유배를 가지 않고 팔레스티나 본토에 남은 사람들이다. 이들은 신바빌로니아의 식민통치를 받아들여야 했다. 셋째는 바빌론으로 끌려간 사람들이다. 바빌론 유배를 겪은 백성들은 신학의 주류가 되었다.

유배 중에 도약한 신학

'망국'(亡國)은 이 당시 이스라엘에 가장 중요한 도전이었다. 야훼 하느님이 선택하신 백성이라는 독특한 종교적 자의식을 지닌 그들이었다. 도대체 하느님 백성의 나라가 왜 무너져야 했는지를 설명해야 했다. 임금도 성전도 땅도 모두 사라져 버린 상황은 신학적 성찰의 조건이었다. 그들은 이제 낯선 땅에서 저항예언자들의 후예들과 함께 가장 가난하고 가장 자유롭게 새로운 신학적 성찰의 시간을 맞는다. 오직 평신도 지도자들 격인 원로들이 그들 곁을 지켰고 그들은 당대에 가장 수준 높은 문화적 환경에 둘러싸여 있었다(유배의 원로에 대해 다음을 참조하라. 졸저 2018c).

알베르츠(R. Albertz)는 이 시기에 크게 네 집단이 이스라엘의 신학을 도약시켰다고 보았다. 그는 팔레스티나 본토에서 활약한 집단이 신명기계 역사서(DtrG: 여호, 판관, 1/2 사무, 1/2 열왕)를, 바빌론에서 예레미야 예언자의 후손들이 예레미야-신명기계 문헌을(JerD: 예레미야서 일부) 생산했고, 이들과는 비교적 독자적으로 에제키엘 예언자가 새로운 사제와 신전의 성찰을 발전시켰으며(Ez: 에

제키엘서), 제2이사야로 지칭되는 집단이 창조주와 보편적 하느님을 성찰했다고(2Jes: 이사야서 45장 이하) 주장했다(알베르츠 2004 II, pp. 9-149).

작은 나라의 임금이나 성전이라도 가난한 백성에겐 소중한 울타리가 되어 줄 수 있었지만 나라 잃은 백성은 그런 것마저 잃어 버렸다. 하지만 낯선 땅에서 살아야 했던 가난한 백성이 유일신론(monotheism)을 결정적으로 발전시켰고, 결국 인류사에 크나큰 영향력을 남겼다. 어쩌면 이 점이 유일신론을 성찰하는 중요한 참조점을 제공할 것이다. 위로부터 강요된 유일신론은 폭력이 되기 십상이다. 이집트의 아케나톤의 경우도 그랬고 후대의 역사에서도 그런 장면을 볼 수 있다. 하지만 억압받는 작은 백성이 아래로부터 고백한 유일신론적 주장은 그와 전혀 다른 결과를 낳았다.

유배를 해석하는 시선들

어쨌든 유배 시기는 “이스라엘 종교의 갱신을 향한 기초석이 놓인 시기”였다(알베르츠 2004 II, p. 9). 그런데 왜 유독 바빌론 유배의 신학이 주류가 되었을까? 신학적 설명과 인문학적 설명이 가능할 것이다. 이스라엘 백성이 우상을 섬기고 타락해 나라를 잃었지만, 유배 중의 가난과 약함을 통해 죄를 깨닫고 통회해 신앙의 진리를 새롭게 깨달았다는 논리가 신학적 설명의 뼈대를 이룬다. 인문학적 설명의 요지는 나라를 잃고 디아스포라 상황에 처한 가난한 백성들이 문화대국 바빌론에서 지적으로나 영적으로 상당한 자극을 받았고, 주로 저항예언자들의 신학을 바탕으로 자신들의 고유한 전승을 새롭게 해석하고 소화해, 결국 자신들의 정체성을 강화하고 신학의 일대 도약을 이루어 냈다는 것이다.

두 차원의 설명이 서로를 배척하는 것은 아니다. 하나의 동일한 사건을 방법론이나 시각에 따라 다양하게 해석하는 일은 학문의 세계에서는 물론이고 일상에서도 흔한 일이다. 고대 이스라엘의 역사와 종교도 마찬가지다. 구약학과 구약신학, 고대근동학과 신학의 시선과 해석은 서로를 배제하지 않는다. 오히려 다양한 방법론을 사용함으로써 이스라엘의 역사와 종교를 더욱 입체적으로 이해할 수 있을 것이다.

신바빌로니아의 멸망, 수메르-아카드 제국의 종말

신바빌로니아 제국은 기원전 1천 년기의 제국들 가운데 가장 짧게 지속되었고, 아시리아와 친근하면서도 문(文)이 앞서는 인상의 나라였다. 신바빌로니아 제국이 몰락하며 이제 아카드어 제국은 인류사에서 사라진다. 비록 수메르-아카드 문화권의 유산은 페르시아 시대에도 면면히 이어지긴 했지만, 지배민족은 이제 인도유럽어족으로 교체된다.

페르시아
: 새로운 차원의 제국

기원전 1천 년대의 세 번째 제국이자 고대근동 세계를 마무리하는 대제국 페르시아를 알아보자(그림 65 참조). 제국의 진면목을 직시하면, 놀라운 관용과 효율성과 함께 지금 우리에게도 이어지는 문화적·종교적 영향력이 눈에 들어올 것이다.

관용과 효율의 대제국

페르시아는 고대근동의 나라들 가운데 가장 편견에 시달린 축에 속할 것이다. 가장 근본적 이유는 사료 때문이다. 고대 페르시아의 기록은 대부분 그리스의 저술가의 것뿐이고 "페르시아 내부의 관점에서 기술한 적절한 기록은 없다"(빈호프 2015, p. 373). 페르시아는 그리스를 침략했다. 고대 그리스 역사가들은 적국 페르시아를 부패하고 오만하고 극단적으로 변덕스럽고 (대개 성적으로) 타락한 광인(狂人)이 다스리는, 기괴하고 거대한 후진국으로 폄하한다. 그에 반해 그리스는 작고 약하지만 자유인의 효율적 결사체로 묘사된다. 작지만 건강한 민주주의 진영이 악한 전제군주를 꺾고 노예를 해방시킨다는 식의 서술은 유럽 문화를 통해서, 그리고 현대의 영화 등 미디어를 통해서 재생산되었다(미에룹 2010, p. 416).

[그림 65] 페르시아 제국의 강역

기원전 500년경 페르시아의 강역은 서쪽으로는 그리스와 리비아까지, 동쪽으로는 인도까지 뻗었다. 페르시아는 고대근동의 가장 크고 혁신적인 제국이었고, 관용적이고 효율적인 체제를 운영했다. 200여 년 넘게 거대한 영토를 유지한 페르시아는 새로운 차원의 나라였다.

이 지도에서 알 수 있듯, 시리아-팔레스티나는 더 이상 지정학적 요충지가 아니라 일개 지방에 불과했다. 이스라엘 백성들은 고향으로 돌아와 성전을 재건했고, 정체성을 지키며 경제와 문화를 발전시켰다. 다만 페르시아의 통치를 받아들여야 했다. 유배의 고통을 겪었기 때문인지 이런 반쪽짜리 자주권도 이스라엘 백성들에게는 소중했던 것 같다. 혹은 너무도 강력한 대국에 저항할 엄두를 내지 못했을 것이다. 이스라엘은 페르시아 지배자들에게 저항하지 않았다.

실상은 그 반대에 가깝다. 페르시아는 가장 혁신적일 뿐 아니라 유연하게 다양성을 보장하는 제국이었다. 고대근동의 가장 큰 영토를 다스린 "페르시아 제국은 다양한 언어, 문화, 경제, 사회 조직들을 성공적으로 융화시켰을 뿐 아니라 근동에서 처음으로 백성들 내의 다양성을 인정하는 국가가 되었다". 실로 페르시아의 이념과 통치술은 놀라운 것이어서, 이후 그리스, 로마, 그리스도교, 이슬람 제국으로 발전하는 흐름에서 중요한 변곡점이자, 그 후 수 세기 동안 고대근동을 다스린 제국에 "통치와 행정의 원형"을 제공했다(인용은 모두 미에룹 2010, p. 416).

동쪽 변방의 후발주자

페르시아 왕실은 기원전 7세기 안샨(*Anšan*)을 다스린 아케메네스(*Achaemenes*, Ἀχαιμένης, *Haxāmaniš*)를 시조로 삼지만, 그는 거의 신화적 인물이다(미에룹 2010, p. 417, 425). 우리는 자그로스 산맥 너머를 다스린 고대의 왕국인 엘람(*Elam*)에서 시작하는 것이 좋겠다. 엘람은 고바빌로니아의 함무라피 시대 이전부터 메소포타미아의 동쪽 변방의 민족으로 등장한다. 엘람 지방에는 다양한 민족들이 섞여 살았는데, 기원전 8세기부터 메디아(*Media*)의 메디아인(또는 메데족: *Medes*, *Μῆδοι*)과 파르스(*Pars* 또는 *Fars*) 지역의 페르시아(*Persia*)인들이 중심으로 떠오른다. 이 가운데 메디아인들의 기록이 앞선다(보이스 2020, p. 44).

아시리아인들과 메디아인들의 관계는 고대근동의 "평지 민족과 산족과의 관계와 다르지 않다"(미에룹 2010, p. 394). 메디아인들은 동쪽 변방 역할을 맡았다. 이들은 고유한 문자가 없어서 엘람의 문자를 사용했으며 메소포타미아의 문명을 수용했고 이따금 중앙 지역으로 진출하기도 했다. 앞서 본 대로 메디아인들은 신아시리아 제국의 멸망에도 기여했다. 신바빌로니아는 동쪽의 메디아인을 막고자 기원전 550년경 자그로스 산맥을 따라 거대한 성벽을 건설했으니 이를 "메디아의 성벽"이라 불렀다(미에룹 2010, p. 395).

페르시아는 메디아인들보다 후발주자였다. 페르시아인들의 기록은 7세기경부터 나온다. 키루스 2세(*Cyrus II*, *Kuruš II*, 기원전 559-530년)는 아버지 캄비세스 1세(*Cambyses I*, *Kabūjiya I*, 기원전 600-559년경)처럼 본디 메디아의 봉신이었다. 하지만 기원전 550년경 메디아를 복속시키고 이란 고원 지대를 통일시켜 거대한 제국의 시작을 알렸다(빈호프 2015, p. 359, 363). 히타이트 이후 처음으로 인도유럽어를 사용하는 제국이 고대근동 세계에 등장했다.

그런데 이들에 대한 외부의 기록은 정확하지 않아 보인다. 그리스 기록은 계속해서 이들을 메디아 제국으로 부르고(미에룹 2010, p. 397) 구약성경도 계속해서 메대인들(מָדָי)이라고 한다. 아마 외부에서는 메디아와 페르시아를 거의 구별할 수 없었던 것 같다.

신바빌로니아를 계승하고 이집트의 27왕조가 되다

키루스 2세는 바빌론을 비교적 수월하게 접수했다. 네부캇네자르 2세 때 전성기를 맞은 신바빌로니아 제국은 그 이후 급격하게 허물어졌다. 그의 후계자들은 불과 6년 동안 3명이나 갈렸다. 그리고 개혁파 임금 나보니두스(*Nabonidus*, *Nabû-naʾid*, 기원전 555-359년)가 임금에 올랐다. 그는 일종의 종교개혁을 추진했던 것 같은데 마르둑 사제들의 강력한 저항에 부딪혔다. 그는 10여 년이나 수도를 비우고 아라비아에 머물렀다. 키루스 2세는 왕권과 신권이 극심하게 대립하는 기회를 놓치지 않았다. 그는 바빌론을 비교적 수월하게 접수했고, 기원전 539년 10월 29일에 몸소 입성해 새로운 평화를 선포했다. 마르둑 사제들의 비위를 맞췄고, 나보니두스는 살려 주어 자비로운 면모를 과시했다(미에룹 2010, pp. 403-407; 빈호프 2015, pp. 360-362; 졸저 2018b, pp. 71-75). 이렇게 문화대국 바빌론은 마치 이집트 신왕국처럼 신권과 왕권의 대립으로 종말을 맞았다. 키루스 2세는 신바빌로니아의 영토를 대부분 접수했다. 그 자체로 거대한 땅이었다.

키루스 2세가 전쟁터에서 죽자 그의 아들 캄비세스 2세(*Cambyses II, Kabūjiya II*, 기원전 530-522년)가 왕국을 이어받았다. 그는 왕국을 계속 확장하다가 드디어 기원전 525년 이집트를 침략해 펠루시움 전투에서 승리하고 멤피스를 함락했다(미에룹 2010, p. 417). 그리고 캄비세스 2세는 이집트의 파라오가 되었으니, 이집트 27왕조는 이른바 페르시아 왕조였다. 이는 고대근동 역사에서 큰 의미가 있다. 신아시리아는 이집트를 침략해 승리했지만 직접 다스리지는 못했다. 이어 신바빌로니아 시대에도 이집트는 대국의 면모를 유지할 수 있었다. 그러나 페르시아 시대에 이집트는 완전히 정복되어 페르시아의 임금이 아예 이집트의 임금이 된 것이다. 캄비세스 2세는 "카르투슈로 자신의 이름을 적었지만 변함없는 페르시아인"이었다(클레이턴 2002, p. 256). 동방의 세력이 서방의 중국을 제압했다. 이집트는 이제 페르시아의 한 지역으로 몰락했다.

파죽지세가 그리스에서 막히다

기원전 522년 캄비세스 2세가 죽자 페르시아 제국은 일시적 혼란에 빠졌다. 왕위를 이은 다리우스 1세(*Darius I, Dārayavauš I*, 기원전 522-486년)는 아마 방계 출신으로서 왕위를 찬탈한 듯하다. 그도 계속해서 영토를 확장해 역사상 가장 넓은 제국을 다스리는 임금이 되었다. 키루스 2세가 엘람 지역과 신바빌로니아의 영토 대부분을 확보했고, 이어 캄비세스 2세가 이집트, 리비아, 키프로스를 점령한 데 더해, 다리우스 1세는 인도 북서부, 마케도니아, 흑해와 도나우강까지 이르렀다. 게다가 이 넓은 영토 "전역에 걸쳐 평화와 안정이 감돌았다". 기원전 490년 마라톤 전투에서 아테네인들에게 패했지만 곧 회복했다. 그가 남긴 베히스툰(Behistun) 비문은 쐐기문자 해독에 결정적 길을 열어 주었다(빈호프 2015, pp. 364, 371-373).

다리우스를 이은 크세르크세스 1세(*Xerxes I*, *Xšaya-ṛšā I*, 기원전 485-465년)도 반란을 잠재우고 대국을 유지했다. 그도 이집트와 바빌로니아와 그리스 등에서 몇 번의 승전을 거두었으나 기원전 480년 살라미스 해전에서 크게 패했으니, 이때부터 페르시아 제국이 기울기 시작했다. 앞서 언급한, 오만하고 극단적으로 변덕스럽고, 무의미한 건축과 여색에 빠진 폭군의 이미지는 대개 크세르크세스 1세에 덧씌워진 것이다(빈호프 2015, p. 381).

이집트는 거의 120년 동안 페르시아의 식민지였다. 그들은 항쟁을 거세게 일으켜 원하던 독립을 쟁취했으니 28-30왕조였다(기원전 404-343년). 이 60년 남짓한 독립시기는 고대근동 시대에 이집트인이 이집트를 다스린 마지막 시기였다. 페르시아인들은 반란 세력을 진압하고 다시 페르시아 지배기를 열었으니 이집트의 31왕조도 페르시아 왕조였다(빈호프 2015, p. 387). '서방의 중국'은 두 번이나 식민지가 되었다.

새로운 종교 조로아스터교

페르시아의 혁신적 통치술의 바탕에는 독특한 종교가 있다. 야마우치(E. Yamauchi)는 페르시아의 종교, 곧 조로아스터교의 특징을 24가지 요소로 정리했는데(야마우찌 2010, pp. 515-541. 한국어 번역은 4번이 중복되어 25가지 요소다), 수메르-아카드 종교와 비슷한 요소도 있지만 완전히 새로운 것도 있다.

여기서 이 모든 특징을 논할 수는 없다. 다만 이 종교는 유일신교적 특징과 다신교적 특징을 동시에 지닌다는 점, 그리고 이 종교의 세계관에 따르면 세상은 선신(善神)과 악신(惡神), 또는 선한 원리와 악한 원리의 싸움터라는 점을 언급하는 것으로 충분할 것이다. 생로병사와 길흉화복은 물론 민족과 국가의 흥망성쇠와 자연의 운행도 모두 선한 영과 악한 영이 배후에서 작용한 결과다. 이런 이원론에 따르면 세상사의 '표면적 특징'보다는 그 이면에 숨어 있는 '선한 원리의 작용'을 식별하고 순응하는 것이 중요하다. 왜냐하면 이 싸움터는 영원하지 않고 언젠가 최후의 심판이 불현듯 닥칠 것이기 때문이다. 그 심판 결과에 따라 '낙원의 영생' 또는 '영원한 소멸'이 결정된다. 그래서 무릇 인간이란 선한 의미(Guten Sinn)에 따라 진리와 조화(Harmonie der Wahrheit)를 이루며 살아야 한다(Gerstenberger 2005, p. 325). 이런 '이원론적 세계관, 최후의 심판, 낙원'이라는 요소는 결국 유다교에 수용되었고, 그리스도교와 이슬람에도 전승되었다. 그래서 현대인들도 이런 '페르시아적 세계관의 설명'에 퍽 익숙하다.

페르시아인들에게는 그런 선한 원리, 선한 신을 따르느냐는 점이 가장 중요했고, 관용의 근거가 되었다. 페르시아 지배자들은 각 민족들이 (대개 윤리적으로) 선한 신을 따르는 한 구체적인 전승의 형태에는 일절 관여하지 않았다. 오히려 지배자들이 피지배자들의 전통을 적극적으로 따랐다. 이집트에서는 아문 신의 제의에 참여한 다음 바빌론에 와서는 마르둑 제의에 거리낌 없이 참여했다. 마르둑도 아문도 모두 '선한 신'이었으니까. 나아가 페르시아의 지배자들은 아문의 신전 개축과 마르둑 신전의 개축을 동시에 지원하기까지 했다(빈호프 2015, p. 367 참조). 마찬가지로 소국들의 성전과 예배도 마음껏 허용했으니 이스라엘도 예루살렘에 야훼 하느님의 성전을 마음껏 지을 수 있었다.

너그러운 제국

페르시아는 관용의 지배자였다. 신아시리아 제국 시대에 모든 피정복민은 신아시리아인이 되어야 했다. 하지만 페르시아는 모든 백성들이 "다양한 문화, 언어, 정치 조직을 가졌음을 공식적으로 인정한 최초의 제국이었다"(미에룹 2010, p. 425). 소국들은 언어든 문자든 조상의 어떤 전승이든 포기할 필요가 없었다. 그래서 "페르시아의 지배는 지방 왕조의 통치와 다를 바가 없었다. 페르시아 왕은 지방 왕처럼 행동했고 문화적 전통도 단절 없이 지속되었다." 지방의 전승과 관습을 기꺼이 수용하는 태도, 정복자가 피정복자의 문화를 관대히 따르는 태도는 "단시간에 만들어진 거대한 제국에 통일을 가져온 원동력이 되었다"(미에룹 2010, p. 429). 이런 통치술은 매우 효과적임이 입증되었기에 뒤이은 마케도니아의 알렉산드로스도 그대로 따라했다. 그는 이집트에서는 아문 신의 아들로 자처했고(미에룹 2010, p. 434), 그를 이은 프톨레마이오스 왕조도 그렇게 했다.

또한 페르시아는 쉬운 아람어를 제국의 공용어로 삼았고, 중요한 문헌은 대부분 다국어(Polygott) 문헌으로 작성했다. 거대한 영토를 잇는 도로가 체계적으로 정비되었고 화폐 및 주화제도가 실시되었다(빈호프 2015, p. 376). 이런 모든 조치는 엄청난 효율성을 낳았다. 제국은 번성했다.

영악하고 효율적인 제국

페르시아는 한편으로 영악한 지배자였다. 그저 자선의 제국만은 아니었으니 조세와 군대는 단단히 중앙에서 틀어쥐었다. 피정복민들은 종교와 문화 등에서 자유를 맘껏 누렸지만 임금과 군대를 지닐 수 없었고 세금을 꼬박꼬박 바쳐야 했다(미에룹 2010, p. 429).

게다가 페르시아인들은 제국의 다양한 민족의 '주특기'만을 골라서 따로 군대를 꾸렸다. 사막에서는 사막족의 부대를, 평지에서는 평지의 민족으로 최강의 군대를 꾸릴 수 있었다. 게다가 중앙에는 가장 강한 군대를 유지했다(그림 66 참조). 제국의 다양하고 강력한 군대를 상대할 수는 없으니 반란은 꿈꾸기도 힘들었다.

> 아울러 각기 다른 군사 기술을 소유한 다른 인구들을 성공적으로 통합했다. 아라비아의 낙타 부대가 리브야의 전차 부대와 나란히 전투했다. 페니키아의 군함에는 이집트인, 키프로스인들, 이오니아인들이 승선했다. 왕의 친위대로는 '불사조'(immortal)라는 만 명의 창 부대가 있었다. 이들은 페르시아인들로 구성되었고 죽은 사람은 새 사람으로 충원되어 그 숫자는 언제나 일정하게 유지되었다.(미에룹 2010, p. 419)

[그림 66] 페르시아의 최정예군

페르시아 아키메네스 왕조의 친위대 '불사(不死)의 군대'(Immortals, *Ἀθάνατοι*)의 모습이다. 고대근동 세계의 최정예군으로 페르시아는 늘 1만 명 수준으로 이 군대를 유지했다. 이 군대에는 주로 페르시아와 메디아인들만 들어갈 수 있었다. 런던 대영박물관.

고대근동 세계의 종말

고대근동의 마지막 토착 지배자인 페르시아가 멸망하고 이 지역에는 헬레니즘이 퍼졌다. 헬레니즘 이전 3천 년의 역사는 점차 잊혀졌지만, 고대근동 세계에서 탄생하고 전승된 구약성경은 인류의 고전이 되었다.

키루스를 칭송하는 작은 신정국가

소국들은 거대한 제국 페르시아의 관용정책에 매혹되었고 압도적인 힘에 눌렸다. '유다 속주'로 전락한 이스라엘도 페르시아의 질서에 순응해 임금을 세우지도 군대를 지니지도 않았다. 오직 성전을 재건하고 조상들의 전승을 지키는 일에 열심이었다. 기원전 515년에 봉헌된 제2성전은 귀환한 이스라엘의 심장이었다.

임금이 없다면 누가 다스렸을까? 정치권력은 페르시아의 총독에, 종교적 권력은 대사제에 있었다. 구약성경은 "스알티엘의 아들 즈루빠벨 유다 총독과 여호차닥의 아들 예수아 대사제"(하까 1,1, 12; 느헤 12,1 등)를 언급한다. "느헤미야 총독"(느헤 8,9; 10,2)이라는 표현도 거듭 나온다. 페르시아 특유의 '제국의 권한위임'(Reichsauthorisation) 덕분에 유다 속주는 상당한 자치권을 누렸다

[그림 67] 키루스 실린더

기원전 539년 바빌론을 점령한 키루스 2세는 해방의 칙령을 선포한다. 기원전 6세기에 진흙으로 만든 이 원통은 이른바 '키루스 칙령'을 담고 있다. 이 문헌에서 키루스 2세는 '수메르와 아카드의 모든 신들을 돌려보내 평화롭게 자신들의 신전에 정착시켰다'고 주장했다. 이스라엘 백성은 키루스 2세의 관대한 조치에 감격했다. 구약성경은 키루스 2세를 '야훼의 기름부음받은이'요 '야훼께서 오른손을 잡아 주셨다'고 찬양한다(이사 45,1 등). 한국어 번역은 다음을 참조하라. *ANET-K*, pp. 550-553. 런던 대영박물관.

는 견해도 널리 퍼져 있다(알베르츠 2004 II, p. 191). 그래서 정치적 권력자인 총독보다 점차 종교적 권력자인 대사제가 백성의 삶에 더욱 큰 영향을 끼치게 되었다. 대사제는 본디 페르시아가 허락하는 범위 내에서 권력을 행사했지만 시간이 지날수록 임금과 비슷해졌고 지위도 세습되었다. 제2성전의 대사제가 다스린 유다 속주는 신정국가(神政國家)였다.

그들은 종교적 영역에서도 페르시아의 심기를 거스르지 않았다. 야훼 하느님이 다른 신들보다 월등한 존재이기에 이스라엘의 승전(勝戰)을 보장하신다는 '만군(萬軍)의 하느님' 같은 호칭은 귀환 시대에 사라졌다. 게다가 유다 속주는 페르시아의 임금 키루스 2세를 칭송한다. 그를 '관대한 군주'로 찬미하는 정도를 넘어(에즈 6,3-6) 아예 키루스를 야훼 하느님의 기름부음받은이라고 부른다(이사 45,1)(그림 67 참조). 이런 호칭은 유배 이전에는 오직 다윗 가문의 임금에만 제한적으로 붙이던 것인데, 다른 민족의 임금을 이렇게 부르는 것은 분명히 전통의 신학에 반하는 것이었다(알베르츠 2004 II, p. 96). 모세오경의 최종편집에서도 페르시아 시대의 경향을 짙게 발견할 수 있다(쳉어, pp. 215-221). 사실 이스라엘의 이런 태도는 별다른 것이 아니었다. 이 당시 소국들은 대개 페르시아의 지배자들을 관대하게 묘사했다(빈호프 2015, pp. 365-367). 이런 면에서도 구약성경은 소국의 인식을 반영하는 책이다.

페르시아의 몰락, 고대근동의 마지막

혁신과 관용의 제국 페르시아도 그 멸망의 과정은 다르지 않았다. 중앙에 내분이 일어났을 때 강력한 외적이 출현했다. 변방의 나라들 가운데 마케돈(Macedon)이 있었다. 기원전 336년에 약관의 알렉산드로스(*Αλέξανδρος*)는 그리스를 통일하고 아나톨리아 반도로 진출해 불과 몇 년만에 "모든 페르시아 사트라피를 병합했다"(미에룹 2010, p. 434). 실로 놀라운 파죽지세였다. 시리아-팔레스티나 지역에서 벌어진 기원전 333년의 이수스(*Issus*) 전투가 결정적이었다. 같은 해에 티로와 사마리아와 예루살렘이 연달아 항복했고 이듬해인 기원전 332년에는 이집트도 손에 넣었다(빈호프 2015, p. 388). 그다음 해인 기원전 331년 알렉산드로스는 이라크 북쪽 가우가멜라(*Gaugamela*)에서 페르시아의 주력부대를 꺾었고 결국 330년에 다리우스 3세가 죽었다. 이로써 200년 이상 존속된 페르시아는

멸망했고 수메르-아카드 세계는 서서히 닫히기 시작했다.

그리스는 페르시아의 광대한 영토를 접수했고 제국의 운영 방식도 거의 따라 했지만, 거대하고 단일한 제국을 운영하지는 못했다. 알렉산드로스가 죽자 그의 장군들이 정복지를 나눠 가졌다. 그 결과 시리아-팔레스티나 지역은 다시 지정학적 요충지가 되었으니, 이제 이집트를 차지한 프톨레마이오스(*Πτολεμαῖος*)와 메소포타미아를 차지한 셀레우코스(*Σέλευκος*)의 각축장이 될 운명이었다. 헬레니즘이 고대근동 세계에 퍼져 나갔고 그에 따라 언어와 종교와 철학 등 삶의 전반적인 풍경이 달라졌지만, 시리아-팔레스티나를 둘러싼 지정학은 기원전 2천 년대의 상황과 도로 비슷해졌다.

[그림 68] 콤마게네 왕국의 덱시오시스 부조

헬레니즘 시대에 아나톨리아 반도의 사모사타(*Samosata*) 부근에는 콤마게네(*Commagene*) 왕국이 번성했다. 왼쪽은 기원전 2세기에 콤마게네를 다스린 미트리다테스(*Mithridates*) 임금 또는 기원전 1세기의 안티오쿠스 1세(*Antiochus I*) 임금이고, 오른쪽은 그리스의 헤라클레스다. 이 유물이 위치한 아르사메이아(*Arsameia*)는 현대 튀르키예의 에스키 칼레(Eski Kale)로서 콤마게네 왕국의 궁전이 있던 곳이다. 돌을 깎아 만든 이 등신상의 부조는 노천에 전시되어 있다. 이렇게 오른손을 맞잡고 인사하는 모티프의 작품을 '덱시오시스'(Dexiosis. 참고: δεξιός '오른손')라고 한다.

이 부조는 고대근동 3천 년이 저물고 헬레니즘 시대로 이행하는 상징 같아서 저자의 기억에 오래 남았다. 두 인물의 대조적인 복장은 너무도 다른 문화를 잘 드러낸다. 헬레니즘이 고대근동 세계에 상당히 확산된 시기였지만, 왼쪽의 임금은 여전히 고대근동의 지배자답게 화려하게 차려입었다. 그는 알몸의 헤라클레스와 오른손을 맞잡고 서로를 친밀하게 응시한다.

그런데 손을 자세히 관찰하면 동등하게 악수하는 것이 아니라 임금이 자신의 손을 반신적 존재인 헤라클레스에 의탁한 것처럼 보인다. 이렇게 고대근동 세계는 그리스를 받아들였다. 그리스 이전 3천 년의 세계를 우리의 눈으로 해석하기 위해서는 고대근동 세계와 그리스-로마 시대의 연속성과 불연속성을 종합적으로 보는 눈이 필요하다. 헬레니즘이 변화시킨 객체와 헬레니즘을 수용한 주체를 함께 고려할 수 있어야 할 것이다.

페르시아의 몰락은 엄청난 불연속성을 낳았다. 페르시아가 멸망한 이후에도 수메르-아카드 세계의 문헌을 필사하고 연구하는 소수의 전문가들은 명맥을 이었지만 헬레니즘이 확산됨에 따라 고대근동 3천 년의 문명은 점차 잊혀졌다. 이 지역은 그리스 이후 로마의 손으로 넘어갔고, 이어 그리스도교 문명과 이슬람 문명이 차례로 일어났다.

더 읽어보기 8

기원전 1천 년대

1. 다음을 읽고 기원전 12세기를 전후해 고대근동 세계의 역동적 역사와 사료를 정리하라. 시리아-팔레스티나 지역의 변화에 주의하라.

    - M. van de Mieroop, *A History of Ancient Egypt*, Wiley-Blackwell, 2011, pp. 184-259.
    - 마르크 반 드 미에룹, 『고대근동의 역사』, 김구원 옮김, CLC, 2010, pp. 281-334.
    - 클라이스 R. 빈호프, 『고대 오리엔트 역사-알렉산더 대왕 시대까지』, 배희숙 옮김, 한국문화사, 2015, pp. 242-277.
    - 조르주 루, 『메소포타미아의 역사 2』, 김유기 옮김, 한국문화사, 2013, pp. 48-82.
    - 에릭 클라인, 『고대 지중해 세계사-청동기 시대는 왜 멸망했는가』, 류형식 옮김, 소와당, 2017, pp. 183-303.
    - A. Kuhrt, *The Ancient Near East - c. 3000-330 BC, vol. II*, Routledge, 1995, pp. 385-472.
    - 이희철, 『히타이트-점토판 속으로 사라졌던 인류의 역사』, 리수, 2004, pp. 109-122.

2. 다음을 읽고 신아시리아 제국의 사료와 역사의 특징을 정리하라. 주변 민족과의 관계, 아나톨리아 반도의 상황 그리고 신아시리아의 종교와 문화에 주의하라.

    - 마르크 반 드 미에룹, 『고대근동의 역사』, 김구원 옮김, CLC, 2010, pp. 335-389.

- 클라이스 R. 빈호프, 『고대 오리엔트 역사-알렉산더 대왕 시대까지』, 배희숙 옮김, 한국문화사, 2015, pp. 278-350.
- A. Kuhrt, *The Ancient Near East - c. 3000-330 BC, vol. II*, Routledge, 1995, pp. 473-572.
- 조르주 루, 『메소포타미아의 역사 2』, 김유기 옮김, 한국문화사, 2013, pp. 83-194.

3 다음을 읽고 신바빌로니아 제국의 사료와 역사의 특징을 정리하라. 이 시기 이집트 등 주변 민족의 상황과 바빌로니아의 문화적 성취에 유의하라.

- 마르크 반 드 미에룹, 『고대근동의 역사』, 김구원 옮김, CLC, 2010, pp. 391-413.
- 클라이스 R. 빈호프, 『고대 오리엔트 역사-알렉산더 대왕 시대까지』, 배희숙 옮김, 한국문화사, 2015, pp. 351-362.
- A. Kuhrt, *The Ancient Near East - c. 3000-330 BC, vol. II*, Routledge, 1995, pp. 473-646.
- A. Kuhrt, *The Ancient Near East - c. 3000-330 BC, vol. II*, Routledge, 1995, pp. 473-573.

4. 다음을 읽고 페르시아 제국의 사료와 역사의 특징을 정리하라. 그 이전 수메르-아카드 문명과의 연속성과 비연속성에 유의하라.

- 마르크 반 드 미에룹, 『고대근동의 역사』, 김구원 옮김, CLC, 2010, pp. 415-435.
- 클라이스 R. 빈호프, 『고대 오리엔트 역사-알렉산더 대왕 시대까지』, 배희숙 옮김, 한국문화사, 2015, pp. 363-389.
- A. Kuhrt, *The Ancient Near East - c. 3000-330 BC, vol. II*, Routledge, 1995, pp. 647-701.
- 에드윈 M. 야마우찌, 『페르시아와 성경』, 박응규, 이한영, 조용성 옮김, CLC, 2010, pp. 37-75.
- 메리 보이스, 『조로아스터교의 역사』, 공원국 옮김, 민음사, 2020, pp. 29-50.

5. 다음을 읽고 기원전 1천 년대 고대 이스라엘의 역사를 정리하라. 성경 외의 신뢰할 만한 역사적 사료에 유의하라.

- 헤르베르트 돈너, 『고대 이스라엘 역사 1-이스라엘 태동기부터 통일왕국 시대까지』, 배희숙 옮김, 한국문화사, 2019, pp. 1-96.
- J.-D. 마치, 「이스라엘의 역사-기원에서 바빌론 지배 시대까지」, Th. 뢰머 외, 『구약성경 입문 1』, 김건태 옮김, 수원가톨릭대학교출판부, 2019, pp. 65-111.

참고문헌

이 책에 직접 인용된 것을 자주 쓰이는 약자와 함께 정리했다. 이 책 서론 "연구사와 주요 참고문헌"도 참고하라. "더 읽어보기"에만 언급된 연구들은 포함하지 않았다.

AHw

Von Soden, W., *Akkadisches Handwörterbuch I-III*, Harrassowitz, 1972.

ANET-K

프리처드, 제임스 B., 『고대 근동 문학 선집』, 김구원, 강승일, 김성천, 김재환, 윤성덕, 주원준 옮김, CLC, 2017.

CAD

Gelb, I. J., et al. (eds.), *The Assyrian Dictionary of the Oriental Institute of the University Chicago*, vol. 1-21, The Oriental Institute, 1964-2010.

CANES

Sasson, Jack M. (ed.), *Civiliazations of the Ancient Near East I & II, III & IV*, Hendrickson Publishers, 2000.

DDD

Van der Thoorn, K., et al. (eds.), *Dictionary of Deities and Demons in the Bible*, Brill, 1999.

RlA

Ebeling, E., Meissner, B., Edzard, D. O. (Hg.), *Reallexikon der Assyriologie und Vorderasiatischen Archäologie*, vol. 1-12, Walter de Gruyter, 1971-2009.

TUAT.AF
Kaiser, O., Janowski, B., Wilhelm, G., Schwemer, D. (Hg.), *Texte aus der Umwelt des Alten Testaments-Alte Floge*, Bd. I-III, Gütersloher, 1982-1997.

TUAT.NF
Janowski, B., Schwemer, D. (Hg.), *Texte aus der Umwelt des Alten Testaments-Neue Folge*, Bd. I-XI, Gütersloher, 2004-2021.

돈너, 헤르베르트, 『고대 이스라엘 역사 1-이스라엘 태동기부터 통일왕국 시대까지』, 배희숙 옮김, 한국문화사, 2019.
뢰머, Th. 외, 『구약성경 입문 1』, 김건태 옮김, 수원가톨릭대학교출판부, 2019.
루, 조르주, 『메소포타미아의 역사 1』, 김유기 옮김, 한국문화사, 2013.
미에룹, 마르크 반 드, 『고대근동의 역사』, 김구원 옮김, CLC, 2010.
보이스, 메리, 『조로아스터교의 역사』, 공원국 옮김, 민음사, 2020.
브란다우, 바르기트, 쉬케르트, 하르트무트, 『히타이트』, 장혜경 옮김, 중앙M&B, 2002.
브레스테드, 제임스 헨리, 『고대 이집트의 역사 1-2』, 김태경 옮김, 한국문화사, 2020.
빈호프, 클라이스 R., 『고대 오리엔트 역사-알렉산더 대왕 시대까지』, 배희숙 옮김, 한국문화사, 2015.
사쿠지, 요시무라, 『고고학자와 함께하는 이집트 역사기행』, 김이경 옮김, 서해문집, 2002.
알베르츠, 라이너, 『이스라엘 종교사 I-II』, 강성렬 옮김, 크리스챤다이제스트, 2004.
야마우찌, 에드윈 M., 『페르시아와 성경』, 박응규, 이한영, 조용성 옮김, CLC, 2010.
유성환, 「외국인에 대한 이집트인들의 두 시선-고왕국 시대에서 신왕국 시대까지 창작된 이집트 문학작품 속의 외국과 외국인에 대한 묘사를 중심으로」, 『서양고대사연구』(2013/01), pp. 33-77.
이희철, 『히타이트-점토판 속으로 사라졌던 인류의 역사』, 리수, 2004.
조철수, 『수메르 신화-인류의 역사 시대를 시작한 고대 메소포타미아 사람들의 이야기』, 서해문집, 2003.
주원준, 박태식, 박현도, 『신학의 식탁』, 들녘, 2020.
쳉어, 에리히, 『구약성경 개론』, 이종한 옮김, 분도출판사, 2012.
클라인, 에릭, 『고대 지중해 세계사-청동기 시대는 왜 멸망했는가』, 류형식 옮김, 소와당, 2017.
클레이턴, 피터 A.,『파라오의 역사』, 정영목 옮김, 까치, 2002.
트롭퍼, 요제프,『우가릿어 문법』, 주원준 개역, 한님성서연구소, 2010a.
트롭퍼, 요제프,『우가릿어 사전』, 주원준 개역, 한님성서연구소, 2010b.
졸저,『신명기-거룩한 독서를 위한 성경 주석』, 한님성서연구소, 2016.
졸저,「고대근동학과 구약신학 19」,『말씀터』 109호, 한님성서연구소, 2016.11/12, pp. 19-24.
졸저,「고대근동학과 구약신학 21」,『말씀터』 111호, 한님성서연구소, 2017.3/4, pp. 17-23.
졸저,「'폭풍신'이 아니라 '풍우신'(風雨神)이다-Storm God의 번역어와 특징」,『종교신학연구』 11호, 성공회대학교 신학연구소 2018a, pp. 149-186.
졸저,『구약성경과 신들-고대근동 신화와 고대 이스라엘의 영성』, 한님성서연구소, 2018b, pp. 39-42.
졸저,「능동적 평신도 지도자 '원로'-고대 이스라엘 원로의 다양한 역할과 순교 시대 한국 평신도 지도자와 병행하는 일부 특징들」,『신학과 철학』 33호, 서강대 신학대학원, 2018c, pp. 5-39.
졸저,「고대근동학과 구약신학 38」,『말씀터』 128호, 한님성서연구소, 2020.1/2, pp. 18-24.

Ascalone, E., *Mesopotamia*, transl. by Rosanna M. Giammanco Frongia, University of California Press, 2005.
Assmann, J., *Ägypten - Theologie und Frömmigkeit einer frühen Hochkultur*, Kohlhammer, 1984.
Bunson, Margaret B., *Encyclopedia of Ancient Egypt*, Facts On File Inc., 2002.
Day, P. L. "Qnat", *DDD*, pp. 36-43.
Edzard, D. O., *Geschichte Mesopotamiens - Von den Sumerern bis zu Alexander dem Großen*, C.H.Beck, 2009.
Feliu, Lluís, *The God Dagan in Bronze Age Syria*, transl. by W. G. E. Watson, Brill, 2003.
Fritz, Volkmar, *Die Entstehung Israels im 12. und 11. Jahrhundert v.Chr., BE 2.*, Kohlhammer, 1996.
Gerstenberger, Erhard S., *Israel in der Perserzeit - 5. und 4. Jahrhundert v.Chr., BE 8,* Kohlhammer, 2005.

Görg, M., *Ägyptische Religion - Wurzel, Wege, Wirkung, Religion in der Umwelt des Alten Testaments III*, Kohlhammer, 2007.

Green, A. R. W., *The Storm-God in the Ancient Near East, Biblical and Judaic Studies vol. 8,* Eisenbrauns, 2003.

Grenngus, S., "Law", in: Freedman, D. N. (ed.), *Anchor Bible Dictionary IV*. Doubleday, 1992, pp. 242-254.

Hallo, W. W., "Gutium (Qutium)", *RIA 3*, pp. 708-720.

Huffmon, H. B., "Shalem", *DDD*, pp. 755-757.

Keel, O., *Die Geschichte Jerusalems und die Entstehung des Monotheismus, Teil 1*, Vandenhoeck & Ruprecht, 2007.

Klengel, H., *Geschichte des Hethitischen Reiches*, Brill, 1999.

Klinger, J., *Die Hethiter*, C.H.Beck, 2012.

Kuhrt, A., *The Ancient Near East - c. 3000-330 BC, vol. I-II.*, Routledge, 1995.

Leprohon, R. J., "Royal Ideology and State Administration in Pharaonic Egypt", *CANES I & II*, pp. 273-287.

Rogerson, J. W., Lieu, J. M. (eds.), *The Oxford Handbook of Biblical Studies*, Oxford University Press, 2006.

Schwemer, D., "The Storm-Gods of the Ancient Near East: Summary, Synthesis, Recent Studies, Part I", *JANER 7.2*, Brill, 2007, pp. 121-168.

Schwemer, D., "The Storm-Gods of the Ancient Near East: Summary, Synthesis, Recent Studies, Part II", *JANER 8.1*, Brill, 2008, pp. 1-44.

Van de Mieroop, M., *A History of Ancient Egypt*, Wiley-Blackwell, 2011.

Van der Thoorn, K., "Hebat", *DDD*, pp. 391-392.

Wilkinson, T., *The Rise and Fall of Ancient Egypt*, Random House Pub., 2010 (kindle edition).

그림 출처

그림 5　© 주원준

그림 6　https://commons.wikimedia.org/wiki/File:Sargon_of_Akkad.jpg

그림 8　왼쪽부터 https://commons.wikimedia.org/wiki/File:Statue_of_Gudea_-_MET_-_59.2.jpg; Lamashtu2006, CCA-SA 4.0, https://commons.wikimedia.org/wiki/File:Gudea_AO_20164_-_2.jpg

그림 9　왼쪽부터 https://commons.wikimedia.org/wiki/File:Thutmose_III_sphinx_E10897_mp3h8800-gradient.jpg; https://en.wikipedia.org/wiki/File:Thutmose_III_sphinx-E_10897-IMG_0041-gradient.jpg

그림 10　© 김인철

그림 11　왼쪽부터 https://commons.wikimedia.org/wiki/File:Hedjet.svg; https://commons.wikimedia.org/wiki/File:Deshret.svg; https://commons.wikimedia.org/wiki/File:Double_crown.svg; 주원준 외 2020, p. 65 참조

그림 12　https://commons.wikimedia.org/wiki/File:Narmer_Palette.jpg

그림 13　Bakha(Franck Monnier), monnierfranck@hotmail.com, https://commons.wikimedia.org/wiki/File:Mastaba-S3503.jpg

그림 14-17　© 주원준

그림 20-21　© 주원준

그림 22　위부터 https://en.wikipedia.org/wiki/File:Lower_Egypt_Nomes_01.png; https://en.wikipedia.org/wiki/File:UpperEgyptNomes.png

그림 23-25　© 주원준

그림 27　왼쪽부터 © Mbzt, https://commons.wikimedia.org/wiki/File:F0182_Louvre_Code_Hammourabi_Bas-relief_Sb8_rwk.jpg; ©Ramessos, https://commons.wikimedia.org/wiki/File:Code_of_Hammurabi_IMG_1937.JPG

그림 28-32 ⓒ 주원준
그림 34 ⓒ Jeff Dahl, https://commons.wikimedia.org/wiki/File:Set.svg
그림 35 ⓒ 주원준
그림 36 Austen Henry Layard 1817-1894, https://commons.wikimedia.org/wiki/File:Assyr_Krieger_auf_Streitwagen.jpg
그림 37 ⓒ 안상현
그림 38 ⓒ 김태식
그림 39 https://pxhere.com/ko/photo/896300
그림 41 ⓒ 주원준
그림 42 ⓒ Jeff Dahl, https://commons.wikimedia.org/wiki/File:Blue_crown.svg
그림 43 왼쪽부터 ⓒ Muhammed Ashour, https://commons.wikimedia.org/wiki/File:Hatshepsut_Kneeling_JE_53115.jpg; https://www.metmuseum.org/art/collection/search/544450
그림 44 ⓒ 주원준
그림 45 왼쪽부터 ⓒJon Bodsworth, https://commons.wikimedia.org/wiki/File:Hidden_treasures_19.jpg; ⓒfi:Käyttäjä:kompak, https://de.wikipedia.org/wiki/Datei:Sun_god_Ra2.svg
그림 46-50 ⓒ 주원준
그림 51 왼쪽부터 https://de.wikipedia.org/wiki/Datei:Sun_god_Ra2.svg; ⓒ Jeff Dahl, https://commons.wikimedia.org/wiki/File:Ptah_standing.svg; ⓒ Jeff Dahl, https://commons.wikimedia.org/wiki/File:Amun.svg; ⓒ Jeff Dahl, https://commons.wikimedia.org/wiki/File:Set.svg
그림 52 왼쪽부터 ⓒ locanus, https://commons.wikimedia.org/wiki/File:Treaty_of_Kadesh.jpg; ⓒ Olaf Tausch, https://en.wikipedia.org/wiki/File:Karnak_%C3%84gyptisch-Hethitischer_Friedensvertrag_06.jpg
그림 53 ⓒ geni, https://commons.wikimedia.org/wiki/File:Idrimi_of_Alalakh.jpg
그림 54-56 ⓒ 주원준
그림 57 ⓒ 김태식
그림 58 ⓒ 주원준
그림 59 ⓒ Osama Shukir Muhammed Amin FRCP(Glasg), https://commons.wikimedia.org/wiki/File:Kurkh_stele_of_Ashurnasirpal_II._From_Diyarbak%C4%B1r,_southern_Turkey._British_Museum.jpg
그림 60 ⓒ 주원준

그림 61 ⓒ 안상현
그림 62 ⓒ 주원준
그림 63-64 ⓒ 김태식
그림 65 https://en.wikipedia.org/wiki/File:Map_of_the_Achaemenid_Empire.jpg
그림 66 ⓒ 김태식
그림 67-68 ⓒ 주원준